开明教育书系

蔡达峰 ○ 主编

教育要配合实践

车向忱教育文选

车向忱 ○ 著　车红 ○ 选编

开明出版社

"开明教育书系"丛书编委会

"开明教育书系"
总　序

　　中国民主促进会（以下简称民进）是以从事教育、文化、出版工作的高、中级知识分子为主的参政党。民进创立以后，在中国共产党的指引和帮助下，积极投身爱国民主运动，在这个过程中，发挥自身优势，举办难民补习培训，创办中学招收群众，参加妇女教育活动，在解放区开展扫盲教育，培养青年教师。

　　新中国成立以后，民进以推进国家教育事业发展为己任，贯彻党的教育方针，倡导呼吁尊师重教。

　　一方面，坚持不懈地为教育发展建言献策。从马叙伦先生在任教育部长时向毛泽东主席反映学生健康问题，得到了毛主席关于"健康第一"的重要批示，到建议设立教师节、建立健全《教师法》《职业技术教育法》《民办教育促进法》等法律法规、深化教育改革、促进学前教育发展、义务教育均等化、加强教师队伍建设、中小学教材建设、减轻学生课业负担等等，提出了一系列高质量的意见建议。

　　另一方面，坚持不懈地开展教育服务。改革开放以来，围绕"四化"建设的需要，持续举办了大量讲座和培训，帮助群众学习，为民工子女、下岗职工、贫困家庭子女、军地两用人才、贫困地区教师等提供教育服务，创办了文化补习学校、业余职业大学、专科学校、业余中学等大批学校，出现了当时全国第一所民办高中、规模最大的民办高校、成人教育学院、民办幼儿教育集团等；不断开展"尊师重教"的慰问、宣传和捐赠等活动，拍摄了电视片《托着太阳升起的人》；举办了一系列教育服务的研讨会和交流会。

在为教育事业长期服务的过程中，民进集聚了越来越多的教育界会员，现有的近 19 万会员中，约 60% 来自教育界，其中大部分是中小学教师。广大会员怀着崇高的使命感和责任感，爱岗敬业、默默奉献、积极作为，在教育事业和党派工作中取得了卓越的成就，涌现出无数感人的事迹，赢得了无数的赞誉，涌现出大量优秀教师、校长和著名教育家、专家学者、教育管理者等，他们共同写就了民进的光荣历史，铸就了民进的宝贵财富，是民进的自豪和骄傲。

系统地收集和整理民进会员的教育论著和教育贡献，是民进会史研究和教育的重要任务，对于民进发扬优良传统、加强自身建设、激励履职尽责具有积极的意义，对于我们深入学习多党合作历史、深入开展我国现当代教育历史研究，也具有重要的理论和现实意义。民进中央对此高度重视，组织编辑"开明教育书系"，朱永新副主席和民进中央研究室的同志们辛勤工作，邀请会内外专家学者共同参与，历时数年完成了编写工作。谨此，向各位作者和编辑同志，向开明出版社，向所有关心和支持本书编撰工作的同志，表示诚挚的感谢。

全国人大常委会副委员长
民进中央主席　　蔡达峰

2022 年 12 月

爱国的教育家车向忱

车 红

教育家小传

车向忱（1898—1971），原名庆和，辽宁省法库县人。著名教育家、政治家、社会活动家、抗日救亡运动先驱，优秀的中国共产党党员，中国民主促进会重要领导人之一。

早年在法库县中学、北京大学高等补习班、中国大学学习。1919年，参加了著名的五四爱国运动。1925年毕业后回到沈阳，任教于东北大学附属中学等三所中学。他在东北首创平民教育，先后组织成立了奉天学生平民服务团、奉天平民教育促进会等组织。

九一八事变后，1931年9月27日，车向忱与高崇民、阎宝航、卢广绩、陈先舟等在北平奉天会馆成立了东北民众抗日救国会。

1935年到西安，在东北军将士中进行抗日宣传，同年夏天，创办私立东北竞存小学，发起成立东北民众救亡会，任主任委员。1936年12月，西安事变发生后，他坚决支持和拥护共产党的立场和主张，积极推动了西安事变的和平解决，为抗日统一战线形成做出重大贡献。1937 年，他与杨明轩等共同发起成立西北教育界抗日救国大同盟。1946 年，抗战胜利后，车向忱回到东北解放区，任嫩江省人民政府副主席等职。

中华人民共和国成立后，他历任东北人民政府教育部部长，辽宁省副省长，辽宁省政协副主席，全国政协常委，民进中央委员会第四、五届副主席等职，并被选为第一、二、三届全国人大代表。

车向忱是一位杰出的教育实践家，他著有《打破迷信》《辽宁国民简易教育概况》《东北抗日联军对日作战经验》和《怎样教育新的一代》四本专著和 180 多篇有关教育、时政等方面的文章。

1971 年 1 月 8 日，车向忱逝世，享年 73 岁。

祖父车向忱的教育思想始终以爱国主义为主线，倡导学以致用，反对"洋教条"。他的教育思想是其丰富的办学实践的智慧结晶，具有开创性、科学性，是经得起实践检验的科学的理论。他经历了中国现代教育发展的各个阶段、各个层次，从一名普通的中学教师、平民教育创办人、小学校长、中学校长、大学校长，直到担任东北人民政府教育部部长。他亲自培养的学生数以万计，可谓桃李满天下。他的一生大部分时间是在从事教育研究，教育是他终身的追求和使命。他的教育思想在中国教育史，特别是东北教育史上占有重要地位，影响了几代人。同时他的论著也被时代所影响，能从中找到时代的印记。能抓住时代所需办教育，正是车向忱教育思想屹立不倒的原因。

祖父少年时代，恰逢辛亥革命胜利，结束了中国两千多年的封建帝制，民主共和观念深入人心。各地纷纷提倡新学，办起西式小学堂，祖父幸运地在本村"时势小学堂"受教于思想进步的符子权先生。他决心效法民族英雄史可法、文天祥、林则徐、岳飞等，解救灾难深重的国家。

祖父家中兄弟三人，他排行老二；曾祖父车文笏是当地有名的秀才，思想开明，做过乡董；当时家中经济条件仅可以供一个孩子上大学。

祖父1918年于法库县中学毕业后，征求曾祖父同意，翌年遂去北平，入北京大学高等补习班读书。受当时进步思潮影响，他参加了著名的五四爱国运动。一大批青年知识分子登上历史舞台，成为跨时代的先锋，祖父就是其中之一。

不久，他考入孙中山任名誉校长的中国大学，遵照父命学习法科。经过一年的学习，他认识到所谓的"法"不过是统治阶级维护其专制统治的工具，于是毅然改学哲学和教育，立志为改造社会而努力。

1923年，他用两年时间写成《打破迷信》一书，全书共计3.7万多字；在书稿的末页他破例注明"不要版权，欢迎翻印"。该书文字浅白，具有朴素的唯物主义思想，揭露了封建迷信的危害。他用自己节省的饭钱印制1000册（后来又增补），并将其中部分赠送给贫苦民众。此时，他师从平民教育家晏阳初先生，倡导平民教育，在课余时间，联合几位志同道合的同学，在校内办起了免费的平民夜校。《中国大学十六周年纪念大会会刊》中曾记载："查本校平民学校创造最早，中小各部斐然可观。此虽不足以言普及，然若各地仿行，持之以久，未始非唤起民众之一法也。"

1925年，大学毕业后，祖父抱着"救国先要救民，救民先要教民"的理想，回到家乡沈阳，在基督教青年会总干事阎宝航的帮助下，创办平民教育，他的学生都是车夫、小贩、儿童、工人、粪夫等贫苦百姓。他用每月在东北大学附属中学等三所学校任教所得90块大洋自费办平民教育。他大声疾呼，提倡国货，反对日货，寒暑假期，倡导学生送教下乡，被家乡父老亲切地称为"东北甘地"。

1929年夏，他和阎宝航、张希尧等发起成立反日爱国团体——奉天平民教育促进会、辽宁国民常识促进会，并任总干事，率领民众进行抗日活动。他还和教育家陶行知先生取得联系，践行先生的生活教育理念。他的义举获得张学良的理解和支持，张学良为平民教育促进会捐款5000元，并亲自担任名誉会长。全省20余县办起200余所平民学校，学生达7000余人。1929年，他创办了《常识半月刊》，并出版《辽宁国民简易教育概况》一书。

1930年3月，祖父车向忱和阎宝航率辽宁国民常识促进会、拒毒会在沈阳小河沿体育场，组织两次大规模的群众禁烟活动，焚毁日本人贩运的海洛因386包，鸦片烟400箱。

1931年，"九一八"爆发后，东北沦陷，祖父车向忱同东北进步人士高崇民、阎宝航和东北大学的张希尧、苗可秀、张雅轩等40多名学生，怀着收复东北失地的急切愿望奔赴北平，开启了14年流亡抗战生涯。

他们在北平发起成立东北民众抗日救国会，祖父车向忱任该会常委。身为一介书生，他自告奋勇，冒着生命危险，从北平三次潜回东北，代表救国会联络东北抗日联军和义勇军，对他们的抗日活动进行援助，慰问了邓铁梅、唐聚五、李杜、马占山、苏炳文、杨靖宇等部将士，鼓励他们奋战到底。1933年3月初，热河失守，日寇飞机轰炸长城各口，驻守该地的东北军将士自动奋起抵抗，"长城抗战"爆发。祖父车向忱率领东大学生50多人，代表救国会、辽吉黑后援会、北平妇女协会，前往抗日前线海阳镇、古北口南石匣镇慰劳抗日部队。他们冒着枪林弹雨，抢救2500多名伤员。5月，由冯玉祥、吉鸿昌率领的察绥抗日同盟军在康宝保、宝昌、沽源一带抗击日寇，爆发了著名的"张北抗战"。祖父又代表救国会前往张北前线，慰问抗日将士。看到由共产党领导的抗日军队顽强地抗击日寇，他受到极大鼓舞。

远眺中华大地，哀鸿遍野，祖父痛心疾首。1935年，在中共地下党和东北军支持下，他拿出身边仅有的两块钱，在西安创办私立东北竞存小学，学生免费入学，他要把东北流亡的孩子们培养成抗日斗士，这所学校很快成为活跃在抗日救亡战线上的一支劲旅。他还发起成立东北民众救亡会，任执委、主任委员。东北军在当时是国民党非嫡系部队中是实力最强的一支军事力量。在"高福源被俘"事件中，祖父力劝东北军将领张学良、王以哲与红军合作，联合抗日。为中国共产党抗日统一战线的形成做出了杰出贡献。

1936年12月9日，他率领东北竞存小学师生参加纪念"一二·九"运动一周年大会。国民党军警枪伤东北竞存小学学生，他面见张学良，控诉国民党军警的罪行，这就是史称的"枪杀幼童案"，成为西安事变导火索之一。西安事变爆发后，他坚定地站在共产党一边，积极推动了西安事变和平解决。1936年12月，他应邀参加长安县公署的座谈会时，结识中共代表周恩来，他是最早见到周恩来的民主人士之一。这次历史的会晤更坚定了他坚决跟着共产党走的决心，使他开始从一个改良主义教育家向一名坚定的共产主义战士转变。

1936年底，他在紧张繁忙的工作之余，编辑出版了《东北抗日联军对日作战之经验》一书，积极参加抗日联军的活动。他参与组建了西北教育界大同盟，当选为总盟执行委员，具体负责总盟的宣传工作。他执笔了《陕西国难教育方案》中学部分，又在《救国教育》杂志第1期上发表了《东北奴化教育的一斑》。在中共地下党和周恩来同志及爱国人士的支持下，1938年10月，他带领师生迁校至凤翔县农村两座破庙内，以延安"抗大"为榜样，自己动手、丰衣足食。他不顾个人安危，坚持在白色恐怖的国统区西安办学十年，不断播撒抗日火种，培养学生5000多名，为抗日前线和中国革命输送大批人才。

1945年光复后，祖父车向忱来到延安，受到毛主席和党中央的其他领导同志亲切接见。他在延安认真地进行实地考察，学习解放区的教育工作经验，他废寝忘食地阅读书籍、报纸并写了一整本厚厚的读书笔记，新教育的优越性和勃勃生机给他留下了深刻印象。1946 年 2 月，受党中央毛主席指示，祖父回到东北解放区，进行东北地区的人民政权建设工作。他担任嫩江省人民政府副主席兼嫩江联合中学校长。1946 年 9 月，在东北行政委员林枫主席举荐下，担任东北教育委员会主任委员，兼任哈尔滨大学校长，进行旧教育系统的改造，并亲自讲授《教育学概论》。他发表演说、撰写文章，号召教育界的广大师生学习老解放区的教育经验，提出许多行之有效、富有远见卓识的新主张。

他全面系统论述老解放区的教育经验，提出中国教育从戊戌变法以来的根本教训就在于"缺乏明确的马列主义、毛泽东思想的武器"。新中国的教育必须要教育同生产劳动、理论同实际相结合。1947 年 3 月，他在《东北日报》上发表文章，在总结老解放区和竞存教育的经验基础上提出"从实际出发，学习同生产配合，生产与劳动配合，学校与工厂配合，教学与大自然配合"的主张。他特别重视年轻一代德智体全面发展，重视艰苦奋斗的革命传统教育，重视人民教师队伍建设，提出"家庭、社会、学校密切配合"，要从孩子的家庭教育抓起并为此发表文章。

1949 年 3 月至 1959 年 6 月，他先后兼任东北实验学校校长、沈阳师范学院院长、沈阳体育学院院长、辽宁省体育运动委员会主任等职。他不断探讨中国教育发展要走的路，勇于创新，为辽宁乃至新中国的教育事业发展做出了卓越的贡献。

1952 年，受中央统战部和民进中央委托，在地方中共党组织支持下，祖父车向忱开始着手筹建东北民进组织工作，是东北民进创始人。1952 年 11 月 30 日，民进沈阳分会筹委会成立。1953 年在长春、1956 年在哈尔滨分别筹建了吉林、黑龙江省的民进组织。1956 年 8 月，祖父在民进中央四届一中全会上当选为民进中央副主席。他团结鼓励一大批党外知识分子，与中国共产党一起为新中国的建设事业和教育事业发展共同努力，为党的统一战线工作做出了巨大贡献。

重温祖父车向忱半个世纪的漫长办学生涯，领悟他的教育思想精髓——教育要配合实践，实行理论同实际相结合的民主教育，感受其丰富内涵和生命力，敬畏之心油然而生。祖父的教育思想极具创见性，从实践中来到实践中去，并随着时代发展而赋予新的内涵；而他大爱无疆的做人品格更是永远值得后人效仿。

一、树立坚定的爱国主义信念

车向忱教育思想始终贯彻爱国主义教育这条主线，这是他教育思想的灵魂。他始终如一地践行着自己教育强国的诺言。他认为学校在提高教学质量的同时，要加强学生的思想政治工作，让学生树立远大理想。教师管教，也要管导。教和导是统一体的两个方面，教和导必须同时并举。明确指出中小学教育的目的是培养学生的远大理想，培养德智体全面发展的人，为社会输送劳动后备力量。学校不能专门注意知识质量，片面追求升学率。解放初期，他在辽宁省东北实验中学任校长时，挥毫泼墨为每个班级写下"为祖国而努力学习"八个大字，成为学生在学校和以后走向社会的人生座右铭。

纵观他本人的成长经历，他从小就受进步的启蒙老师符子权影响，要学英雄，当英雄。这个远大的志向使他最终成为一名坚定的共产主义战士。青年时代，秉承"国家兴亡，匹夫有责"的信念，车向忱参加了五四运动；为唤醒民众，他在北京读大学期间就积极创办平民教育；毕业以后回到家乡沈阳，他放弃家里为其谋得的"县官"职位，毅然以创办平民教育、挽救国家危亡为己任，是一名勇敢的反帝反封建斗士。他在 1935 年，创办西安的东北竞存小学时，就对同学们说："读书为救国，救国必抗日，抗日必坚决。"他要把这些流浪异乡的孩子培养成打回老家去的抗日骨干力量。要把学生的读书学习同参加社会上的抗日救亡活动紧密结合起来。祖父车向忱亲自带领竞存师生出现在西安街头、革命公园等场所；他们高举着象征白山黑水的校旗，高呼口号，唱着抗日救亡歌曲，演出各种自编的、激动人心的节目，受到群众的热烈欢迎。

在 1939 年 10 月，《老百姓报》上有一篇文章，这样描写竞存师生："大树遮太阳，河流交响曲；小凳排排坐，前后皆整齐；黑板挂树上，先生草中立；旷野任狂吼，句句皆清晰；要想住洋房，打回老家去！"祖父车向忱提出"团结、创造、耐苦、奋斗"的校训，激励广大东北流亡师生。正是始于这个坚定的爱国信念，竞存师生在国统区白色恐怖的环境中，在极端恶劣的条件下求生存，艰苦奋斗，坚持抗战十年，最终取得了抗日胜利，谱写出抗日斗争可歌可泣的壮丽篇章。

二、教育要配合实践，实行理论同实际相结合的民主教育

教育要为实践服务，学校的教育成果最终要转化为生产力。教育不能仅仅停留在书本上，要与实践相结合，随着实际的变化而不断发展。

在民国时期，祖父车向忱倡导平民教育，唤醒民众，主张教育救国。抗日战争时期，在竞存学校时，他主张一切课程都要紧紧围绕抗日救亡与革命斗争的主题，实施战时国难教育，还成立了课外研究会、文学研究会等。在文化课学习中，他反对"死读书"，注重理论联系实际，教育与劳动结合。要求学生结合群众生活中见闻写抗日宣传材料，去县城、农村讲演。结合理化课学习，让学生在校内自己制造粉笔、油墨创办造纸厂。学习植物学，利用旅行和上山砍柴、开荒种地机会，指导学生采集标本，研究农作物生长特点、条件等，培养了学生吃苦耐劳

精神和艰苦奋斗的作风。

祖父在解放初期担任辽宁东北实验学校校长时说："我们办教育就要创新，把学校办成真正成实验性质的学校，为我们东北办新型正规化教育创造经验，积累经验。"为此，根据当时情况，他阐明如何将幼儿园、小学、中学，到大学、师范、函授结合起来，实现一条龙统筹办学理想。主张学校设初中部、高中部；高中部分文、理、师范班，另有中学师资部。20世纪50年代初，学校设置了工农中学部、中等师范函授部。这是中国较早开办的函授教育。

教育必须紧密地配合建设，新中国的教育必须注重理论同实际相结合。他强调要办新型正规化教育，不能不顾中国国情，盲目采用外国的洋教育。他按照老解放区办教育的经验，抗战时办东北竞存学校的体会，提倡理论要和实际相结合，鼓励学生接触社会。不要关在校门里读书，要"活读书，读活书"。在东北实验中学，假期学生下厂、下乡，或者参加其他社会活动，他让学生经风雨，见世面，受到多方面的锻炼。为此，他在1946年5月的《东北日报》上发表文章，提出"东北要实行民主、科学、大众的教育"。20世纪40年代末50年代初，他相继发表文章《三十年教育工作的回忆》（1948年6月）、《从小猪倌入学，看新民主主义教育的将来》（1948年8月）、《教育要配合建设》（1949年8月）等。

三、为人师表，身体力行

在国民党统治区，东北竞存学校受到百般刁难，国民党反动派三番五次想解散它。在极端困难的条件下，祖父同他们做坚决的斗争。学校办学经费完全靠祖父车向忱一人奔走各地募捐，筹集到的资金他自己从不舍得多花一分。他率领竞存师生学习延安抗大精神，自力更生，开荒种地，纺纱造纸，垒壁造房，不断克服学校发展中的困难。

他为人师表，言传身教，谆谆教导，诲人不倦。他穿着灰布长衫，头戴旧礼帽，脚蹬夫人翟重光做的布鞋，和教职工们一起吃粗茶淡饭，一家三口住在一间简陋的小屋里。他从凤翔去西安办事，常常步行40里到虢镇火车站，这些东北同乡都看在眼里。凤翔纸坊街的乡亲们说：那时整日看到车向忱夫妇穿着补丁摞补丁的衣服为竞存学校忙碌着。夫人翟重光为竞存当了十年伙夫和后勤，为孩子们缝缝补补，照料日常生活；遇到国民党特务来竞存搜捕，翟重光挺身而出掩护地下党员和进步师生，是革命的母亲。国民党一直想解散竞存学校，有一次，国民党特务到竞存抓捕了祖父车向忱和老师校工等五人，祖母翟重光带着年幼的叔叔奔走南京、上海等地，寻找祖父好友阎宝航、高崇民和国民党高层陈立夫、宋子文等进行营救。

"上善若水，厚德载物"是祖父车向忱做人的品格，许多贫苦无助的孩子前来投奔竞存学校的车校长，车校长收留并告诉他们：竞存就是你的家。他对学生倾注了无限的爱。竞存有个学生叫王宏文，父母被日本人杀害，随东北军流亡到西安，他解放后成为交通部高级工程师。他后来回到竞存学校，说："没有竞存就没有我的生命。"武汉文联主席李斌，当时父母也被日本人杀害，来到西安投亲，之后被嫌弃，无处可去，他来到竞存被车校长收留。像这样事例还有许多。后来这些人有很多成为知名学者、作家、高级革命干部和外交使节等栋梁之材。

四、注重师资培养，让自己的儿子去读师范

"师者，传道授业解惑也"，解放初期，进行社会主义建设，需要集中力量发展工业，建立国家工业化和国防现代化，必须加强人才的培养。而当时我国的国情是人才匮乏，培养人才的师资更匮乏。国家的教

育事业同社会主义建设密不可分，要培养人才，必须有强大的师资队伍。"世有伯乐，然后有千里马；千里马常有，而伯乐不常有"。优秀的人才靠培养，优良的师资队伍比人才更重要。祖父多次讲："东北是祖国搞建设的重要基地，需要大量各方面的人才。培养人才靠办教育，而东北地区的教育受破坏很严重，要恢复和发展教育，首先要培训师资，这是百年大计。"由于受旧社会遗留下来的旧思想影响，很多人不愿意当老师，认为没出息，薪资、待遇低。旧社会留下来的教育是一副烂摊子，教师的数量、质量都跟不上国家建设的需要；对此，祖父心急如焚，号召高中毕业生积极报考师范院校。他曾经动员一批各方面都很优秀的学生去读师范，包括他自己的儿子。车树实本来是准备读理工科大学的，后来去了沈阳师范学院。祖父鼓励大家要有远大理想，不要优先考虑个人利益，要为国家分忧，充分认识到人民教师的神圣职责。

1949年六、七月间，祖父提议成立了东北实验中学师资部，把社会上能胜任教师还没有工作的知识分子，招进来培养成为合格的教师，解了燃眉之急。1951年，根据车向忱的提议，实验中学又成立了函授师范部，加强对在职教师的培训，对推进和发展东北的教育事业起了重要作用。1954年7月3日他在《东北日报》上发表文章《做一个人民教师是光荣的》，1959年6月11日在《辽宁日报》发表文章《和高中毕业生谈谈投考高等师范问题》。

五、要培养学生热爱劳动

祖父车向忱非常重视学生劳动观点的培养，他是热心的教育实践家。他在1957年5月5日省政协会议上语重心长地说：学习是为了劳动，新社会应该提倡"万般皆下品，唯有劳动高"。

他说：学习是为了劳动；中小学毕业生要升学是对的，但不能单纯追求升学；单纯追求升学是旧社会"学而优则仕""万般皆下品，唯有读书高"的思想。无论农村、厂矿和一切企业服务部门的劳动都是建设社会主义所需要的，行行都是光荣的。他希望各教育厅、局科和学校的领导要把劳动教育从头到尾贯彻到学生中去，要学生参加学校和家庭中的劳动。

1949 年春，在东北实验中学建校期间，他号召师生学习老解放区优良办学传统，民主建校，劳动建校。当时校址在北陵大街西侧，是荒凉破败的大杂院。师生们自己动手，担走了垃圾山，填平了坑洼地，修好了门窗，在校园里建好了植物园，种植花草树木，游人把学校当成了公园。给国家节省两亿多元资金，还培养了学生的劳动观点，一举两得。实验学校全体学生住校，他强调学生从生活中的小事做起，衣服脏了自己洗，卫生值日认真去做，在学生中形成了劳动光荣的气氛。

20 世纪 50 年代后期，祖父从我国中小学的教育目的、任务出发，特别强调要加强学生的劳动教育，相继发表《培养健全的劳动者——办教育的目的》《给毕业生家长的一封信》和《和中小学教师谈毕业生问题》等文章。

六、家庭、社会、学校密切配合培养下一代

祖父在长期办学实践中，对学生倾注了无限的爱，在政治上爱护，引导他们走上革命道路；在生活上关怀，对有困难的学生倾囊相助，使他们健康成长。

早在 1923 年他撰写的《打破迷信》一书中，他就指出家庭教育的重要性。父母是孩子的第一任老师，家长必须注意言传身教，在孩子那如同白纸一样纯洁的心灵画上美丽的图画，播下健康向上的种子；而不应该拿孩子做玩偶，或者一心为孩子攒钱、积财。孩子真正的幸福不在

于无休止的物质满足、过分溺爱，或者"棍棒子底下出孝子"，而是要注重教育，使孩子健康成长。

他在 1962 年 5 月 31 日《人民日报》上发表文章《家庭、社会、学校密切配合培养下一代》，指出："如果不注意家庭教育和社会教育，不但会冲淡学校教学效果，影响儿童的学业，旧社会各种残余的恶习也容易污染孩子们纯洁的心灵。"孩子们生活在社会上，光靠学校和家庭教育是不够的，必须全社会都来关心孩子的教育。要多为孩子开放图书馆、俱乐部、体育场等学校娱乐场所。社会上的警察、汽车司机、售票员和各公共场所管理人员都要重视孩子们的教育，帮助他们健康成长。

祖父十分重视青少年的健康成长，他不顾自身年迈，从 1953 年开始进入教育一线进行调研，写文章、总结教育经验、提出建设性主张，花费六年时间写成《怎样教育新的一代》，详细论述了幼儿教育、小学生教育、中学生教育的方式方法和重要性，展现出老教育家对祖国儿童的拳拳之心和殷殷之情。《文选》后半部分从中选取了部分内容，让我们再次聆听他的谆谆教诲。

本文选中所刊登的文章不但翔实记录了祖父车向忱从事教育工作的感悟、新的发现和具有远见卓识的观点，而且从更深层面展现了灾难深重的中华民族的屈辱史、发展史和英勇奋斗而崛起的历史。这些与民族命运息息相关的历史篇章，见证了重大历史转折，是十分宝贵的史料。

2021 年 3 月 29 日，我参与民进中央朱永新副主席、朱一多主任召开的组稿会议，受邀进行《车向忱教育文选》的收集、编写工作，倍感自豪。我在 7 月中旬开始专心投入收集整理工作，用时两个月左右，查阅了辽宁省图书馆全套《东北日报》、"文革"前的《辽宁日报》《沈阳晚报》和相关的文集史料。未曾见过面的祖父，在我生命中一直如影相随，我却对他老人家知之甚少。此刻漫游于文山报海，他的形象是那样清晰地展现在我脑海里，他仿佛还在这片故土，并未离开。那偶尔见诸报端的老照片、祖父发表的一篇篇激昂的文字映入眼帘，有时令我视线模糊，一股股时而辛酸甜美时而剧烈疼痛的暖流冲击着我的心，一切好像是一种宿命，血浓于水，我为祖父而自豪。一段段风云激荡的历史，一次次欲罢不能的回眸，一张张黯然远去的面孔，令我走进那风范十足的年代，我在历史的长河里感受前辈们的过人风采、英雄们的真实面孔，他们传奇者众，甘为信念披荆斩棘。

本文选是在原有的《车向忱教育文集》《怎样教育新的一代》《人民教育家车向忱》和《一代师表》等书基础上，增添了我新收集的资料完成的；有些资料是首次公开，如1948年7月车向忱在哈尔滨大学开学典礼上发表的讲话，是吉林大学校史馆孙宝辉老师专门提供。非常想念和感激我的叔叔车树实，以及施文魁、万怀玉等诸位教授、专家前辈，是他们笔耕不辍、专心收集整理车向忱的史料，抢救历史；祖父的亲朋旧友、革命老前辈们昔日倾情撰写的回忆录，完成了车向忱宝贵史料的原始积累；我向前辈们致敬，他们已功德圆满。

历史照亮未来，征程未有穷期。历史本是先贤们遗落的钥匙，帮助我们开启现实中的一道道困惑之门。今天认真研究车向忱教育思想，可以为深入改进今天我国教育内卷化、摒弃教育应试化和功利化提供良方和启迪。

在本书的编选过程中，我得到了民进中央会史工作组领导、老师的悉心指导和督促，还有来自亲朋好友的大力帮助；尤其是得到了辽宁省图书馆文献保存处、古籍典藏处等老师们的鼎力支持，使我见到即将封存的老报纸、旧书籍的真本原件，十分难得，我在此致以由衷的感谢！

本书编选工作还是初步试探，编选方面的缺点在所难免，希望读者随时予以指教。

2022年11月

第一辑　综　述

第二辑　挽救国家危亡，平民教育研究

第三辑　救亡图存　国难教育研究

第四辑　1949 年后进行社会主义新教育制度改造

第五辑　教育为本，师资为先（教师篇）

第六辑　怎样教育新的一代（幼儿教育篇）

第七辑　怎样教育新的一代（学生教育篇）

第
一
辑

综

述

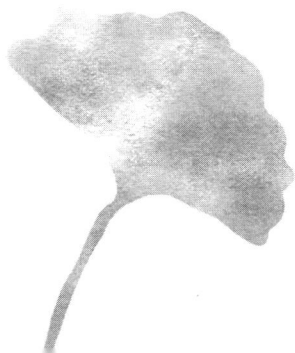

生平自述

　　家属小农，9 岁始入私塾，再入法库中学。毕业后，当即考入北平中国大学哲学系。28 岁毕业，随即返回沈阳，专门办理教育，任东大及东北各中学教员，并推动平民夜校 50 余所。又提倡国货，抵制日货，办理拒毒会，凡是有关爱国的社会事业，尽量推动，以便防御东北事变之发生。果于九一八事变，日寇进占沈阳，无可奈何，当即会同东大同学百余名去北平组织东北学生军，同时，会同东北同乡，组织东北民众抗日救国会。民国二十年（1931 年）10 月，率同乡代表七人去南京见蒋介石请愿，援助东北义勇军。由南京归后，即率领东大同学苗可秀、张雅轩、宋黎等 30 余人潜入东北满，分别推动马占山、李杜、唐聚五、李春润、邓铁梅等义勇军将领抗日，往返三次。虽在虎口余生之情况下，但各同志均极为奋勇，颇有不屈不挠的精神。

　　民国二十二年（1933 年）春，长城战起，当又率同东北大学同学张德厚等 60 名，去古北口援助东北军王以哲及中央军黄杰等。前后支援 70 日，并用炮弹等物慰劳喜峰口的宋军长哲元，以及冀东的何柱国军。俟何梅协定后，救国有罪，乃去陕西西安创办东北竞存小学、中学，后迁往凤翔农村办学。前后共十年，无时不在国特监视压迫之下，虽因救国罪下狱一次，出牢后再接再厉办教育。国特越来越甚的反动，我虽在孤军徒手奋斗，然而始终不为反动势力所动摇。十年过程至为艰险，在艰苦备尝中造就出学生数千名，多半参加了革命工作。民国三十四年（1945 年）12 月，始离西安，偷渡封锁线到延安并见到毛主席。后在组织的安排下回到东北，加入民主政府工作。

（原载于《东北人民代表会议登记表》，1947 年）

三十年教育工作的回忆

——两个天下，两种教育

恰在今年的"六六"教师节，把我 30 年来的教育工作检讨一下。回忆 1918 年，我考入北平（今北京）中国大学后，在学习期间办理中大附属平民夜校五六个班，一直到现在，算来已有 30 年从事教育工作的历史了。在这 30 年的过程中，我由小学起，上至初中、高中、大学，我都教过，都有点滴的了解和体会，所以，我要切实地检讨一下，究竟在这 30 年中，我取得了什么经验和教训？把我在教育工作中今昔不同的体会，分别写出来。

"五四"以后我的教育工作

1918 年正是北洋军阀当道，也是内有封建剥削，外有帝国主义侵略，教育上也采取了资本主义式的教育。1919 年"五四"以后新文化运动开始，刚刚听到了德谟克拉西（即旧民主）与塞因斯（即科学），但是，在旧中国，我念了七年大学，哲学系毕业了，也不了解民主的本质是什么？科学的本质是什么？哲学和教育的本质又是什么？仅仅了解的是些粗枝大叶的、一点一滴的现象罢了！死教条罢了！

1925 年暑期，我由大学毕业后，托亲靠友在沈阳找了个中学教员的工作。在教书的时候，当然是怎样发来的，就怎样卖出去，怎么学的就怎么教了！学的是套教条，是"粗枝大叶"的东西；教的时候便死板板的，按照教条"粗枝小叶"地，甚至于"缺枝丢叶"地教。教得很枯燥，学得想睡觉。回想起来，所教的哲学也好，形式逻辑、心理、教育也好，我自己也莫名其妙，解决不了唯心论、唯物论。学生呢？更是莫名其糊涂了！那时，就是比我教的"滑堂"一些的教师，也解决不了学生们的切身问题。再拿教历史来说罢！总是骗人的，说什么赤眉贼啦！黄巾贼啦！黄巢谋反啦！洪杨之乱啦！等等。那时还不知道是骗人呢，把人民革命运动当成了犯上作乱。这实际上是封建统治者宣扬的正统思想所造成的。看来，这样教书像骗人一般，其实不是我骗人。因为我的先生教我为学问而学问，我再教学生也是依样画葫芦。真是一辈传一辈，一代骗一代了。这种情况是旧社会的政治制度造成的，恶因结了恶果。恶果是什么呢？学完了，忘完了！毕业了，失业了！这就是理论与实际脱节的，学非所用，用非所学的旧教育。所以，一般学生也不肯真正努力学习，认为只要有人情面子，将来能有事干，有官做便行了。

那时候，怎样才算好学生呢？教育界一般人都认为，必须是读死书、死读书，考前五名或前十名，规规矩矩，不参加学生运动的。先生说鸡蛋是树上结的，学生也得承认；说中国只有一个政府、一个主义、一个领袖，学生都得听从，不敢提出疑问，更不能评论先生讲的对与不对。对此，我的看法不同，是不能同流合污的。

在沈阳，我联络东北大学的一些同志，发动各大、中学校成千的学生参加爱国运动，创立辽宁国民常识促进会。提倡国货，抵制日货，用自己每月的工薪和募捐的经费，组织民众夜校四十多处。此外还利用假期学生回家探亲的机会，下乡推动平民夜校，扫除文盲、破除迷信，又和陶行知先生取得联络，试行些"教学做合一"的办法。因为如此，那时的东北教育当局和一般的教书匠们都看我是教育界的"怪物""不祥之物"，还给我加了个共产党嫌疑的帽子，险遭被捕入狱。

1931 年，日本帝国主义进攻沈阳，发生了九一八事变，我那教育救国的幻想被打破了。事实证明，以为办好教育就可以把中华民族挽救过来的想法，是改良主义的，是行不通的。

九一八事变后我的教育工作

九一八事变后，日本帝国主义侵占了东北，我和几位同志在北平共同组织了东北民众抗日救国会，开始进行抗日救亡的工作。不久，我受救国会的委托，带领东北同学数十人潜回南北满推动义勇军的抗日工作。次年，又支援长城各口的抗日工作。关内关外进行抗日救亡活动，计三年之久。在实际工作中我才逐渐认识了国内各党各派的真相，谁是全心全意为人民抗日的，谁是曲心假意抗日的，深深感到，必须分清敌友。我们主张抗日到底，收复东北失地，蒋介石政府反来陷害我和我的好同志们，不准我们东北流亡同胞抗日。共产党呢？不仅不阻碍，反而长征北上，领导全国人民抗日，支持东北同胞抗日，并自愿与东北军民合作。事实使我看清了，共产党是我们东北流亡同胞的好朋友，毛主席是我们抗日救亡的唯一领导者。

1935 年夏天，我在陕西省西安街头看到东北流浪儿童失家又失学，无人照顾。于是，我用当时身边仅存的两元钱作开办费，在西安东关索罗巷内，借了几间旧房子和破桌凳，便创办了私立东北竞存小学（后来迁到南门湘子庙内）。办学校的目的是"抗日"，是"打回东北去"。一切课程都围绕着抗日，课外还找些与抗日有关的书籍给学生们看，并给学生们讲些抗日救亡的故事，使青少年们知道谁抗日，谁不抗日；谁是东北人民的朋友，谁是东北人民的敌人。学校成立不久，学生便由 30 多人发展到 300 多人。

1936 年纪念"一二·九"运动一周年，东北竞存小学首先响应，在东关外率领小学生数百名准备进城参加纪念活动。途中，就被西安特务警察开枪阻止，枪伤小学生数人。东北竞存的小学生不畏强暴继续前进，并在义愤之下冲入城内，会合西安各中、小学学生，直奔蒋介石的住地临潼请愿，要求抗日，要求惩办无故枪伤小学生的凶手公安局局长马志超。蒋介石调兵遣将布置镇压，张学良闻讯乘车追赶学生请愿队伍，进行劝阻并答复了学生们的要求。结果，就在两天之后，发生了著名的西安事变。

此事给我们的教育是很深的。在民族存亡的关头，必须教育学生明辨大是大非，认清敌我友。要培养青少年具有抗日复土的思想，要有斗争的意志，要敢于向强盗们做斗争。

那时，我针对国民党反动派的迫害、监视，在教育上还主张，要争取思想有自由，救亡有自由，出入有自由（当时有些国民党特务跟踪）。1937 年七七事变后，国民党特务马上把我逮捕起来，押在西北行营的监牢里。幸有救亡的朋友们阎宝航、杜斌丞等把我营救出来。上了这一课，使我更彻底地认清了蒋介石政府的反动面目，与日本帝国主义的军阀相同。

出狱后，在 1937 年夏天又增办了东北竞存中学。后来因为敌机轰炸，学校又从西安迁到陕西省凤翔县城郊纸房街的城隍庙、火神庙内。当时，学校的教师多半是进步的知识分子，一部分是共产党的地下党员。学生中也有地下党的组织和民先队的组织。"流亡三部曲"中《松花江上》的作者、地下党员张寒晖同志就长期担任着学校的教务主任。在教学中，多数教师都能用新的观点讲授国民党政府规定的课本，如教历史课程，讲到蒋介石最崇拜的曾国藩时，教师便说他是汉奸，是帮助清政府屠杀太平军的刽子手。另外，还加些军事课（游击战术）、中日问题等。进步的学生在课外秘密阅读马列主义书籍与毛主席著作以及其他进步书刊，从中了解中国与世界人民的光明前途，坚定必胜的信心。学校的经费除靠社会各界爱国人士募捐外，师生们自力更生，开荒种地、造纸、养猪，居住在破庙，饮食在露天，大树下讲课，小河里饮水。师生们为抗日复土，用自我批判的精神来学习。同时，还利用课外时间深入农民群众中办夜校，进行抗日救国宣传，扫除文盲，教唱救亡歌曲。

在学生工作方面，组织各种课内、课外的研究会、抗日救亡研究会、学生自治会等，训练学生有民主思想、民主作风。提倡尊师爱生，同时主张学生也可以给各科的先生提意见，或集体评论先生的教法。我在教育学生的工作中，一方面以抗日救国的利益，提高学生们的思想认识，另一方面注意从感情上团结。现在回想起来，那时对学生思想说服的工作还是不够的，不是思想解决的办法。

东北竞存中学在国民党反动派的心目中，不仅是不驯服的，而且是很危险的，因而千方百计地进行监视、扰乱与破坏。我主张抗日救国，主张把学生都变成革命的、反帝反封建的坚强斗士。他们总认为学生应该绝对服从教育部好好做奴隶的教育命令；学生不该参加救国活动。国民党当局认为东北竞存中学的那些做法是"赤化"，因此，特务不离门，并硬要参加到学校内做"训育"工作（即当内奸，监视进步学生的活动），限制师生的言论自由、行动自由。尤其是，为了达到破坏学校的目的，他们时常出动全副武装的士兵，突然包围学校，逮捕先生与学生（我就营救先生与学生）。东北竞存中学几遭浩劫破坏，但学校还是在艰难困苦、狂风暴雨中坚持下来了。我们东北竞存中学同国民党反动派斗争了十年，培养了学生数千人。当时，就有百余名进步师生先后偷越了封锁线，投奔了革命圣地——延安，数十人参加了八路军。

"八一五"光复后我的教育工作

"八一五"光复后,我急欲脱离人间地狱蒋管区。于是,便通过地下党的关系,由陕西凤翔经潼关,化装偷越封锁线进入陕北延安。初次看到陕甘宁边区真是一个新天地,山顶上都种地,一切都与蒋管区不同。我被压抑了多年的思想得到了大解放,心中充满了无限的喜悦。在革命圣地延安,我见到了伟大领袖毛主席和党中央的一些领导同志,他们对我特别关切,谈这问那,就像老朋友那样熟悉和亲热。当时,我可真兴奋极了。看到了伟大领袖毛主席,直接听到他的亲切教诲,这是我一生最难忘的事。

在延安见到了许多东北竞存中学的师生,大家欢聚一堂,畅谈往事,感到格外高兴!记得我还在西北局写了这样一首诗:"十年斗争为竞存,魑魅魍魉不离门;动辄到校捕先生,转瞬学生又失群;幸赖师生能团结,艰难困苦仍前进;造成桃李千九百,革命种子到处伸。"我为能向中国共产党所领导的人民革命事业贡献一点力量而感到自豪。

不久,边区政府又给我机会,在延安参观学习党领导的人民办学。开始接触到解放区的学校教育工作经验,处处感到新颖,但也觉得都是些零零碎碎的教育经验,你摸索一套,我摸索一套,都是一片一段的东西。当时,我在感情上总是觉得不舒服,看这又不正规化(指旧式的正规化)。这说明我还是留恋旧的教育。后来,我参加过几次延安地区的教育会议,那些同志们所讨论的问题,都是教育上的实际问题,切身问题,听起来颇有道理。同时,又参观了几所延安的中小学校,更感觉到这种新的教育方法改造青少年的思想,使顽皮的学生变为好学生,真是深入的、立竿见影的方法,是不铺张、不夸大,实事求是的作风,并且是理论与实际相结合的,怎样学就怎样做的。在延安一个多月的过程中,使我头脑中旧的教育观点和新的教育观点马上起了个斗争,使我

30 年来旧的教育幻想发生了根本变化。我马上承认，这种新教育是对的，是真理。

1946 年初，我遵照伟大领袖毛主席的指示，回到东北解放区，参加党所领导的保卫和平促进会和东北民主联军建立政权的工作。在东北解放区，我初次看到南满青年由于日寇多年反动统治的影响，以及对国民党缺乏认识，存在幻想，盲目正统观念很重，问题很复杂。当时考虑一下，用蒋管区里旧的教育办法镇压、逮捕呢？或欺骗、收买呢？思考再三，都是行不通的。那样，越挡越不能解决青年们的思想问题。想来想去，只有用老解放区里的新办法——思想领导，使学生在思想上打通，思想上承认，口服心服，才能解决思想上存在的问题。

到齐齐哈尔后，我在嫩江省工作期间试办联合中学。经过一个时期试验老解放区新民主主义的教育方法，结果证明是行之有效的。不久，成立了东北行政委员会（后来又成立东北人民政府），组织上委托我负责主持东北的教育工作，同时，兼任哈尔滨大学校长。哈尔滨大学的师生们经过了思想改造的学习，深入农村参加土地改革的实际斗争，参加前方劳军工作，参加城市政权的建设工作，思想觉悟有了空前的提高。在学校学习毛主席的著作，学习中国革命的历史，着重解决由"九一八"到"七七"，由民族到阶级的问题，使学生们在参加社会实践的基础上，通过学习找到真理。这样，经过了一段时间，才逐渐地把青年们的盲目正统观念打消了。这不但使学生们在思想上和政治上进步，就是我这个校长，在思想上也随着进了一步。我深深感到，老解放区新民主主义的新教育和国民党统治区半封建半殖民地的旧教育是根本不同的。现在，根据我 30 年来教育工作的体会，把新旧社会的两种教育对比一下：

1. 新教育是理论和实际相结合的。一切学习都不脱离实际，怎么用就怎么学，学一点，用一点，学用一致。这种知识是由实际逐渐上升到理论，又由理论再到实践中考验。这是理论与实际反复研究的。旧教育则不然，从来就是理论与实际脱节的。学非所用，用非所学。毕业就失业，学完就没用，用不上就忘净。我现在回忆一下：清朝末年，我9岁入蒙馆，后又转入民国初年的小学堂，一直到28岁才由北平中国大学毕业，总共学习了19年。国文、数理化、史地、生物、哲学、教育、心理、形式逻辑、英文、法文等都学过了，原理、原则都知道一点。毕业后，在旧社会到处用不上。至于现在，我日常工作中能用上的知识，估计一下也不过10%～20%。走了19年的冤屈路子，大好光阴不是白费了吗？真是"冤哉枉也"！

现在我检讨一下，以往我从事教育工作的一些知识，多半都是从实际工作和实际斗争中，一点一滴地摸索出来的。因此，对于旧的资本主义式的教育制度与旧的学习方法，就必须怀疑，必须重新估价，重新研究一下，以便去留。我想，一切旧的知识分子们与我有同样的感觉罢！

2. 新教育是为人民服务的，是反帝反封建的。学生在校学习社会科学也好，学习自然科学也好，都是为人民服务的。新教育是学习知识和技术，能为人民实际上解决问题的教育；同时，又是反对封建势力，反对大资产阶级、大买办阶级，并反对美帝国主义和一切帝国主义的教育。总之，教也好，学也好，用也好，都是围绕着人民的利益的。旧教育则不然，它的出发点是为个人利益着想，为个人升官发财，出人头地，以便光宗耀祖，享受荣华富贵，骑在人民头上剥削人民、压迫人民。它是为封建势力和大资产阶级、大买办阶级服务的教育，也是勾结帝国主义，学习帝国主义，为帝国主义服务，做帝国主义顺民的教育。我想，受过旧教育的知识分子，对此都能了解罢！

3. 新教育是民主的。无论是先生还是学生，大家都是平等的。在学校研究问题时，要在思想自由、自由发言的原则下，通过大家讨论，互相启发，求得真理。对于一切问题都应采取民主的方式，大家共同商量，出主意，想办法。在校长的主持下，先生与先生，学生与学生，先生与学生都要发扬民主作风。只有这样学生才能真正觉悟，真正进步，才能自觉、积极地学习；师生才能感情融洽，真正团结。对于教员也好，学生也好，大家都似股东一般，都有权利使学校搞好。旧教育则不然，校长就是家长，他一人独裁独断，决定一切，包办一切；对先生对学生都是命令主义。你自愿也得做，不自愿也得做，从来不讲道理。对学生来说，只有遵守命令，绝对服从，以便做法西斯教育所要求的顺民。总之，在学校里，学生、教师、职员、工友都没有发言权，没有民主权利，更没有参加校政的必要。

在蒋管区资本主义式的学校里，各个成员之间都是不团结的，是隔阂很大的。其中，可分为五个阶层，校长阶层。他想统治，想独裁，想剥削先生、职员的薪金、学生的学杂费，以及学校的办公费、建筑费，还有卖题费。例如，中央大学头几年考试时卖题，一份题卖100万元，因某公子仅有80万元而不卖，候到考试前夕，才肯减价二成卖出，否则过期无用了。唯我独尊的校长对先生、职员、学生、工友都是命令式的，认为一个命令就可以解决问题。学生有错，轻者记过，重者开除，绝无说服之理；合则留，不合则去，是毫不加以争取改造的。教员分阶层、有宗派，这是师大派，那是东洋派，那是欧美派，更有CC派、朱家华派或复兴派等。这派攻击那派，那派攻击这派。国民党特务的三派又都想在学校里争权夺利，收买群众，收买学生，甚至收买工友做特务。一般教员无聊时打牌，大学教授不合格的怕被学生赶跑，甚至给男女生"拉皮条"，或以其他办法维持其饭碗子。职员阶层，大体与教员阶层相同。学生阶层，学生里分年级高低。高年级生对低年级生是压迫的。特务学生监视进步学生，或者给进步学生写报告，更有逮捕进步学生的。工友阶层，工友是最受压迫的阶层，对校长、教员、职员、学生，都得毕恭毕敬，否则，就要受到斥责，或被撤职。可见，在蒋管区这样的学校里，必然是毫无民主可言。

4. 新教育首先要"打通思想"，特别注意对学生的思想领导。新教育主张学生有言论自由，提倡"知无不言，言无不尽，言者无罪，闻者足戒"，以便使各种思想尽量暴露出来，然后对症下药予以治疗、纠正。只有采用这个办法才能从根本上解决学生思想上的疑难，使之服从真理。这样，学生的思想一通，一切问题才会迎刃而解。旧教育则不然，不但不打通思想，还要封锁思想。蒋管区的法西斯教育对学生思想限制极严，大有防学生之口，甚于防川之势。倘有与法西斯思想不同，便被当作思想犯而加以逮捕或镇压。把有革命性的青年看成敌人，愚蠢的法西斯们以为进行镇压便可以解决问题，便可以了事。其实，思想被压痛了，青年们就会反抗，就会更要革他们命的。

为了"打通思想"，新教育主张对学生要用说服教育的方法。学生们犯了错误要用各种各样的方式，委曲婉转地说服，要使学生口服心服，最后向真理低头。这是从根本上解决问题的方法。蒋管区的旧教育则不然，它根本不讲说服，而采用"打服""骂服""压服"等方式。对学生不仅可以打，可以骂，还可以用镇压手段逮捕起来。这是半封建半殖民地旧教育的反动本质所决定的。

5. 新教育不仅注意课堂的学习方式，而且注意集体讨论式的学习方法。新的教学是贯彻启发式的。不仅课堂上这样，听课之后，还要组织小组讨论，自由发言，互相研究、互相讨论、互相启发、互相帮助，把大家的知识经验都交流了，才能收到集思广益的效果。同时，通过讨论，还可以把不同的主张和分歧的思想逐渐统一起来，使之更加合理化。总之，通过讨论，把所学的知识加以分析，使之加深理解，逐渐地融化变成自己的细胞，再进一步变为有系统的理论知识。这是最好的方法，也是过去所想不到的方法。蒋管区的旧教育则不然，只有分散阅读填鸭式的教学。先生讲，学生听，讲好讲不好不管，听懂听不懂不管，消化不消化不管。只要能记住些死教条，先生问，学生能答就行，就是好学生。这种注入式的旧教育把知识当作架空的，是与实际生活无关的，只要能够读死书、死读书就行，自然也就没有讨论的必要了。

6. 新教育是人民大众的，是具有明显的阶级性的。新教育一方面注意新知识分子的培养，即多数的工农基本群众及其子女的教育，使他们翻身以后，能尽快地提高文化水平，以便当家做主人；另一方面也注意旧知识分子的改造，凡可能争取改造的，一定予以教育，使他们得到提高进步，以便参加革命，为人民服务。旧教育则不然，是为少数地主阶级、官僚资产阶级而设立学校，大多数贫苦的工农子弟拿不起高昂的学费，无力求学。结果是资产阶级、地主阶级有文化，无产阶级、广大农民无文化。资产阶级、地主阶级及其子女可以念书，无产阶级、广大农民及其子女没有享受教育的机会。资产阶级、地主阶级提倡愚民政策，鼓吹"民可使由之，不可使知之"，反对劳动人民学习文化，掌握知识，就是妄图使广大劳动人民永远成为他们世世代代的奴隶。

新教育的道德标准是具有明显的阶级性质的，是以解放被压迫被剥削的劳苦群众，并使他们在经济上、政治上都有了保障，以便使大家都过上民主生活，逐渐地达到消灭阶级。旧教育的道德标准是唯心的，教学生的普通校训是"礼义廉耻"，最高的道德标准是"杀身成仁，舍生取义"，实质上愚弄群众为反动统治阶级卖命。这些对于那些统治阶级本身来讲，也只不过是空口说说罢了！这种唯心的道德，事实上是多数人服从少数人，弱小者服从高高在上的大官僚，劳动群众服从地主阶级和大资本家的道德。否则，你讲民主、讲自由，就认为你不道德，是思想犯。

新教育里有新民主主义青年团。这个青年团是党领导下的先进青年群众性组织。它在各级学校里发挥着团结师生，帮助同学们学习，推动学校开展各种活动的重要作用。团员们吃苦在前，享福在后，实际上就是学生中的骨干，对学校工作的帮助是很大的。旧教育里有三民主义青年团。这个团体专门收买、拉拢、腐蚀青年，以便使青年充当国民党的小特务。"三青团"团员一旦发现某个同学或先生进步些，或有不满现状的表现，便给写个报告说"某某先生是异党分子"，或"某某学生是异党分子"。在学校里，"三青团"起着破坏的决定作用。总之，把学校的师生拉到腐化、堕落，为法西斯卖命的途径上去，就是他们追求的目的。

7. 新教育的方法是注意"教学做合一"的。怎样教，就怎样学；怎样学，就怎样做。反过来说，也就是做什么，学什么；学什么，就教什么。可以说，教学做是密切结合，不能分开的。旧教育则不然，"教"就是先生按一套教条的东西注入式地教学，学生怎样学，他就不管了。"学"也就是囫囵吞枣，死记硬背地学，至于怎样运用所学的知识去做，以及将来在社会上是否有用，他也不清楚。这必然就会出现学非所用、用非所学的后果（关于这种情况，在上面我自己已经检讨过了）。

新教育是读书联系自己的。例如，读了《整风文献》的理论，同时也就联想到我自己还有哪种风不正呢？哪种风应该整？研究划阶级定成分的文件时，更要联系我自己属于哪种成分。诸如此类，就是说，我读书就要把书本上的理论与自己的思想、言行密切结合，学一点，做一点。

旧教育是为知识求知识，为学问而学问，学了之后是不消化的。虽然读了八车书，也不能解决自己任何一点的问题的。书是书，我是我，人与书是脱节的，学与做、言与行都是脱节的。

8. 新教育主张"从实际出发"，是实事求是的。新教育是根据当时、当地的具体情况，决定办教育的方针、政策和方法的。例如，东北在过去二三年间，根据革命形势和青年学生的状况，需要进行思想改造，需要办短期训练班，需要下乡参加土改，结果就那样做了。事实证明，这样做有利于革命斗争，有利于青年学生们的成长。现在情况改变了，为了维持和巩固我们的人民政权，已经把恢复和发展生产，着手经济建设的任务提出来了。这就要求我们办新型正规化的教育。当然，也要警惕，往往一提出正规化，就容易走入旧式正规化，也许不知不觉地走错了路。我们的新型正规化，是在当前这一时代，这一环境里产生的。按照某阶段形势发展的需要，确定某种工作重点，本身就是实事求是的。旧教育则不然，它是形式主义的，事事讲样子，处处摆架子，不顾内容，不求质量，不根据中国的具体情况，只是盲目采用外国的洋教育。例如民国初年，中国教育采用日本式的，不久又采用德国式的。第一次世界大战德国失败了，中国又采用美国式的资本主义教育。变来变去都是形式上的变化，内容毫无进步可言。我还记得，1928 年春去河北定县参观中华平民教育促进会办的农场。由晏阳初等一群洋博士搬来了美国的猪、羊、牛，以及美国的农作物等，并用美国的方法饲养、耕种，当时真是轰轰烈烈的。不久，当地农民的白菜发生了病虫害，问到农学博士，那博士开了张洋药单。老百姓一计算，药钱早超过了白菜钱了。后来，还是农民自己用土办法消灭了病虫害，解决了问题。定县的百姓们都反对平教会，就是因为它不根据中国的具体情况，只按照外国的形式，皮毛地整个搬运。这证明整个搬运洋教条，是不能解决中国农民现有的问题。我当年对晏阳初洋博士的迷信，由那年的一次参观马上觉悟了。我深深地感到，洋教条是不可靠的。当然，反对盲目照搬洋教条，绝不是反对学习外国的有益经验，即使学习某些洋教条的东西，做些参考或批判地运用，也是可以的。

9. 新教育注意劳动观点的培养。我们的衣食住行都是劳动人民辛勤劳动换得来的，一切生产建设和文化科学的进步，都是通过劳动搞出来的，甚至"在某种意义上不得不说：劳动创造了人本身"，这是马列主义的正确主张。所以，解放区的教育，主张在课余要学生参加劳动；只有参加劳动养成劳动的习惯，才能不剥削别人，才能与工农相结合。旧教育则不然，不但不注重劳动观点的教育，相反，是轻视劳动，以为劳动是下贱的事。二千多年前的孔子，他的学生向他请教如何耕田，他就说过"不知道，我不如农民"，还背地里骂这个学生"真是个小人"。这证明他是不劳动，也是反对劳动的。孟子也说过"劳心者治人，劳力者治于人"。这种不劳而获的剥削阶级教育，是为统治阶级镇压劳动群众服务的，是要使学生养成剥削劳苦大众的思想，以便成为骑在劳动人民头上作威作福的精神贵族。

10. 新教育是具有总结性的。学习到某一阶段之后，要有某一阶段的学习总结。总结一下，是为使学习再提高一步，是为了突破过去旧的一环，过渡到下边新的一环。过去的学习是现在学习的条件、基础；现在的学习是将来的学习和工作的条件、基础，只有不断地总结，才会有不断地进步。新教育里的考试制度，就可以说是各科目的总结，并不注重到考试当时种种严格形式。在北满某些地区是注意到平常学习的实际成绩。平日学生把各科目在课堂里，在学习小组里学习得很有兴趣，很自动自觉地，就可以自然而然地考试。在总结基础上的考试，才会收到应有的效果。旧教育则不然，不知总结为何物。教员是雇佣性质的，当一天和尚撞一天钟，干一天是一天，扯到哪里算到哪里，根本不懂得总结在教育上所起的作用。旧教育的考试制度不注意平常学习，到了月考或期考，形式上是很严格的，把一般学生搞得像坐牢一样，痛苦万状！结果呢？是流弊百出，使学生作伪，于学生实际上也无什么获得，这是旧的形式主义教育的老一套。所以旧教育也没有进步。仅有寒暑假在形式上冠冕堂皇地考一下，但也不等于总结的效力。

30来年的教育工作使我深深地体验到，两种不同性质的政权必然会产生两种不同性质的教育。蒋管区的旧教育处处是形式主义，处处是开倒车，处处是使得进步的力量变成退步的力量，使得好人变成坏人，变成统治阶级的爪牙。那种教育的坏作用是不可遏止的。相反，解放区里的新教育却是实事求是的，是给劳苦人民服务的，是争取改造落后分子为进步的、积极的，使之能够参加革命的教育。这种改造世界人类，使之都能走上革命大道的力量也是无比的。总之，解放区的新教育和蒋管区的旧教育，乃是两种根本相反的教育力量：一个向前，一个向后；一个是有生机的，一个断生机的；一个是根据中国的具体情况决定教育方针，一个是生搬硬套，甘心做帝国主义教育的尾巴；一个是要发展到全中国，被全国人民所欢迎的，一个是即将退出中国大地，被全国人民所唾弃的。这是历史发展的客观形势所决定了的。

我对于 30 年来从事教育工作的感受是什么呢？我略有些与一般教育工作者不同的感觉。他们认为，从事教育工作是甘受穷，说什么"十年教书不富，当年不教就穷"，又是什么"家有二斗粮，不当孩子王"等等，这些都是轻视教育工作的传统观点。这 30 年来，我虽然没有教得很好，但是教书和研究教育问题的趣味还是很浓厚的。我几乎有一种不可思议的情绪经常地表现出来。每当看到学生们在学习上、思想上或行动上有某点进步，我的内心就兴奋起来；或是学生原来落后些，用了很大的力气把他争取过来，变落后为先进，那就更为高兴了。明明疲倦了，因为受到学生进步表现的刺激，也忘记了疲倦。这不是假的，也不是勉强的，是自然形成的。例如，学校每逢寒暑假，学生回家了，先生本可以休息休息了。但是，我在情绪上却有些留恋，不忍得学生回去，似乎放假学生走了，就会寂寞起来，好像不知该干些什么，而感到有点不安。至于看到了有些毕业的学生在革命阵营的各个工作岗位上给人民服务，那我的情感上就更觉得有无上的愉快和兴奋！我想，那些学生在革命队伍中的成长，至低限度有我当年供给他们一点文化食粮或灌溉了一点水的贡献罢！所以，我觉得不能只看近利，要看远大利益，要看到给人民服务的厚利。有了远利和厚利，这就是教育工作者最大的报酬了。教书育人是革命事业的百年大计，怎能说从事教育工作无报酬、无前途呢！

（原载于《生活报》1948 年 6 月 6—26 日，后收录于《车向忱教育文集》时标题及内容略有改动）

我所走过的道路

——躬身实践四十年

动荡的青年时代

我自幼喜欢读重气节、爱祖国的书，曾誓言效忠国家。然而，爱什么样的祖国？怎样爱自己的祖国？我却闹不清楚。不过，我觉得一个民族如果失去了起码的自信心、上进心，确实是件可怕的事。因此，在我稍有知识以后，就把唤醒民心引为己任。

20世纪初年，那时，我还在青年的时代，天天都感受到帝国主义和封建主义这两座大山的沉重压力。广大劳动人民被压得日夜熬煎，激愤之至。1919年5月4日，北京大学学生在共产主义者李大钊同志的领导下，掀起了轰轰烈烈的五四运动。当时，我在北京大学高等补习班读书，听到这个消息便毅然决然地挺身而出，参加了反帝反封建的游行队伍。当时，有人曾劝我，不要整天搞运动，免得耽误了功课。我说："国都要亡了，还念什么书！"

学生游行示威要求当时的反动政府拒绝在巴黎和约上签字。在群情激愤之下，决定火烧卖国贼曹汝霖的公馆赵家楼，我愤怒地划着了火柴。在这次游行运动中，事态越来越扩大了。上海、天津、南京、武汉、长沙等地的广大青年学生、工人、职员、商人等各阶层的群众均纷纷响应。北洋军阀反动政府见事不佳，被迫接受了全国人民的要求，没敢在巴黎和约上签字。这是中国人民爱国力量的一次大检阅，也是新民主主义革命运动的开端。我在这次空前规模的学生爱国运动里受到了一次活的政治教育，使我深刻地认清了反动统治者的真面目。对于这些反动统治者，只有依靠群众同他们进行针锋相对的斗争，才能赢得胜利。

走向生活

1925年，我由中国大学哲学系毕业，回到故乡沈阳想找个工作，但是，在反动军阀的统治下，没有一般知识分子做事的机会。我托亲访友，才找到一个高中教员的工作，教形式逻辑和心理学等科目。这时正是日本帝国主义蚕食东北之际，使我忧心忡忡。为了反抗日本帝国主义的侵略，我就和一些热心人士，创立了辽宁国民常识促进会。在沈阳办起民众扫盲夜校40多处，参加者都是工人、农民、城市贫民、小商贩等。我白天在中学教书，晚上就骑着自行车到各夜校去。我们还组织了辽宁拒毒会，解说鸦片等毒品危害人民健康，不宜吸用，并把日本帝国主义贩来的毒品（海洛因、吗啡等）万余斤全数焚毁于沈阳，大快人心！同时，为了抵制洋货，我们奋力提倡国货，繁荣民族工商业。这些，虽然在一定程度上激发了广大人民的爱国热情，但是在当时政府腐朽没落、国事衰微的情况下，也无补于万一。

1931年，日本帝国主义进攻沈阳，造成了九一八事变的历史悲剧。这打破了我过去的梦想，使我明白了，自己原来抱有的教育救国思想，以为办好学校就可以把中华民族挽救过来，这是很幼稚的改良主义想法，是忘记了政权掌握在谁的手里。所以不但不能救国救民，反而是眼看着日本帝国主义占领了东北。

在流亡和苦斗的日子里

这时，日本帝国主义分子占领了沈阳，就到处抓人，我难以在沈阳存身。于是在事变的次日，我就和一些有志青年暂时忍痛离开东北，另做企图。在北平（即今北京），我和几位东北的老同志如高崇民等人，共同组织了东北民众抗日救国会，共商抗日救国大计，以收复东北失地。不久，救国会派我潜回东北，我先后到旅大、安东、通化、临江等地活动。所见所闻都是处处令人痛心疾首。家乡沦为帝国主义之手，东北 3000 万人民在水深火热中，遭受日寇野蛮的奸淫、烧杀、劫掠，我们锦绣的河山，田园庐墓，变成了废墟，妻离子散各奔一方。正像唐代大诗人杜甫的诗句所形容的："国破山河在，城春草木深，感时花溅泪，恨别鸟惊心……"我们的血海深仇、奇耻大辱，言语难以形容。但是，在另一方面，我也看到了东北人民绝不甘心做亡国奴的群众性抵抗活动。东北人民摩拳擦掌，春雷一声，各地义勇军揭竿而起，长矛、大刀、土炮、土枪以及洋枪都成了抗敌的有力武器。其中成绩最大，坚持最久，团结最强的可算是中国共产党领导下的东北抗日联军了。东北抗日联军在杨靖宇等将军领导下，10 余万人在长白山一带大森林里，坚持 14 年，经常出击敌人，直到最后胜利……

我当时也是满腔热血，到处奔走，和义勇军进行联系。

事实教育了我

1933 年初热河失守，敌人进攻古北口。在古北口战斗时，我去那里慰问军队，向那些东北的兵士们说："不打走日本帝国主义，咱们就回不了老家。"当时正跟日帝搞出卖民族利益投降阴谋的何应钦，察觉了这些，就下令抓我。后来我又跑到陕西去见东北的领袖张学良将军和他的军长王以哲，鼓动东北军必须打回老家去，要枪口向外，更要联合陕北红军，依靠共产党才有方向，才能争取最后的胜利。蒋帮特务当然是处处监视我的言行，但在张学良的掩护下蒋亦无可奈何。

抗战前，我对国民党充满了幻想，我觉得不怕我们国贫力衰，不怕日本帝国主义猖狂，只要举国上下，一心对敌，我们终归会胜利的。但是，事与愿违，在日本帝国主义的进攻下，蒋介石一枪不放就全部撤出，敌人节节进攻，他则节节退让。究竟谁是真抗日？谁假抗日？谁救国？谁卖国？两相对比以后，我深深地感觉到国民党蒋介石对帝国主义卑躬屈膝，出卖民族利益，对内一贯实行法西斯统治，大打内仗，真是"内战内行，外战外行"。只有共产党才是坚持抗日到底的，毛主席宣布要打到鸭绿江边。我读了毛主席的《论持久战》，使我思想上起了个大变化。《论持久战》指出抗日战争分三个阶段：（1）防御；（2）战略相持；（3）收复失地的反攻。毛主席英明的论断、辩证的分析，使我对抗日战争的最后胜利增强了信心。

为培养打回东北去的革命新生力量，经过和中国共产党的地下同志研究，于1935年夏，我在陕西省西安市招收旧东北军的子女和流浪到西北的东北儿童，因陋就简地创办了东北竞存小学，学生百余名。不久，又在东北救亡总会和西安八路军办事处的支持下，继续开办竞存中学，教学目的主要是宣传抗日救国道理，使东北的青少年们知道谁是东北人民的敌人，谁是东北人民的朋友，谁主张抗日，谁不抗日，还让学生们明辨大是大非，有个明确方向，团结起来，打回东北老家去。培养学生有革命的思想，有斗争的意志，敢于向强盗们做斗争。学校的教师多半是进步的知识分子，一部分是党的地下工作者。当时的处境是很困难的，国民党处处加以迫害，想摧垮这所学校，经常到学校检查进步的师生，甚至逮捕，送进劳动营审讯。然而无论是监禁或是其他迫害，也禁止不住青年们的爱国进步活动。革命者是不怕摧残的，是前仆后继的，他们正像唐代诗人白居易的有名诗句所说的那样："离离原上草，一岁一枯荣。野火烧不尽，春风吹又生……"蒋帮特务摧残了十年，我们师生斗争了十年，结果进步师生百余名投奔革命圣地——延安，数十人参加了八路军。

夙愿已偿

1945 年，日寇投降了。在国民党的威胁下，我在西安待不下去了，就秘密化装到了延安。在延安学习、访问月余，并受到毛主席和中央领导同志的接见。我对解放区、对中国共产党有了进一步的认识。

当时东北有些地方已经解放，我又回到东北，参加人民政权的工作。在东北行政委员会（后改为东北人民政府）担任教育部长，领导教育工作，兼任哈尔滨大学校长。当时，北满农民要求耕者有其田，分给土地。我一面办教育，另一面又在党的领导下与学生们下乡，参加土地改革工作。学生们参加土改后，思想大大改变，我的思想和阶级觉悟，也在实践中得到很大的提高。认识到党的土改政策是符合广大农民需要的，这样我就越来越相信党，相信党和毛主席一定能领导中国走向富强的道路，要永远跟党走。沈阳解放后，我到沈阳继续办学校，先后兼任东北实验学校、沈阳师范学院、沈阳体育学院的校长、院长。现在我是中国民主促进会的副主席。民进是一个知识分子（主要是教育界的知识分子）的民主党派。我还担任辽宁省副省长的职务，主管教育方面的工作。我的两个儿子也在从事教育工作。我办了一辈子教育，到现在才真正起了作用，也看到了祖国教育事业的繁荣。我的许多学生已经成为革命干部，他们遍布全国各地，正在各个岗位上发挥作用。我很为他们和我自己感到安慰和自豪。几十年的实践，使我明白了：政权不属于人民，绝办不成人民的教育。只能走革命的路，改良的路子是行不通的。

我今年66岁了。当我回顾过去的大半生时，感到现在才活得像个中国人。我没有辜负祖国和人民对我的期望。我的生平夙愿已偿，但我不能满足现状，我要老当益壮，要革命到底，为祖国社会主义建设做出更多的贡献。

[原载于《人民中国》(日文版) 1963年9月第9期]

东北应实行
民主、科学、大众的教育

1946年5月26日上午10时，松江省政府教育厅特聘请新近由内地来哈的老教育家车向忱老先生，在第一中学校礼堂给各中学校高年级学生讲演。车老先生九一八事变后即往各地奔走呼号抗日救国，俯冰卧雪越岭爬山地到各处发动抗日救国工作，并曾号召许多爱国人士组织抗日义勇军，以后又在内地办学，培养出不少的人才，对于帝国主义和反动的顽固派从不妥协。兹将车老先生关于国民党反动派如何对待流亡关里的东北人，如何对待东北的抗日活动，以及关于国民党统治区、解放区的教育情况的详细介绍演讲全文志后，以飨读者。

各位教育界的同仁们，各位同学们：

今天，我很荣幸地受韩厅长的介绍和大家谈谈过去的情形。

"八一五"后，我是从关内过来的，是从陕西西安回来的。我把那方面的工作，把国民党反动派的统治和教育的情形介绍一下。我也是国民党的老党员，然而我不同意他们现在背叛三民主义的行为。现在的国民党已经不是孙总理领导时候的国民党了，完全是蒋介石专制的国民党。"九一八"后，我带几名青年到南京去请愿，求中央援助东北。但是，蒋介石拒绝接见。我们等了好几天，催了好几回，才由蒋介石的总秘书长贺耀祖接见（老先生说到这里很气愤）。他们简直是决心永远扔掉东北，看不起东北人。那时候，我急了，很气愤地说："司令（指蒋）打算要东北的话就得见；若不要东北的话，我们马上就走。"贺总秘书长让我的话说得没有了办法，我回去以后，打电话告诉见我。我见到蒋介石了，他很含糊地答应说"援助，援助！"但都是空话（老先生的语调开始激动起来）。他们看不起东北人！他们不抵抗地送掉了东北，可是，现在国民党反动派却来接收东北了。扔掉了东北是反动派的阴谋，何应钦曾厚颜无耻地和日本人订过《塘沽协定》《何梅协定》。蒋介石曾下命令"讲抗日者杀勿赦！"杜重远是东北的名流，他写了一篇《闲话皇帝》，蒋介石就把他扣起来了，说他"诽谤了日本皇室"。后来，我到西安去办教育，他们也把我扣起来了，说我是汉奸。我真气坏了，说："谁是汉奸，押我的就是汉奸！"后来，蒋鼎文等因为我名声很高，对我没有什么办法，就和他们上司打电报联络把我放了。

以后在西安除了用两块钱办的东北竞存小学外，又开办了一所竞存中学。国民党看了认为这太容易了，以为这一定有个什么主义，他们就给加了一个共产党的名目，经常派特务去捣乱。竞存中学是特别艰苦的，没有课堂，都是到树荫底下去讲课。教师差不多都是东北大学的，都没有薪俸。我办教育一定要坚持，一切建国大计，都离不开教育。我们东北人在国民党统治区实在不吃香透了，人家一打听是东北人就不给事做，就看不起你，不用你。东北的许多同胞为了生活，男的开小店、卖劳工，女的甚至沦为卖娼过活。他们对东北人轻视得了不得，找事得冒充河北人，做几天知道了底细，还得解雇。国民党反动派什么样的流氓、地痞、无赖都要，就是不要好人，像我这样热心办教育，奔走抗日的人他们是最讨厌的。国民党反动派办的学校，都是一党包办，都是少数人说了算，教育是教育部说了算。学校里校长是小皇帝，先生、学生对学校都不能过问，完全是法西斯式的党化教育。现在的国民党里的党派很多，在一个学校里他们就互相争吵。学生 25 岁以上强迫入党，25岁以下入三民主义青年团，连小孩都给个团员证算是团员。他们都是反动派拿钱买的，在学校里面专门捣乱，作一个"报告"可得千元，看着哪个学生用功、不打球或者与他感情不好，就作个"报告"，晚上睡觉的时候，这个学生忽然就丢了。先生也是如此，先生和学生来往也犯嫌疑，所以下课以后学生向先生问问题，先生都得设法避免。特务学生都带盒子炮，比如安徽一个中学校长正讲演的时候，一个特务学生就从后面一枪把校长耳朵打穿了。大家把特务学生抓住了，他说是受"党的命令"来抓"思想犯"的。

各校特务学生隔两天就大翻一番，什么都给翻了，要是有革命的书被发现了就得吃枪子儿，只准看武侠爱情之类的小说。这就是他们打算奴化青年思想，为使人都不懂得革命，而反动派就怕革命。除反动分子特务以外，还有别的组织，在鼎鼎大名的中央大学里有扒手团，专门偷东西。在最高的学府里就有这样"进步"的组织！教授们都饿干了，有技术的都做了工人，有的去开汽车，有的去修理电话杆子，一些没有毕业的"学生"就去当教授，水准低到什么程度！国民党的《大公报》上发表西南联大招考时报名的 7000 名，结果只录取了 1600 名，分数最多的 63 分，其余都是 30 分至 40 分。这就是造就奴才，越无知越好，不懂革命才行，连比较好一些的商务印书馆和中华书局的教科书都不准用。毕业就是失业，我叫它作"残废教育"，教育一个消灭一个；我更叫它作"副教育"——倒打料。这种教育越来越无前途，越来越江河日下！统治言论，说真话的都被认为犯罪。

我也到过延安，延安就不同了，那里主张思想自由，随便研究，无政府主义也好，三民主义也好，马克思列宁主义也好。我到大学里去，我问他们，学校里有了反动派的特务学生捣乱怎么办？他们说，没关系，我们主张追求真理，不主张武力镇压。这真感动了我！人家学生有说共产党好的，有说国民党好的，究竟哪里好、哪党好？开辩论会、研讨会，分析、讨论、辩论。国民党是抓押，共产党是辩论，真有个天上地下的不同点。那里所学的都是实用的，还没有毕业，各处就来订人，毕业之后马上就有事做。那里有钱的念书，没有钱的也念书。国民党造谣说延安不要老人，我就在那里看见为老人集体做寿。照国民党说，我这老头也要被杀在那里了。他们常研究的是怎样改造教育。有发明的，都给奖励，好人教育得更好，对坏人也要想法教育好了。教、学、做是合一的。延安学校不是陶行知所说的"读死书、死读书、读书死"，乃是"读活书、活读书、读书活"。延安的理论和实际都是结合起来的。再看国民党统治区，北平的学校虽然都办起来了，但教师饭都吃不饱，可是，学校的费用却开销极大。钱哪里去了，下了个人的腰包！

我们要把各处的教育比较一下，我们东北要用哪样教育？我曾走遍全国，在各方面比较的结果：东北的青年是聪明的，不落后的，并且和环境配合起来，东北的教育最有希望！无论如何，大的纲领是民主教育，不管厅长、校长、学生，有事大家共同研究讨论怎样做好。学生应该向先生学习，先生也应该向学生学习，要互相批评、互相研究，不要隐瞒过错，要常常检讨，坚决反对法西斯教育、不民主的教育。教育要大众化，让群众都了解国家，让国家有办法领导群众、教育群众。此外，应该着重科学教育，尤其自然科学教育。提议今后应该改善学生管理办法，体罚打板子都是法西斯、国民党、日本的方法。今后要注重自觉，互相批评，互相学习。对犯过错的学生要想法说服，先生说不听，再发动学生来说服，不然再发动家长，大家可以千方百计地研究办法。我不相信任何事情会没有办法。

（原载于《东北日报》1946年5月29日第2版）

谈谈新型正规化

我们为什么要提倡新型正规化呢？因为正规化有两种：一是旧的正规化；一是新的正规化，如果不加以区别是危险的。一提出正规化就容易走上旧的正规化，也许不知不觉地走错了路。

新型正规化是新民主主义的新教育，是适合于目前新形势、新任务，是配合支援前线和发展生产建设，是理论结合实际，教学做合一的新教育。这一新教育是在这一时代、这一环境里产生的，与资本主义、封建主义教育在本质上、内容上都是有区别的。

一、教育方针不同：旧教育是为少数资产阶级、剥削阶级服务的，是为资产阶级造就人才的。新教育是为人民大众服务的，是无产阶级领导的，反帝反封建的，是为国家建设培养人才的。

二、教育行政制度不同：旧的教育行政制度是主观的、命令式的，上边等因，下边奉此，有时上面等因，下级也不奉此，上下相欺的。新的教育行政制度是采取由群众中来到群众中去的方式，上面的决定要根据下面的具体情况，下面有意见也可以提供到上面进行研究。决定是从客观现实出发的，不是一纸空文，而是有效率的。

三、学制的发展不同：现在处于新旧交替时代，由旧的转变到新的过渡时代。将来全国完全解放后，可能逐渐根据新的时势把学制改变些，使之更加适合普及教育与培养人才的需要。

四、课程的不同：旧的正规制把课程规定得很严、很多，各种课程应有尽有，没有轻重，也没有缓急，像厨子做菜一样，七碟子八碗都摆上来，真是形式主义。新的课程则不同，是有重点的，根据科学与建设发展的需要，是实事求是，少而精的。

五、教学上不同：旧的教学是注入式的，先生讲学生听，填鸭式的教育，学生懂不懂不管，听不听不管，学生睡觉了也不管，只要按部就班地上课就算好先生。新的教学是贯彻启发式的，注重自学的，是发动学生自觉自动地研究科学；学生们有问题，有意见，是可以自由提出的。教学是理论联系实际的，教学做合一的。

六、教导上的不同：旧的教育叫"训导"，专注意主观的"训"学生，甚至于"吓唬"学生，"申斥"学生，就是要把学生训得老老实实，像绵羊一般，叫他怎样就怎样。学生有点错误就大训而特训一气，结果呢？学生只是阳奉阴违，"训"过之后，照样违犯。新的教育不主张"训"，而是主张由思想上逐渐地改造学生，使学生自觉自动地服从学校的纪律。这是最彻底的，也是最民主的，是主张打通学生思想的。

（1949 年遗作，后收录于《车向忱教育文集》，吉林大学出版社1998 年版，第 77—78 页）

发展体育运动，增强人民体质

——在辽宁省人大一届三次会议上的发言

现在，我想把我省的体育运动事业提出来，谈一谈。

要胜利地实现国家第一个五年计划，除了要提高广大工农群众的政治觉悟、劳动热情和生产技术外，还必须提高劳动人民的健康水平。因此，党中央和毛主席老早就提出："发展体育运动，增强人民体质"和"三好"的号召。我省的体育运动事业，几年来由于党和政府的关怀和正确领导，在国家经济建设发展的基础上，有了相应的发展，并已初步地具有了群众性的规模。广播体操和各项球类运动，在各厂矿、机关、学校中，已成为日常生活不可缺少的活动。目前，各地厂矿工人的体育运动非常活跃，参加广播操的人数在50%以上；机关干部由于经常参加广播体操，已经基本上改变了已往"案牍劳形"的旧风气。因此，对广大职工的健康水平和工作效率，都有一定的提高。

此外，在全省303所中等学校中，较广泛地开展了劳卫制预备级的锻炼，并在五十余所中等以上的学校中，重点地推行了劳卫制。在开展广播操的同时，多样化的体育运动也有了很大的发展。仅据沈阳、鞍山、抚顺、安东、营口、辽阳、锦州等七个市的不完全统计，参加各种运动队的（包括田径、篮球、排球、足球、乒乓球等），就有4896队，参加人数达53850人；单项锻炼小组有432个，计4000余人。同时，还试建了四个厂矿体育协会，会员800余人。

由于群众性体育运动的开展，不仅提高了人民的健康水平，从而对保证各项生产任务的完成和提高劳动生产率，也起了一定的推动作用。现在，我从工人当中选两个坚持体育锻炼的显著事例：旅大针织厂的"三好"女工王学花，五年前，由于身体瘦弱，在生产劳动中经常腰酸腿痛，记忆力也减退，甚至不能坚持夜校的扫盲学习。但是，她意志坚强，经过体育锻炼以后，不仅身体健康了，变成了体育运动能手，并且使生产效率提高了一倍。在学习上已经不是"记不住，求别人帮助"，还能帮助别人了。她曾经参加了全国工人体育运动大会，获得了全国女子八百公尺的第四名。最近，她参加我们全省田径比赛大会，获得女子八百公尺第一名。她所以能够成为"三好"的女工，是与她经常地参加体育锻炼，获得了强健的身体和精力充沛的头脑是分不开的。再如，大家都非常熟悉的，全国闻名的工业特等劳动模范王崇伦，也是最爱好体育的。他不但热爱球类运动，还喜欢径赛运动。如这次在全国工人体育运动大会上，他获得男子低栏第五名。他在生产上的成就也是和他有健康的身体是分不开的。此外，还有沈阳螺丝钉工厂，由于球类和器械运动开展得较好，所以，该厂的劳动生产率也有了很大的提高。类似这样的事例是很多的。

以上这些生动的事例充分地说明，开展体育运动与生产不但没有矛盾，反而，与生产是相结合的，是有利于生产的。但是，还有些人认识不足，甚至还有人认为，参加劳动就可以不参加体育运动了。我曾与某煤矿系统的负责同志谈过，我问他，煤矿工人体育运动开展得怎样？他说："工人们每天劳动得很累了，因此他们就不必运动了……"事实上，劳动与运动两者是有区别的，不能混为一谈。劳动对身体有一定的锻炼，但这种锻炼只能是局部的。如掘煤工人，他身体的活动范围主要是两只胳膊动，有一定的固定性，其他部分就没有机会活动，而体育运动就不同了。比如做广播操，那真是手舞足蹈，头转腰弯，几乎全身的四肢面骸都有活动；可以说，是周身的、全面的活动。它不仅会促进人体的血液循环和新陈代谢，加快速度，同时，也有助于消除疲劳的作用。所以说，开展体育运动，对于加强国防和保卫祖国，也是有一定重要意义的。

同时，也应该指出，我省体育运动工作，还存在不少缺点。主要是我们的领导工作，还赶不上群众体育运动发展的需要。干部的数量不足，质量又差，宣传教育和深入检查工作也很不够。这些是需要我们在今后的工作中努力克服的。

另外，我还想谈谈我个人搞体育运动的体会。我每天都不断地坚持运动。如早、午、晚饭后，都有散步，并经常做八段锦和广播操。这样，经过十几年的锻炼，结果把我的老关节炎都治好了。我想，只有经常坚持参加体育锻炼，才能真正深刻地体会到它的好处。

最后，希望我省到会的代表同志和广大人民群众，要根据不同的身体条件、设备条件，积极地参加各项体育运动，同时，也希望全省的体育工作者，努力克服现存的缺点，积极工作，进一步贯彻毛主席关于"发展体育运动，增强人民体质"的号召，为保证国家第一个五年计划的胜利实现和加强与巩固国防而奋斗！

（原载于《辽宁省人大一届三次会议材料》，1955 年 8 月）

教育是百年大计

现在，教育问题是很严重的，底下上不来，上头又拔不出来。今年，我们东北初小毕业生 50 万，高小毕业生 19 万，总合起来 70 万，像春天的小苗似的，都要拱出来。但是，现在的经费却像一块大石头，把它们压住了，出不来。昨天市里召开小学教师会议，反映家长埋怨我们，说为什么学校不修房子，不叫我们孩子入学。这就是底下上不来。上头呢？根据中央政策及东北地方政策，初中暂不发展。这样，初中就供给不了高中所需要的毕业生，高中也供给不了大学所需要的毕业生。没有办法，我们的大学只好从关里招学生，可是，招来的又不理想。

我们不但从关里招学生，还招教员。从平津招教员，一般都嫌薪金低，不愿意来；有的虽然能来，也不健全，多半都是在旧大学学法律的、学政治的。所以，靠关内解决学生也好，教师也好，只能是临时的。今年恐怕就解决不了，明年就更解决不了。

当前的困难是我们东北地下拱不出来，是中间憋住了。高中要学生，初中又供应不了那么多的毕业生，这样揠苗助长是不行的。今年，大学招生一万多，可是，高中毕业生却只有两千，这是两头难受。教育部看着那些小孩一个劲儿地往上拱，可是，我们初中少，他们上不了学。高中、大学要多招，又招不来。由于缺少干部和人才，工业部、农业部都不能很好配合生产发展的需要，这是一个突出的矛盾。这也表明，我们的教育跟不上形势发展的需要，也是受经济条件的限制。教育是培养干部，造就人才的，便并不是一旦需要时，马上就能培养出来的，即使勉强培养出来，也是工作不了的。教育上培养干部，造就人才有自己的特点和规律，不能像工业投资那样，有一年、二年的工夫，生产就可以增长一倍、两倍。对教育不能抱有现得利的思想，它是百年大计，要往长远处看。如果仅仅从眼前利益来看，从事教育工作是穷事，我们教育界有些干部都溜号了。我们号召他们来办教育，他们说，"教育是穷事，要啥人家也不理，薪水低，政治待遇更谈不到。"不少人都不愿意干教育这一行，这是值得注意的。

毛主席说，随着经济建设高潮的到来，必然要出现一个文化建设的高潮。我们怎样把毛主席的号召兑现呢？经济建设是必要的，文化建设也要紧跟上来。可见，教育是很重要的，是关系着国家前途命运的百年大计。

（原载于《东北人民政府委员会第五次会议材料》，1950年2月10日）

坚持理论结合实际的民主教育

我们东北解放区的历史很短，在这青黄不接的时候，教育上就谈不到设备，连中小学的课本都感觉缺乏。所以，一般教书的先生们，有的说："课是没法上，没有课本教什么？"学生们也说："我来学校念书，没有书我念桌子吗？"这些话猛然听来，都很对。无论是封建社会的一看法，甚至于旧民主教育的观点，都觉得应该有书，才成个学校。岂知过去时候，旧学校那种专门崇拜书本，读死书，死读书的一套办法，现在看来，也是不甚适当的。

十多年前，我在陕西省西安市，为教育东北流亡的儿女们，用两元钱创办了东北竞存小学，后来又搬迁到凤翔农村，办起了初中、高中。那时，正是抗日战争的开始阶段，国民党仇视东北人，当然也不帮助东北学校，而且更每每地摧残、迫害。东北的孩子们过着流亡生活，哪里有钱买课本。怎么办呢？我就召集先生们，大家谈谈，研究再三，最后想出个办法，在先生们的领导下，围绕着各门课程的基本知识，采取从实际出发的教法。

恰巧当时来了个卖烧柴的王老汉，把烧柴卖给学生伙食团，一共一百几十斤。三个同学根据每斤多少钱，算了十分钟，才算对价钱。可是，王老汉五分钟就算完了。我很钦佩地问他："您老是用什么算法？"老汉说："我这是'老婆算法'。"学生们也问："您老是在哪里学的？"他说："我在乡里向那些有经验的老人们学来的。"第二天，学生们就请三位数学先生和大家在一起开了个座谈会，买烧柴的同学报告了王老汉由乡村学来的数学。大家开始讨论，王老汉为什么能算账，还算得快，共同得出的结论：老汉是由实际出发；我们是从课本出发，所以不合实用。学是学，用是用，结果必然是学非所用，用非所学。我们还有的学生，从数学课本上学习了度、量、衡，可是，买东西不认秤的也不在少数。

数学课，究竟怎么办呢？先生、学生们共同检讨研究，决定从实际出发，走群众路线，把大多数人常用的珠算列入课程，并与数学的原理、法则的教学同时并进。学了珠算和数学要会算账，要算得准，算得快。学了几何、三角，也要会测量。

语文课没有课本也不要紧。对于小学一、二年级的学生，由先生结合他们的生活实际，先教些字词，再进一步教些简单的句子。对于年级高一些的学生，先教他们写收条、写账、写房照、地照等等，然后，教他们写书信和一些应用文。

常识课、植物课，我们常常是把学生领到田野里去，选些地里的禾苗进行研究，需要什么样的土壤、气候、温度等。再从野外采集些花、草、树木的根、茎、菜、花、果实作为标本，从中学习植物知识。秋天，我们竞存的师生，还结合着去山里打柴劳动，同时采集药材和植物标本。无论男女生大家齐动手，出力、流汗，个个割柴数十斤，背着柴、唱着歌，高高兴兴地回到学校来。这是学习与生产配合起来的，也是教学同大自然界配合的。这样，不但学到了植物学的知识，而且增加了生产，解决了生活问题，真是一举数得。

地理课，走到任何地方都是可以研究的，我以为研究地理要采取由近及远的原则。例如，我现在住哈尔滨市，至低限度也应该把哈市的街道与方向搞清楚，这是最基本的地理，否则就会在大街上转向，找不到自己的住所。这样，由市为起点，渐渐地研究到滨江县的四邻，再扩大到松江省的邻省，以至于全东北，再进一步研究到全国，全世界。先生画出地图来，学生仿画，然后集结起来，便是一本最实际的、最适用的地理。

物理课，先教力学。在陕西的时候，我领导学生到宝鸡参观申新纺纱工厂，并去车站参观火车头，用了三天的工夫。回到学校后，那个班级的学生把自己记的笔记、画的图、制作的机件模型等，拿出来进行研究。后来，学生们还组织了一个自然科学研究会，把我的一个旧脚踏车拆开，研究滚珠有什么作用，哪个是杠杆力，车的速度与主动轮、从动轮的关系……大家研究得很仔细，很有兴趣。讲到光学的时候，我又从旧物寄卖商店买了个手摇电影机和几卷不完整的影片，由先生向学生讲解电影机的构造，电影的原理等。星期日的时候，还可用镜子将太阳光反射到机内，观看电影。1939 年夏天，我们又发动全体学生和先生，利用募捐来的三千六百元买些建房材料，共同劳动，建成了宿舍二十五间。先生、学生们除了共同地拉石头、打地基、运砖、合泥等，还实际地研究了"立木"的支持力究竟有多大？怎样使房子耐久、宽大，又得阳光；怎样下雨不漏、冬天不冷等。一面教，一面研究，一面实际去做。房子盖完了，学生们也学到了建筑学的实用知识。学生们住进了新房，非常高兴，非常自豪。因为那是依靠他们自己的智慧，经过自己双手的辛勤劳动建造的新屋。学生们也更加爱护这些新宿舍了。

化学课呢？我们结合一般原理的讲授，教学生做些应用化学的实习：第一件是领导学生制造粉笔，一试再试的，两个月后成功了。同学们学到了化学知识，学校也解决了粉笔问题。第二件是领导学生参加造纸生产，并改造了当地的土纸，发明了用麦秸（麦草纤维）造纸的新方法。当地的老百姓后来也学会了，真是本轻利厚，人人喜欢，也增加学校的收入。第三件是造墨汁，以便自己使用。第四件是造油墨，以便解决印讲义的问题。第五件是配制植物质的消毒药膏。这一切都是配合实际应用的。

历史课，那时是由先生用革命的观点编出近现代史，采取讲故事的方法教学生，学生非常爱学，甚至其他班的学生也去旁听历史课。先生讲到曾国藩的时候，说曾是民族的大汉奸，特务学生听说了，就向上边写了秘密报告，不久，教历史的先生被特务捕去。后经我再三交涉，才把那位先生释放。

劳作课，我们的先生领导学生在学校附近开荒，开出九亩地，后来，又去北山开垦荒地百余亩。先生和学生们的手都磨出了泡，大家也不以为苦，每年打些麦子，用在师生的伙食上。

我在陕西办了十年学，学生多半是没有课本的，结果毕业学生的成绩并不差。当时，到陕甘宁边区参加革命的有百余人，陕西省各学校会考时，竞存的学生成绩有许多都超过了国立、省立的学校。这证明，没有课本的学生并不落后；学生不仅成绩不低，而且能够理论联系实际，养成了实事求是的作风，研究实际问题的兴趣特别浓厚。总之，学生的学习是从实际出发的，是学习与生产配合，生产与劳动配合，学校与工厂配合，教学与大自然配合的。这整个是一套理论结合实际的民主教育过程。我今天把它写出来，供给教育界的朋友做个参考，更希望大家批评。

（原载于《东北日报》1947 年 3 月 27 日第 4 版）

培养全面发展的社会主义建设者

——出席全国人大第二次会议的发言

我在辽宁省工作，现在谈谈辽宁省的教育工作问题。全省共有中等学校的学生约 20 余万人、小学生约 240 万人，几年来在学生数量方面的发展是不算少了，在教学质量方面也有一定的提高，应该说，成绩是主要的。但是，从为国家社会主义建设培养全面发展的一代来说，我省的教育工作还是存在着问题的。

首先，学生的学习负担过重，健康不好。据我所了解的情况，中学学生负担过重，最主要的原因是学生课外作业过多。我问到三个中学学生，据说不论是数学教师、物理教师或化学教师都要给学生留三四道习题，还不是容易算的，有时选的题目较难。所以，不少的学生就吃不消了，他们早起晚睡，中午不休息，星期天都忙得不休，结果没有星期天，只有星期七。这种严重现象虽然是个老毛病，但始终没有很好地纠正过来。学生们在学校只能死读硬背硬记，甚至个别学生躺在被窝里还背书。这样一来，年纪轻轻的学生搞得神经衰弱起来，甚至有的还得了肺病。我们应该遵照教育部的指示，减轻中小学学生的过重负担，使学生学习得更好。

其次，中等学校政治教育还很弱。有的教师仍然存在着不注重思想教育，"管教不管导""教书不教人"的偏向，这就是说，他们还受资产阶级教育思想的恶劣影响，有的则是贪图安逸，怕麻烦，觉得多一事不如少一事，没有树立人民教师的责任心。须知在过渡时期，阶级斗争剧烈，资产阶级腐朽思想对青年不断侵蚀的情况下，提高学生的道德品质是颇不容易的一件事，教员不爱管学生，就等于让他们接受不良影响。因此，在某些学校的部分学生中道德品质不好，打架、骂人、偷东西、不爱护公物等都有所发现，在学习时代如此，如不加以教育改正，长大了他们也将不能成为一个勤劳守法积极参加社会主义建设的公民。当然，大多数青年学生都是热爱祖国，努力学习，活泼可爱的，我们的任务就在于不满足于这个大多数，而是要积极工作耐心教育，培养整个新的一代能够继承建设祖国的伟大事业。

再次，是高小和初中毕业生参加劳动生产的问题。今年辽宁省约有十几万高小毕业生和几万初中毕业生。预计一部分升学而外，还有大部分高小、初中毕业生将参加劳动生产，为工农业各方面增加一批生力军，是一件大事，而我们国家培养青年的目的也就是为了使他们或早或迟地用自己的劳动参加祖国的建设。因此，高小和初中毕业生的绝大部分参加生产，这是正常的现象，就是苏联中小学毕业的学生主要的也是参加生产。但根据几年来的情况看，还不能说没有问题。我认为学校必须加强与家长的联系，共同对毕业生讲清道理，现在升学将来再参加建设和不升学现在就参加建设，只要为祖国而积极地创造性劳动，都是光荣的。同时，我认为我们各级人民代表大会代表都有责任转移社会上残留的轻视劳动的风气，而热情鼓励青年们用自己的双手创造国家的伟大前途和自己的幸福。

最后，必须更进一步发挥人民教师的模范作用。我记得某小学有个老教师，他对于学生非常爱护，一草一木他都关心，又能想办法给学校创造些游戏用具。有一天深夜下大雪，他已经睡下了，突然想起学校有个土筐丢在院里，于是挺身外出，寻遍各处未有找见，回屋后惦念着土筐不能安眠。待到天明，他所培养的学生来到学校对他说："我昨天夜里把土筐拾起来了，怕被雪埋上。"这一故事看来是很平常的，但却生动地说明了，有爱护学校公物的老师，就能教育出同样的学生来。这也说明老师的一举一动，一言一行，都要特别注意，都要给学生做个好榜样。我诚挚地希望全国中、小学教师都能以身作则，为我们伟大的祖国培养全面发展的社会主义建设的新人。我相信，在伟大的五年建设计划的鼓舞下，我们一定能够取得更大的成绩。

（原载于《辽宁日报》1955 年 7 月 30 日第 3 版）

提倡尊师重道，赡养父母，学习工农，恶逸爱劳的社会新风气

——出席辽宁省人代会一届六次会议的发言

现在我谈谈目前社会风气问题。由于党和毛主席的正确领导和全国广大人民的积极热情劳动，我国的社会面貌发生了根本的变化，人民的生活得到了改善和提高。但是，人民的物质生活、文化生活的欲望、要求是不断增长的，一些人往往对国家、社会要求过高，而对自己的要求却很低，因此也就产生了许多人民内部的矛盾，从而使得社会风气也不够正常。

解放后，旧的道德破坏了，新的道德还未建立起来。以现在的学校来说，学生对教师尊重不够。在小学里还好些，学生基本上能听老师的话，尊重老师。在中等学校里师生的关系就比小学校差些，有时走路遇到老师不行礼，不打招呼，在电车上不肯给教师让坐，简直就像陌路人一样。在大专学校就更差了，甚至个别学生在课堂上要和老师来个所谓的"百家争鸣"。有的学生不恰当地强调自己"独立思考"，以为独立思考就是自己钻研，可以不再需要教师了，因此，他们不虚心向教师学

习，有的甚至对教师所讲的提出无根据的怀疑，表现很骄傲。我听说有个大学生在课堂上和老师争辩司马迁和司马光是一个人还是两个人。教授说是两个人，学生说，"我看是一个人"。像这样的具体事例当然是极个别的了，但类似这种情况仍有人在。这种不正常的现象，是我们思想政治教育跟不上去造成的。我想，应该用毛主席给徐特立老师的一封祝寿信来教育学生。毛主席曾写道："你二十年前是我的先生，你现在仍然是我的先生，你将来必定还是我的先生。"我看到毛主席如此尊重他当年的老师，深受感动。尤其是毛主席在信里最后指出，徐老是"革命第一、工作第一、他人第一"，而别人则是"出风头第一、休息第一与自己第一"。从这两个强烈的对照中，更可以看到，徐老不仅是毛主席的先生，也是我们全体教育工作者、全体学生以及全国人民的先生。因此，我想各级学校的师生们，应该很好地学习毛主席这封尊师的信，向他们学习，把师生关系搞好，转变过去存在的反常现象。

其次，目前我们青老年之间的关系也不够正常，这表现为青年人对老年人不够尊重，不注意学习他们的长处和经验。在学校里，有些青年教师片面地认为老年教师政治上不开展，不愿意向老年教师学习。老年教师具有一定的专业知识，特别是在长时期的实际工作中积累了许多有益的经验，因此，应该虚心地向老年教师学习。此外，在工矿企业和农村里，也同样存在着青年工人不虚心向老工人学习，青年农民不虚心向老农学习的情况，至于尊重他们就更不够了。大家知道，老年的工人、农民是有一定缺点的，但也应该看到他们的优点和长处。他们从事工业或农业生产的实际经验，如果我们能够很好地学习和继承下来，就可以提高我们的生产技术，少走弯路，少出偏差。所以，青年工人和农民不但应该尊重他们，还应该虚心地向他们学习。毛主席在《论人民民主专政》一文中曾经指出："我们必须向一切内行的人们（不管是什么人）学经济工作。拜他们做老师，恭恭敬敬地学，老老实实地学。"这是多么深刻的指示啊！

我还在报纸上看到和听到，不赡养父母的事情，已屡见不鲜，其中有的还是国家干部。就像胡玉玺代表所讲的，有的干部不照顾父母的生活，使父母在农村变成了有子女的"五保户"。要知道，赡养父母是国家宪法规定的子女应尽的义务。所以，不赡养父母既是违法行为，也是不近人情的不道德的行为。虽然看起来是少数，但此风不可长。

去冬今春有部分农村赌博风气很盛。这不仅恶化社会风尚，同时也会严重地影响农村生产和社会治安。这种赌风也是违法行为，可能也是由于我们重视不够造成的。我们应当进行教育，并采取坚决的措施加以禁止。

目前农村还有部分男女青年羡慕城市生活，不安心农业生产。中小学毕业生不愿意回农村参加生产劳动，部分农村的男女青年盲目地流入城市。他们认为，工人的劳动轻有"出息"，而从事农业劳动"没有出息"。其实，有出息和没出息的标准，是看他的劳动是否于人民有贡献。农民能生产粮食供全国人民吃，能说是没有贡献吗？还能说他们没出息吗？目前体力劳动虽然还很重，但收入比合作化前大有增加。目前存在的困难应该看成是前进中的困难。面对着这些困难，我们应当努力去克服，去创造幸福生活的条件，而不应该逃避。我曾经到过 20 多个厂矿视察、参观，看到了各种不同行业工人的生产。据我看他们的劳动并不轻，甚至有的行业的劳动条件比农民还苦。譬如炼钢炼铁工人在炉旁操作，温度很高，尤其是夏天，温度高达 90 度以上，真是汗流如雨。就是纺纱轻工业也并不轻快，女工们的工作非常紧张，夏天室内的温度也很高。我想应该把当工人和当农民看成是社会分工，两者都是建设社会主义不可缺少的力量，如果农民都进城当工人，我们就有饿死的危险。列宁同志参加义务劳动抬木头时，他争着抬大头。我们青年人就应该学习这种不怕吃苦，吃苦在先，享福在后的精神，不应挑肥拣瘦，"人在福中要知福"。现在艰苦奋斗的劲头差了，稍劳苦一点，累一点就要叫了。过去，在二万五千里长征的时候，吃野草、吃皮带；抗美援朝时，吃炒面、吃雪；伪满时，我们吃豆饼、吃橡子面。可是，现在呢？我们大家无论生活在城市也好，农村也好，都是完全不同了。但是，部分人并不满足，比级别、比待遇、比手表、比皮鞋，买不到肉就埋怨。这难道不该好好地想一想，不该饮水思源吗？如果没有共产党、毛主席的正确领导，哪能有今天呢！这岂不是好了疮疤忘了痛吗？

最近中共中央在整风的指示里还提出，要在全党提倡各级党政军有劳动力的主要领导人员，要用一部分时间参加体力劳动，并要逐渐形成永久的制度。全国各地和我省的许多负责同志都在响应党的号召，积极参加体力劳动。这证明，我们正在进一步地与工人、农民同甘共苦，正在努力缩小体力劳动与脑力劳动的差别。大家都积极地参加劳动，才能把社会主义建设好。总之，我们工人、农民和知识分子都应该保持艰苦奋斗的精神，发挥高度的劳动热情，同心协力地参加国家的各项建设，同时也不要忘记移风易俗和遵纪守法的责任。

（原载于《辽宁日报》1957 年 5 月 20 日第 5 版）

中国共产党给中国教育
指出了正确道路

在中国共产党卅周年纪念日的今天，中国人民教育事业展开了光明的远大的前途。

中国从戊戌政变以来，废科举，兴学堂，沿革到现在，经过了50多年，中国的教育不知道走了多少弯弯曲曲的道路。最初提倡的是"中学为体，西学为用"，先取法于日本，后又采用德国的军国主义教育。但是都没解决了中国的教育问题，仅仅是形式主义的多办了些洋学堂，造就些"洋八股""洋秀才"罢了。

五四运动以后，文化教育方面前进了一步。当时，在李大钊同志和鲁迅先生的提倡下，"打倒孔家店""打倒吃人的旧礼教"，建立"德谟克拉西"（民主）、"赛因斯"（科学）的新文化，也就是新民主主义文化的萌芽。在反帝反封建的革命运动冲击下，一切新的、旧的，进步的、落后的，"左"的、右的思潮，都涌现出来。同时，欧美的教育理论也传进了中国，如像美国杜威的实用主义，同情他的人不在少数，我个人当时也是盲从者之一，认为实用主义教育可以解决中国的教育问题。我曾研究过道尔顿制、设计教学法，试验的结果，在中国都行不通。我曾跟着晏阳初推广过平民教育，幻想用平民教育铲除中国的"贫、弱、愚、私"问题。1928 年，我参观了晏阳初领导下的定县中华平民教育促进会，看出他完全是美国的洋教条，既不与中国实际结合，也不与群众结合，定县人民不欢迎他。我撞了这一次钉子，得到一番教训，得出一点结论：事实证明，照搬美国的资本主义教育，在中国是行不通的，是注定要失败的。

1929 年，我又研究了陶行知先生的教育思想，他主张"教学做合一"的教学方法，"生活即教育""社会即学校"，比较上进了一步，我也采用了一下。这种教育主张，在那时是有它进步的作用，但因缺乏明确的马列主义、毛泽东思想的武器，加之在国民党反动派的统治下，也未得到发展。这也解决不了中国的教育问题。

在旧中国的反动统治下搞教育，东拼西拼，费尽了苦心，可是，总是拼不出出路，找不到一个完完全全的适合中国人民需要的教育道路。

"八一五"光复后，我来到延安，学习了老解放区的教育经验，我的教育思想也发生了根本变化。不久，回到东北，参加中国共产党领导下的人民政府，继续搞教育工作。在毛主席的文教思想培植下，我在领导教育工作的实践中，一点一滴地逐渐地对人民教育有了新的认识，同时，也把个人的政治思想、理论水平提高了一步。

经过五年人民教育工作的实际锻炼，在中国共产党和教育界同志们的帮助下，使我彻底认识到只有毛主席的新民主主义教育是中国人民最需要的教育。它是民族的、科学的、大众的。体现了这种教育的文教政策，才把东北的教育推进得很快。仅以初等教育来说，目前，全东北已有 520 万学龄儿童入学，约占东北学龄儿童的 70%。这证明在毛泽东的正确教育思想领导下，才有今天这样大的猛进。过去在反动统治下的教育工作者幻想了几十年也没有一点普及的希望，现在仅仅四五年的时间，就接近普及教育了，这是值得兴奋的一件大喜事。

现在，我们根据苏联课本编译出新教材，并采用新的教学方法，在教学中使理论与实际一致，不但把学生的文化政治水平提高了，教师们经过教学实践和政治学习，也都提高了业务水平和政治水平。不但中小学提高了，巩固了，发展得很快，而且高等教育也在理论与实际一致的方针指引下，有目的、有计划、有步骤、有方法地配合工、农、医……等等业务部门，确实贯彻了，做到了"学以致用"的要求。教育工作正在为建设祖国和保卫祖国而服务。

根据上述实事求是的，理论与实际结合的新民主主义的教育政策，确能在几年的工夫内，给东北的教育打下基础，并在这个基础上，今后还会有更大的发展。

回忆我在国民党反动统治时代搞教育工作，三十年来费尽心血，也没有收到应有的效果。原因呢？就是那时候没有人民革命的胜利，就是没有掌握马列主义、毛泽东思想，怎样努力，也没有多大进步，只是尽到个人的心愿罢了。这是我三十年来教育工作的体会。

今天，有了中国人民革命的胜利，有了马克思列宁主义，毛泽东思想的指导，不但推动了教育事业，同时，也改造并提高了我个人的教育思想。我感谢共产党和毛主席。这一切都证明了，马克思列宁主义、毛泽东思想是我们搞好教育工作的"指南针"，离开了它就会犯错误的。比如一句老话："道也者，不可须臾离也，可离非道也。"我们对于共产党，对于马克思列宁主义，毛泽东思想，也是"不可须臾离也"。今后，我一定在共产党的领导下，深入地钻研、掌握并运用马克思列宁主义，毛泽东思想，努力搞好教育工作，以此来纪念中国共产党的伟大节日。

（原载于《东北日报》1951年7月1日第5版）

挽救国家危亡，平民教育研究

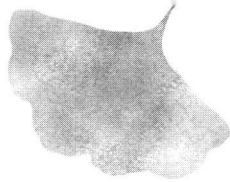

家庭教育法

　　家庭教育是最要紧的事，可惜在我们中国的家庭中，父母一般都不重视孩子的教育。有些父母把孩子当成玩物，那就更错了。岂不知，儿童小的时候，也像一棵小树似的，需要经常修理，否则，他长大了，不但做器具不中用，连烧柴都不能用，这不是太可惜了吗。所以，儿童不可以无教育。

　　当儿女生下来后，在头一年内，什么都不知道，动也不会，说也不能，处处都要依靠父母的留心照顾。天气冷啦、热啦，该脱、该换，都得父母掌握，父母爱护。小孩的衣服，越柔软越好，还要经常给他换，尤其是尿湿了衣服，更要及时换。小孩的肉皮最薄，衣服硬了伤皮肉，衣服湿了会染病。我们中国人最不注意小孩的饥饱。有些父母往往小孩一哭就给他吃，以为嘴里吃着东西就不哭了。小孩真是饥饿了，应该给他吃的；若他不饿，还要让他吃，甚至吃的可嘴流乳，这是不应该的，是会闹出胃病的。他若是哭的时候，可以唱小曲给他听，也可摇动摇车、摇篮，令他不哭。

　　孩子一岁多了，开始学走路，学说话了，这时，他听大人说什么，就会学什么。有的家长拿小孩开心，教他骂人的话。岂不知，小孩的脑筋也如同白纸一样，无论是写上一个好字，或坏字，都是不易抹去的。所以，对着小孩是不可以说坏话的，也不可以欺骗他。说些什么狼来了、虎来了、猴来了，这样会使他胆小，长大了也不敢做事。

当孩子长到二、三、四、五岁时，模仿心理越来越强，要学大人的一举一动，所以，大人的行为不可不端正。小孩问大人，要耐心告诉他，并尽量解释明白。这时，正是小孩长知识的时候，大人如果不回答他的问题，慢慢地他就不问了。长此以往，那孩子的知识也就少了。孩子爱玩，要给孩子买些玩具，或者带领孩子游戏，这样可以养成孩子的活泼精神，并使他身体发达健壮。孩子能跑能跳，是好孩子，是精力充沛的表现，应该鼓励，应该指导孩子们正当地游戏。

总起来说，以上的事，全是最要紧的。做父母的一定要留神教育孩子，否则长大了，成了个坏人、没用的人，那时再想教育他，就困难了。做家长的不要老想着为孩子攒钱、积财，要让孩子早上学念书，令他多长学问，多长能力，长大以后，他自己一定会有正当的职业。做父母的，大家都来注意孩子的家庭教育。

（原载于《打破迷信》，振兴排印局 1924 年版，附篇第 83—86 页）

女子教育

中国人有个老习惯，以为女子不应当念书，不应当识字。譬如，生得一男一女，那当父母的，一般总是偏爱男孩子，而不喜爱女孩子。其实，要是仔细地想一想，那不全是你的孩子吗？何必那样偏袒呢？如果一直偏爱下去，那女孩子岂不是太可怜，太低贱了吗？唉！这是很不应该的事。我想，这爱男不爱女，是有以下三个原因：

（一）有些当父母的，看到女子长大嫁给人家做媳妇，因此，就不爱女孩了。岂不知，这种想法是很错误的，如果人人都存在这种想法，你不教育女子，他也不教育女子，你家如果娶他家的女子当媳妇，自然也是个没有受过教育的女子了。媳妇是个没有知识，没有文化的人，若是有了孩子，也就不能进行教育了。这种不让女子念书的危害，也就落到你自己的身上了。

（二）有些当父母的，认为女子不能养老人，这又是一个错误。岂不知，常常有些没有儿子的人，自己又没有收入，就在女儿家中养着。即使是有儿子的，但是，儿子没良心，那还不如女儿能够可怜父母。可见，女儿是能够养老人的。

（三）还有些当父母的，认为女子没有才力，不能做事，所以，才不让她念书，这是更错误的。从心理学上来说女子的聪明和记忆力，平均起来，还比男子强，怎能说女子没有才力呢？上古的时候，女娲氏可以补天，汉代的曹大姑最能作文，梁夫人最会用兵，花木兰也能上阵从军。这四位不全是女中的英雄吗？怎能硬说女子不能做事呢？

这样看起来，女子同男子是一样的，女子念书尚有更大的用途，那就是将来要进行家庭教育。在当女子的时候必须念书，然后出嫁当母亲，才能教育好儿女；儿女长大后，才可以成为有用的人。所以说，女子必须念书，必须念书啊！

（原载于《打破迷信》，振兴排印局 1924 年版，附篇第 86—87 页）

《打破迷信》一书《自序》

　　我们中国怎样才可以改革呢？我看不是写几篇无味的文章，就能行的，必得先知道这社会的病根在哪？然后才可以改革的。近年来，我调查了一番，知道这社会上最深、最大，还最久的病源，就是迷信了。现在虽然是科学时代，民国至今仍有三百多万的庙堂，许多的巫人，许多的卜相家，许多的和尚、道士，做出许许多多害人的事。这真是中国学术和思想发展的障碍物啊！它束缚我国人的思想最甚，又最久了。翻开我国四千多年的历史，可以看到，秦、汉以前，尚有些发明，如指南针、火药、医学，以及哲学、器械等等，全很发达。到了秦、汉以后，各项发明、思想等等，全不讲求了。我想，这最大的原因就是因为迷信流毒太深的影响。后人以前人的发明、前人的思想，奉为神圣的；还以为成功是靠命。因为这些神啦、命啦的迷信心，所以学术、发明等等，到今无有什么进步。法国的哲学家狄德罗曾经说过："必得除去迷信，社会方才可以进步的。"再看那汉儒王充也有论鬼的批判。由此可知，古今中外都有人认为，破除迷信是很重要的事情。迷信不但有害科学，是发展科学的障碍，除此以外，还有三种罪状：

　　对于家庭方面，每逢到年啦、节啦的时候，拜神，拜佛，又拜鬼，把头磕了个无数，简直可以说，四面八方全是神了。家庭之内，人人崇拜神、惧怕神，这不是把人陷在地狱的神牢中吗？这样的家庭岂不是太苦恼，太不自由了么？

对于工作方面，常见有些人求神、拜佛，以为神可能保佑他发财，久而久之，这种人在工作上的进取心渐渐地便减少了，怠惰了。

对于生命方面，一种人是有病，便往庙里去讨灵药，讨来些香灰、秽物，有的吃了便丧命的。另一种是巫婆、神汉，常常给人"治病"下药，害的人就更多了。

以上三条罪状乃是社会进步的最大障碍，因此，我决心要用科学的方法，打破这万恶的迷信，将这四千余年的迷蒙一扫而空，庶几乎有救国家、社会于万一。

（原载于《打破迷信》，振兴排印局 1924 年版）

奉天学生平民服务团启事

我们观察现在社会上一般人，顶穷的，顶苦的，缺少知识、文化的，就是我们天天随时随地都可以看见的洋车夫、农民和工人。我们觉得这些人是应该受人家重视的，敬仰的，因为他们是现在社会的生产者。虽然他们穷苦艰难，还是希望用正当的劳力的方法得钱以维持生活，但事实上却受人轻视，被人摈弃，整日里过的真是牛马与奴隶的生活。我们学生常说自己同情于这些人，并常抱着一种绝大的志愿，愿尽毕生力量为这些人而奋斗。但是，我们平心静气地想一想，做出什么具体的事情没有呢？

现在，我们组织此"平民服务团"，乃是要痛改以前"说空话，不干事"的错误，而要真实地在这些人的身上，做一番有价值的工作。我们愿意一方面先改变我们自己的生活态度，尽力化简，在日常生活上，真实地做平民的朋友；另一方面我们很愿意多数同学们能够加入我们的团体，和我们共同努力。我们都是学校里的学生，能够用在这件事情上的精力和时间都是很有限的。但是，我们确实相信，"有一分努力，必有一分结果"，如果多数的同学们都肯把这一点点的精力和时间牺牲在这上面，"集腋成裘，众志易举"，结果定会有相当成绩的。

（原载于《辽宁国民简易教育概况》，辽宁国民简易教育协进会
1929 年版）

率领奉天学生平民服务团下乡
在大含英屯的讲话

我们这次到贵村是为了补救失学的同胞，因为不识字的人常常受憋，非常困难。自己不会写信，不会看信，不会使用手票，常常拿十二元的作一元花，受人家种种欺骗，非常可叹！可是，有谁想到他们呢？做官的只知道携太太坐汽车，是顾不得这些事的。我们有鉴于此，本着良心的驱使，来这里帮助不识字的同胞，创办平民学校。希望大家赞助，完成此举。

——1928 年 9 月 15 日在大含英屯群众会上讲话

同学们：我们能为他人之所不能为，能做他人之所不能做的事情。饭食虽然不足以充饥，睡眠虽然冷而不足，可是，我们吃苦的精神，终能胜过一切。这要比坐汽车，携美人的官僚，不是光荣很多么！

——1928 年 9 月 16 日晨在平民服务团学生集会上的讲话

我还要说几句话。现在，一般人很轻视农民，农民自己也轻视自己，所以常常好说，有孩子再不让他为农了。这是由于我们不识字，缺少知识、文化。如果识了字，有了知识、文化，就不至于再被他们轻视了。大家想一想，我们是不是应该去读书？我们东三省，甚而整个中国，尤其是乡间，更轻视妇女。古人谚语常说："女子无才便是德。"姊妹们！大家想一想，我们愿意糊涂？愿意被男子轻视？被压迫？被当作奴隶看待？我们要打破这种不平等的罪恶待遇，首先就应该识字，要有知识、文化。我们现在来这里帮助大家创办平民学校，就是要救济失学的男女，这就是我们的宗旨。

——1928 年 9 月 16 日晚在大含英屯群众会上的讲话

（原载于《辽宁国民简易教育概况》，辽宁国民简易教育协进会 1929 年版）

奉天平民教育促进会宣言

迩来，吾国一般舆论，莫不曰教育可以救国，教育可以兴邦，可知非人人普受教育不为功。最近，万国教育会议报告，列举各国未受教育之人数：英只 2%，美只 3%，法只 4%，日只 5%，而吾国竟有 80% 目不识字者。以吾国号称文化邦，而吾国教育之不普及如是，岂不大可哀乎！盖虽有四万万同胞，其不识字者竟占 3.2 亿，以如许之民众又何以御外侮，与列强争生存；即以内政而论，又何以为主人翁。无怪吾国之内政不修，外交不振也。欲除此弊，非平民普受生活必须之基本教育不为功，此等教育即轰动全国万口疾呼之"平民教育"是也。诚以吾国年长失学之男女有 80%，倘入小学，年龄已过，欲入中学，则程度太低，永不求学，又安望其为一健全国民。敝人等有鉴于此，由民国十四年下学期试办，平民学校至今已有十校，前后学生共九百余人。每日（晚）授课两小时，书笔即由平民学校供给，四个月毕业，即能写信，能阅报，能算数，斯岂非用最短时间，最少经费，而取最大结果乎！敝人等已有三年之试验，现今愈信平民教育之功效，以应急论之，尤有超于其他正式教育者在焉。诚以小学、中学、大学之教育，非有长久之时间不为功。平民教育仅有四个月之教练，即可具有公民常识，有视于内政外交讵可称量。敝人等深信平民教育为当今势不容缓之急务，遂于 9 月 23 日组成奉天平民教育促进会，以资救济吾省 1200 万不识字之民众，作十年普及之计划，乃敝会所负之重任。唯目前敝会之设施，曾未及太仓！今后必须急切猛进，务达普及之目的，以副省人雅望。但兹事体大，非群策群力不为功，夙仰贤哲热心教育，伏冀惠加指导，实敝会之幸，亦全省失学者之幸也，邦人君子实试图之。

（原载于《辽宁国民简易教育概况》，辽宁国民简易教育协进会1929 年版）

国民简易教育是
其他正宗教育的先决问题

　　现在，我们中国施行的教育，已有近三十年的历史了，但是，进步得很迟缓。若考查教育进步迟缓的原因，有人说，这是受国内政治没有上轨道的影响。这固然是我们所最承认的，但是，我们承认这政治上的影响，只是原因之一。在这个原因之外，还有一个原因，这是我三年来通过兴办平民教育而逐渐摸索、体会出来的。那就是说，在教育的后面，有人暗中控制、操纵。这暗中控制、操纵的人就是学生们最亲近的，但又是无知无识的父兄们。要想解决这个问题，最直接了当的办法，就是要由这当务之急的国民简易教育（平民教育）上入手。可能有人会说，你是办简易教育的，怎能不说简易教育的功用大呢？其实这并非我个人的主观偏见，乃是事实俱在的。现在我就把这国民简易教育是其他正宗教育的先决问题，详详细细地研究一番。

　　现在，我们中国的教育上，无论是小学、中学或大学的学生们，在他们的背后约有过半数的父兄在控制、操纵着。譬如吝惜的家庭，虽然有资产供子弟念书，可有事总叫子弟服其劳，阻碍着学生读书的兴味。又如溺爱的家庭，往往无缘无故地令学生旷课，享受安乐。像这种情况，把天资聪敏的学生，不知摧残了多少。再进一步来说，在旧教育的影响下，儿童去学校本来就是苦恼的事，若家庭再以杂事相扰，或加以溺爱，那学生不就更视学校为畏途了吗？有这样的家庭父兄，儿童又怎能读好书呢？

再以小学毕业准备升中学的学生来说，吝惜的家庭虽然资财丰足，还总以为中学念书费用多，不肯令子弟升中学。因此，许多学生的前途是暗淡的，如同遇到礁石一般。有的学生中学毕业了，这样的家庭更不喜欢子弟升大学，以为升入大学，所用的金钱就更多了。即或是有升入大学的学生，他们也是不得自由的，必须履行两个条件：一是毕业后能给家里多赚钱；二是毕业后可以升官发财。

综合以上学生受父兄的阻挠与摧残，不知埋没了多少人才，这难道不是教育上最大的问题吗？要解决这个问题，必须在那些无知无识的父兄身上下功夫，必须尽快地普及国民简易教育。要使做父兄的彻底了解教育，信赖教育，这个问题也就好解决了。去年，我见到一个平民学校的毕业生，他对我说："现在，我感到念书的功用了。我把家中的小孩，全都送入学校读书了。"大家想一想，这不是国民简易教育为其他正宗教育的先决问题的一个铁证么？由此可知，若父兄自身觉悟到读书的功用，就会自动地促令子弟入学读书了。我国做父兄的，如果人人能够如此，那么，教育事业必会有一日千里之进步。

（原载于《辽宁教育月刊》1929 年 2 月 15 日第 1、2 期合刊，后收录于《车向忱教育文集》时内容略有改动）

省县乡适用之组织
国民简易学校办法

（甲）进行步骤（此种教育与其他教育不同，故进行之步骤亦与其他教育不同）

第一步 征求几位热心于国民简易教育之同志，组织一国民简易教育委员会。

第二步 各位委员本着热心，共捐现洋四十元即可开办一处国民简易学校；维持四个月，可以造就学生四十人。

第三步 寻一适宜地点做学舍，或学校或公共场所均可。

第四步 前三步做完即可开始招生，并预定一开学日期与授课时间。招生方法如下：

1. 组织招生队。每队分三人，一人手持招生旗，一人手持招生册，一人宣讲一切不识字的害处。如有报名者，当即注于册内。所招之学生总以十二岁以上之失学者为合格，担招得学生以男女分班为适当。

2. 求学校学生介绍。请各中小学学生介绍其亲友之不识字者入简易学校。

3. 演幻灯或电影招生法。在学校或公共场所内，用演幻灯或电影方法招诱之，以便借机宣讲不识字之害处，然后令其自动报名。

4. 店主介绍。请求各商店或各工厂之店主介绍其本家之学徒入学。

第五步　将学生招得之后，再将其程度分好，当即发给千字课纸石板等项用品（城内用市民千字课，乡村用农民千字课，均商务书馆本）。

第六步　实行授课，当教授时，态度要和蔼，讲解要明晰，并要常常提问为妙。

第七步　以上六步之完全成功，但是维持永久，能使学生完全四个月毕业，此即关于教师之责任心与毅力为定凭；教师如能始终如一，必有一番圆满结果。至于课程标准，可直接向国民简易教育协进会函索即寄。

（乙）教学管理法

简易教育既有异于其他教育，故教学时当有特殊之方法，使之适合年长失学者之心理；管理时，亦宜有适合年长失学者之情形。兹将教学顺序及管理方法列于后：

（一）教学顺序

1. 上课。每日晚间上课时，令学生依次而入。教师上课，学生起立致敬礼坐下，以资养成国民有守秩序之习惯。

2. 点名。学生入座后，按次点名，到者画 1 为符号，不到者画 △ 为符号（此法与正式学校同）。

3. 教图。先令学生阅课中图画（某课如无图画，可先朗读课文）。次由教师用提问法问学生课中图画之意义，以使引起学生有自动向学之兴味。

4. 读课文。教师先将课文读一次，然后引学生读课文二次，学生便发生课文为解释图意之兴味。

5. 教生字。课文读过，然后即教学生生字，其法如下：

（1）单字写出之后，用简单词语表明字意。如"一"字，教师说，这是"一条扁担"的"一"字；"一肚子气"的"一"字。又如"生"字，教师就说是"先生"的"生"字，"不要生气"的生字，"生意兴隆"的"生"字。

（2）生字难者，多重复数次；易者少读几次。

（3）经济记忆法。如教到"饿"字就用经济记忆法，对学生说：没有饭吃的时候，肚里觉得怎样？学生答：饿。先生又问饿的时候应该怎样？学生答：食饭。先生就可以指着"饿"字说，这一边是"食"字，那一边是"我"，我不食便要"饿"。其他如象形、谐声等字，均可用这种方法说明之。

6. 教全课。生字教完，再教全文。

（1）先领读一次，然后再令学生自动读全课，或选一、二聪明学生读之，使其他各生指错等法。

（2）用问答法解释课文。

① 发问宜根据学生之经验，以促其进步。

② 发问宜明晰。

③ 发问时，宜先向全体学生问之。如无答者，再指定一、二人使答之。

④ 学生有所答非所问时，宜指示之。

⑤ 学生回答正确者，宜加奖誉。

⑥ 学生答语谬误时，教师不可轻视之，意宜谆谆指示之。

7. 写生字。教师口唱笔顺一次，再领学生共写空，练习笔顺。如教一月后，即可酌减笔顺之时间。

8. 熟读课本。上述一切完毕后，令学生熟读之。

9. 习字。使学生在石板上练习讲过之生字。

10. 散学。学生起立致敬，鱼贯而出。

（二）管理方法

1. 编定座次。学生年岁较小，身体较矮者，及耳聋近视者，令其在前桌；年长身高者，在后桌。

2. 教室秩序。学生在教室内，务须端严正坐，不宜一切越规则之行动。

3. 注意公民训练。教师须随时注意学生之品行，勤惰，而记其优劣，酌加褒贬。兹定当特别训练之规则六项：（1）守时；（2）守法；（3）耐苦；（4）扶助他人；（5）独立不依；（6）卫生。因此六项，是国人所最不注意者。故将此六项特别提出，使人人均练成良善公民。

4. 减少学生缺席之方法。

（1）教师之方法，宜常有波浪。使学生发生兴味。

（2）可利用什长制，由每十人中选出什长一人，以劝导其余九人，使其常常到校。每日到校，并令其每一队作竞争法，视每队之出席多者，奖誉之。

（3）教师可亲往缺席学生家中劝导之。

（4）每月开恳亲会，或讲演会，或电影会，使学生对于学校，发生兴味。

（5）于入学时，取保证金三元，毕业退还之，中途退学没收之。

5. 学生缺席过多者之补救法。

（1）由教员额外补习之。

（2）由班中聪明学生代为补习之。

6. 简易女学生风纪之注意。

（1）如晚间女生下学，街中如有无赖流氓，作非分事，即可通知警察保护之。

（2）晚间女生上课，如多感不便时，可将时间提前一点。

（原载于《辽宁教育月刊》1929 年 2 月 15 日第 1、2 期合刊）

辽宁五年来简易教育的经过

这简易教育，即以往的平民教育。若回想前五年这平民教育的缘起，就不免有所谓今昔之感了。现在，我把这平民教育的缘起说说吧。

我以先是在北平中国大学哲学系读书，到民国十四年毕业。由大学毕业以后，本来我家庭的意旨，使令我在政界谋以宦途的生涯，但我自己总觉得非我所学，又非我所欲。我所欲的，即我所学的教育哲学，尤其是教育中的平民教育，认定这是我终身的事业。我就抱着很浓厚的兴味与希望，并由北京带回来许多关于平教的宣传材料。没有承想，赶到民国十四年暑期，由北京到辽宁以后，就觉得这平教的前途，不是我所理想的了。来到这省城，我是两眼墨黑，没有亲戚，又没有朋友，这平教的理想，怎么能实现呢？虽然这样，自己总觉得不怕，于是，就将我自己做事的格言拿了出来，默念着"获得成功是例外""不怕失败是原则"，颇觉得意，于是又振刷起来，一面住在店里，一面奔走平教。初次即到商务书馆找友人援助，未得会面。次日又到商务会请商务会长帮忙，也未得着要领。于是又见了各教育机关和同善堂、道德会等等机关。东撞一头，西撞一头，均未能容纳我的平教主张。这时，已经住店40余日了。当时，家庭很不满意，不愿意再给住店旅费，来信回调，我又千方百计地请求家长允许，问题才得解决。

最后，询问到本城的青年会颇热心社会事业，听说之后，我就到青年会见阎玉衡（阎宝航）干事，当时一谈即认为同志者，并拟定实现平教的计划。初次便到第一监狱里去组织平民学校，使犯罪轻些的 200 名犯人，有了读书的机会。当年冬天，又到省立第三高中教授哲学，又在第三高中内创设二班，男生 60 名，女生 50 余名。1926 年夏季，为东北大学附属高中所聘，又在附属高中设立平民夜校一班。同时，青年会的平民学校也共同进行。到了 1927 年春季，又在北市场北横街添设二班。到了 1928 年春季，更在东西南北关的福音堂和男女青年会，各开一班。前后连同青年会创办九班了。当时，办平民教育的同志们，想这种平教事业颇有起色，遂又联合教育界热心人士，扩大此平民教育事业，即在 1928 年 9 月间，组建为奉天平民教育促进。将以前之九处平民学校继续办理，各董事拟定一切进行计划，前进颇为勇猛；唯不出一月，因"平民"二字之不合时用，遂将平民教育促进会改名为辽宁国民简易教育协进会，改组为官民合办之团体，即教育厅、教育会和平民教育促进会合组的会体。该会于去年 11 月开办，我应聘为主任干事。当时，虽然官民合办，经费仍然无有着落，我仍愿意坚持初志，做再接再厉的奋斗。一面继续省城内的平民学校，一面又同各中学、大学同学们下乡，试办简易学校。到民间去了五次，遂把城北一带的乡村，千说万劝，破釜沉舟地组成简易学校五处。那时，虽然正当冬季，也是不避风雪，每两星期必须去乡村一次，或送书籍，或考学成。直到去年旧历年底，本会经费仍旧无有着落，勉强度过年关。赶到今年春季，简教事业凄凉得很。于是，又有些热心董事，向张（汉卿）长官劝捐经费，当即惠助现大洋 5000 元，作本年度半年之经费。幸有这项大救济，本会才又振刷起来，努力地办下去。一面在省城内八关各个小学、中学，各个福音堂、慈善机关，各个监狱、军队与工厂等等，都附设了简易学校；一面又在城北各乡村，再试办乡村简易学校三处。总计在乡村成立简易学校 8 班，城内成立简易学校 29 班，外有受辅助之简易学校 4 班，合起来共有简易学校 41 班（处），男女学生 1550 名。这是我用了一个半月的工夫，东奔西跑，把以上简易学校全都促成了。到了 7 月 7 日，召开了辽宁省省城简易学校学生毕业大会，这次毕业的男女学生，共计 600 余名，当场发给毕业证书，并请各机关长官、各团体领袖参与盛会。此后又利用各大学、各中学、各师范学校的学生们，在暑期的闲暇时间，回到他们的县里或乡里，举办简易学校。当即有 40 余县的学生，180 余名，都是特别热心教育的，他们用了暑期一个月的工夫，竟在全县创办了 200 多处简易学校，补救了 7000 多名不识字的男女同胞。这是辽宁全省第一次大规模简易教育运动的胜利。

半年来，辽宁国民简易教育协进会所花的费用仅占原预算 5000 现大洋中的 2700 元。到了现在，辽宁省教育厅颇注意简易教育，遂将本会改组，归并到第四科，由民众教育委员会办理一切。这是五年来经营简易教育（平民教育）的经过。

（原载于《辽宁国民简易教育概况》，辽宁国民简易教育协进会 1929 年版）

九一八事变前
辽宁人民的反日斗争

日本帝国主义的暴行一斑

日本自明治维新以后，逐渐形成一个资本主义国家，积极从事于殖民地的掠夺。它的侵略矛头首先指向中国。1894 年向中国挑起了战争，不久中国海军大败于黄海，陆军大败于平壤。次年订立《马关条约》，索我辽东半岛，嗣以俄、德、法因均势关系出而干涉乃罢。但中国赔款白银二万万两，割让台湾、澎湖诸岛，开沙市、重庆、苏州、杭州为商埠，并允许日本在中国境内享有最惠国待遇。

日本和帝俄的侵略势力，从此也发生了尖锐的矛盾。1904 年，在中国东北的领土上，爆发了大规模的战争，结果帝俄失败，订立了《朴次茅斯和约》，将东清铁路支线的长春到大连段让给了日本。日本又迫使清政府承认它继承帝俄在南满的一切所谓权利，加紧经济、文化侵略，以致最后疯狂地武装占领，而有 1931 年的九一八事变。

日本在东北除了掠夺资源、垄断市场外，还以南满铁道为大本营，干了许多野蛮卑鄙的勾当。这里举"九一八"以前的几个事例来说明一下。

1. 扰乱治安。沈阳"日本站"（南满铁道用地）有好些商店，是日本人为贩卖军火而设的。仅我记得的就有吉田商会、大正洋行、青木洋行、敷岛洋行、上田商会、吉川组商店和元田茂商会等十余家。他们卖大盖枪、匣枪，也卖各种子弹。土匪买到这些枪以后，就到城内外各地行抢；抢得财物再回到"日本站"避风。那时候东北土匪很多，抢劫案迭出，就是他们制造的。

2. 贩卖毒品。日本在东北的官宪，还纵容他们的浪人在满铁沿线各站大量贩卖鸦片、海洛因等毒品，因而当时中国的吸毒者日多。1930年初，辽宁邮局扣留了日人由德国贩来的毒品，价值奉大洋100万元左右。

3. 投机倒把。南满铁路沿线各大站，都设取引所，专做买空卖空、投机倒把的买卖。四平街、孙家台（开原县）、沈阳都有。中国商人贪图暴利，多堕其术中，有的蚀了本，弄得家破人亡。

4. 强占民田。1928年7月，新民日本领事唆使日商劝业公司执事人飞田隆，强占七公台稻田，当地农民起来制止，发生了纠纷，日本的武装警察击毙了会首韩锡奎。1930年6月，沈阳日本领事支持神原农场，强占北陵附近高钧阁田地。像这样的事情，在东北各地也是层出不穷的。

5. 杀害良民。日本在东北，特别是辽宁，无视中国主权，在南满沿线各站以至各县、镇都设立警察署，残害我国人民。1931年，辽阳回民米双祯，就被日本警察诬为窃盗，用凉水灌死了。

6. 军队行凶。1929年9月，驻铁岭的日本守备队袒护贩毒的日本浪人，包围我铁岭公安局，绑去官警30余人，非刑拷打，逼死卢大队长。

以上这样事件，在"九一八"前是屡见不鲜的。辽宁人民忍无可忍，乃不断掀起反日运动。

反日团体及其活动

1929 年以后，辽宁的各团体领袖及爱国人士，看到日本帝国主义侵略日急，为了挽救国家危亡，先后组成三个反日团体，进行组织、宣传工作，与日本帝国主义做斗争。现在把它的概况记述于下：

（一）辽宁省国民常识促进会

这个组织是 1929 年夏由阎宝航、张希尧等人发起的。会址设在奉天基督教青年会内，我和黄宇宙负责具体工作。从表面上看是个群众性的教育团体，实质上是个反日团体。自从它一成立，就积极地展开工作，大力宣传爱国主义思想。在主要街口设立阅报牌，组织东北大学学生，到茶馆、剧院、学校、监狱、福音堂讲演；还发行《常识半月刊》，揭露日本帝国主义的各种侵略阴谋和罪行。又在市内适宜地方，设立扫盲夜校 34 处，由各校学生和热心教育的人士，教《千字文》课本，每期四个月毕业；到"九一八"前共办十余期，扫除五六千名男女文盲。在扫盲过程中，曾遭到教育厅长王毓桂的反对。他认为我有左倾嫌疑，到张学良那里去说坏话，谓我搞平民教育就是反对政府，反对张学良。我得到消息，就去见张，说明我办平民教育的目的，是为了提高人民觉悟，准备打日本。张学良说："反对日本很好，你可继续办下去。"后来教育厅长换了吴家象，他也很支持我办下去。又组织大学和中学的学生 700 多名，利用寒、暑假回家之便，在一部分市县和乡村开展了扫盲教育，学习时间为一个月，范围比以前更大，全省 20 余县，受过扫盲教育的近万人。1930 年 3 月 8 日，召开一次全省民众教育会议，出席代表 300 余人，包括四十几个县。

国民常识促进会还联络工商联合会提倡国货，也就是抵制日货。记得有一次日本人把"味の素"的宣传品撒在大街上，我们就组织学生跟在后面拾起来；并向其他拾得传单的人解说：日本对我们进行经济侵略，他们推销的"味の素"，就是在打我们的主意，奉劝大家都吃国货"五味素"，当时就给一张"五味素"的传单。以后有好多人就不买"味の素"了。我们为了提倡国货，又举办过许多次展览会。当时展出的商品有：老火车头牌牙粉、惠临火柴、吴春如墨汁、五味素以及土布等，大约有百余种。我还研究出一种纺纱机，以备纺土线、织土布之用。土线土布销行，洋线、洋布就没有市场了。那时，电灯在县、镇、乡村还没安设，居民照明多用煤油，而煤油是舶来品，洋人赚我们的钱也不少，于是我制造一种豆油灯，也能发出带罩的煤油灯那样亮的光来。提倡国货是反经济侵略的一种手段，因此，在"九一八"前，提倡国货的声浪是很高的。

（二）辽宁省拒毒联合会

这个会是针对日本帝国主义的毒化政策而组成的。那时，日本帝国主义大量向东北输入鸦片、金丹、海洛因等毒品，以毒害我国人民，使中国无可用之兵。这是一种亡国灭种的阴谋，关心国家民族存亡的人不能置之不理。我们乃于1930年成立辽宁省拒毒联合会。这个会也设在基督教青年会内，由阎宝航担任会长。

拒毒会成立后，便进行了大规模的宣传活动。在主要街口的常识报板上，张贴标语、漫画。我们还通过话剧形式对群众进行宣传教育。剧情大意是，一个日本浪人从德国购到大批海洛因，通过中国的劣绅、奸商行销，获得很大利润，害了不少善良人民。故事复杂曲折，一般都认为生动有力。我们还到日本站、十间房（西塔东）一带，调查日本浪人开的大烟馆、吗啡馆，作为宣传资料。

拒毒会还通过辽宁邮政局（邮务长巴立地，意大利人）扣留了日本人饭沼等由德国汉堡贩运来的海洛因，第一次147包，第二次239

包；另外还扣留日人山田文武烟土 400 箱。当经请准东北当局，在小河沿公共体育场焚毁。在焚毁的那天，邀请驻沈阳的各国领事参观，独日本领事没到。体育场周围有学生百余人维持秩序。焚毁时烟雾蔽天，人人称快。这是给贩毒的和支持贩毒的人一大教训。

（三）辽宁国民外交协会

1929 年 6 月初，日本驻沈阳的总领事指挥武装军警，拆毁了我北宁路北陵支线。日本帝国主义蹂躏中国主权，使人忍无可忍。辽宁各团体领袖和爱国人士杜重远、高崇民、阎宝航、卢广绩、金哲忱等吁请东北当局，向日方抗议，并号召各界人士以为声援，形成一个声势浩大的运动。事后考虑：东北在日本帝国主义侵略下，这类事件将不断发生，为了发动广大民众奋起抗争，以维护领土主权完整，遂成立"辽宁国民外交协会"。

这个会的主旨是：调查日本帝国主义的阴谋活动，监督并支持政府对外交涉，向广大人民进行爱国主义教育，研究对日本侵略的政策。委员会 17 人，推出常委 7 人，设秘书、干事若干人，负责处理一切会务。其经费开支，开始由各团体负担，主要是工商联筹拨，后来张学良以自己的活动费资助。辽宁国民外交协会的工作是：调查日本帝国主义的侵略暴行，如万宝山案、安奉路敷设双轨案等；监督支持政府对日外交，如日警在太田长官来沈时越界设岗，七公台案等，均请外交当局力争，并为之声援。此外，还请不少知名之士做专题讲演，如关于日本的移民政策、满蒙政策，日本在东北的工商业，满铁的教育，等等。有时也讲些国际形势和新发生的事件。有时请熟悉日本情况的人士对某个问题进行座谈。大约每周或两周举行一次讲演会；会后放映电影。协会还发行《国民外交旬刊》，刊载有关外交的论文、纪事、资料等，向国内各机关、团体赠送，以广宣传。

　　辽宁国民外交协会成立后，各市、县团体和爱国人士，纷纷成立分会，最后扩展到吉、黑两省。1930年末，决定扩大组织，次年1月改为东北国民外交协会，到九一八事变时已有分会46处。

　　从上面的三个反日团体看来，东北人民的抗日情绪是高涨的，也说明了日本帝国主义的侵略益为猖獗，九一八事变不是偶然的。但当时的蒋介石违反人民的意志，唯仰国联鼻息，誓不抵抗，致使东北沦陷14年。只有共产党领导人民击败日本帝国主义，东北才得以光复。这一血的教训，我们是永远不能忘记的。

（原载于《文史资料选辑》，辽宁人民出版社1963年4月版）

救亡图存 国难教育研究

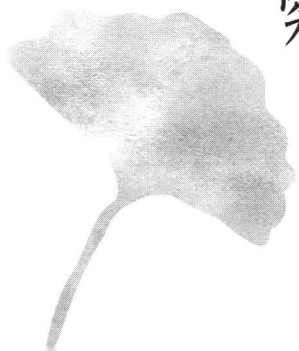

在战斗中生长的东北竞存学校

　　1936 年春，我随东北军转到陕西省西安市。那时候，常看到西安街头流浪着成百成千的东北儿童，失家又失学，情至可悯。但蒋家政府，熟视无睹，毫不关心，我有感于此，就用仅存的两元钱，在蒋政府下，试办竞存小学。先后招收东北子女 200 余人，借地开学，因陋就简，艰苦坚持，以便打回老家去。但是，降生不久的竞存就逢到"一二·九"周年纪念。竞存小学正拟参加游行中，突遭蒋记西安市警察开枪向他们射击，当即枪伤小学生二名。因此，更激起了西安各校学生游行的决心。竞小参加了全体学生游行，向那时正在临潼阴谋布置反共、反人民内战的蒋介石请愿，这是"双十二"的前三天，也是蒋特对东北学生打击的开始。

　　1937 年春，我赴平津从事抗日活动，七七事变发生后返西安，因我救国有"罪"，被蒋特逮捕，下狱关押。后反动当局遭到各方责难，才将我释放。出狱后，再接再厉地联合西北教育界同志推动救国教育，招收东北青年，组成东北竞存中学部，强调"打回东北去"的教育。随着学校的越扩大越发展，蒋特的压迫也越加深了。对于进步的、积极的和民主的师生们，都要分别跟踪监视，对小学生则施以恐怖或逼迫手段，使其脱离竞存小学。有时在校门前设密探，使各校学生不敢投考竞存，这可算是"无微不至"的破坏。

1938 年秋，学校迁出西安，移到凤翔县东关一座破庙内，四壁皆空，门窗破碎，师生们仅与泥像为伍。又兼经费毫无，债台如山，每天度日全靠化缘。学生上课在郊外树荫下，班班罗列，与自然界为伍，渴来喝长流水，饿来吃小米面馍。入冬，募来破烂军衣，才给师生们渡过严寒。

1939 年春，发动生产运动，一面改良土地，增加生产，另一面又组织学生开垦荒田九亩，以便自给自足。秋季又在该县北山披荆斩棘地开垦坡地百亩，后被胡匪宗南的军官团霸占，再三交涉，置若罔闻。这又是武装破坏东北学校的铁证。

当时蒋记政府，不但没有丝毫的帮助，反而加以共产党的嫌疑。特务们说："共产党在陕北开荒，竞存学生也开荒，他们同共产党一定有联系的……"这是什么证明呢？凡人就不许学吃苦，谁肯开荒谁就是共产党，谁就被打击；反过来说，谁要是好吃懒做，谁就是正牌的国民党了。

1939 年秋，竞存增加高初中和小学的学生共计 600 名，扩大发展了，蒋特更不放心了，就正式派进特务张某，在校做训育主任，坐镇学校。监视师生的行动，如有一言一行的过火或牢骚、不满现状等，马上就报告到特务机关去。10 月初，蒋特凤翔保安队一连人全副武装乘夜冲入校内，如临大敌一般，当日就把先生捕去一名，加个"有去陕北的思想"的罪名，并带走了学生五名，在县政府内严加刑讯。此日又派武装到校搜查，在检查队中有个士兵借机到女生宿舍，有调戏女生的行为。目睹此种无耻情形，我的怒火上升，奋不顾身，对那些无耻的士兵据理责骂，他们才畏罪退出。那些特务又怕我向国人宣布他们罪状，该蒋记县长立即派人到校"道歉",把我气病,我爱人马上要求他们"负责人"答应医疗,倘气死得给偿命。

把捕去的师生六人押到一月之久,我向各阶层公布他们的无根据、望风捕影地捉人,毫无人权保障,他们怕事态扩大,后来才将师生六人保释完事。

1942年春(应是1943年下半年——编者注),特务们因为屡次破坏也未得逞,那位张训育主任,又勾结特务学生二人,乘夜散发传单,企图逐我出校,说我"袒护共产党……"清早被我发现,把传单收集一起,经过研究,对出是某两个学生的笔迹。次早,当全体师生发表:"昨早的传单已经对出,是某某两个学生干的。如果这两个学生能出来坦白,我可以减轻他俩的罪过,否则我一定有更扩大、更严厉的手段……"到了夜里12点,那两特务学生越墙而逃。天明,又召集师生大会,我说:"这样破坏竞存学校,就等于破坏抗日,因为我们主张抗日教育,不但是特务分子而且是汉奸败类。给特务学生出主意的后台,也不算高明,我们要自由、要民主、要打回老家去……"过三日,张训育主任向我请长假,我准了他。这些都是打击东北教育的阴谋。

谈到竞存学校立案事,重庆蒋记教育部借口说:"学校无设备又无基金,不能立案。"我说:"我们可有成绩,某某考入国立大学,某某学生在某战地服务团都有成绩,事实俱在……"他们说:"这还不行,手续不对,我们(中央)做事讲手续。"整整拖了八年,也没有正式给立案,仅给校董会备案。陕西教育厅又派人到学校"视察",正检查的时候,王视察员见到一位学生手拿一本杂志是"上海生活书店出版",他就给夺去说:"这书有共产党的嫌疑,应该把这学生开除。"我说:"学生没有犯过错,没有谋反,就不当随便开除的。"王说:"你能担保他不是共产党吗?"我说:"相信他是位爱好文学的青年,要求抗日的青年。我可以保证他的。"才算完事。

1943年底，我去西安募捐，蒋贼又令特务带一连队直入校内，学生正在上课的时候，封锁各校室、各宿舍，禁止出入。搜出教员和学生名册，结果又捕去女教员一名，说："她在竞存很久，这样苦的学校，她还不离开，是有政治作用的，一定是个共党分子。"押她到西安特务机关三月之久，后来设法保释。

1944年秋，蒋记第十区专署在宝鸡召开运动会，我们竞存也参加，欺人得很！竞存学生跑快了，特务们说："重跑，你们抢码了。"竞存学生跑接力，第一有望了，特务们在路上向该生胸上打了一棒子，当时晕倒，幸有强心针救了命。竞存学生找评判长去论理，特务头子（专员）说："东北学生真捣蛋！"气得多数学生弃权退出运动场。特务们又说："这竞存中学不和别校合作，真有问题！"哎！怎的也不是，这是最痛心的一件事！

平常日子，零零碎碎的小特务，捣乱行为几乎每天都有，跟踪事件更是家常便饭，毫不为奇，因此进步的数百学生，就只能加速度地走向革命大道！

以上对竞存学校种种打击、种种压迫和陷害，特务破坏的方法，可算想尽了。但是竞存也没有因破坏而停办。立足在困苦艰险中，手无寸铁地和法西斯反动势力斗争了十年。这说明什么呢？一、说明蒋介石最初在"九一八"出卖东北；二、再进一步消灭东北军；三、更进一步消灭东北青年的革命思想，使东北青年无知无识，忘掉家乡，不做抗日复土打算；四、希望东北青年做蒋介石的顺民，做蒋介石的奴才，好维护他的法西斯独裁政权。所以蒋特才要时时刻刻消灭竞存学校的。

前年过延安时，曾写过一首诗：

十年斗争为竞存，魑魅魍魉不离门，

动辄到校捕先生，转瞬学生又失群，

幸赖师生能团结，艰难困苦仍前进，

造成桃李千九百，革命种子到处伸。

（原载于《知识》1948年2月第6卷第2期）

东北民众的重大使命

——在东北民众救亡会成立大会上的开幕词

东北民众救亡会成立之动机，因东北大多数同乡深感国难日趋严重，敌人之气焰日益高涨，国内民气亦随之激增，尤其是东北民众因所处之环境特殊，致其抗战之情绪，更为激奋，使命尤为重大。所谓特殊环境即系东北同乡首遭亡省之惨祸也。诸君均为流亡，各方皆非我们的故土，所以收复失地工作应由我们做先锋，死和牺牲，我们应站在前面。但是，仅这样还不够，我们更应发动全国民众，联合起来，继续不断地永久地为中华民族谋解放，图生存，争独立与自由。"九一八"纪念会开过之后，更发动了好多的救亡工作，今日本会正式成立，东北民众热烈参加，实足表现出东北集团存在之必然性。

[原载于《西京民报》1936年10月5日第4版。原题为《东北民众救亡会昨开成立大会》，谓"东北民众救亡会经连日筹备已告就绪，于昨日（四日）在东关外八仙庵竞存小学礼堂，召开成立大会，……二时开会后，当由发起会推定车向忱为大会主席，行礼如仪，并默向东北死难将士致最敬礼，当由车报告东北民众救亡会成立之意义"。]

加紧实现扩大的国难教育

　　五年来的严重国难，迫得中华民族走到了生死存亡的最后关头。在此长时期的血的斗争中，我们已经认定，展开在中国民众面前的只有两条道路："抗战则生""投降则亡"，绝无第三条道路可走；只有建立坚强的抗日民族统一战线，和发动大规模的民族解放斗争，才是挽救危亡，达到独立自由的唯一正确出路。

　　我们认为，要推进并扩大这一民族统一战线的运动，和完成这一运动的神圣使命，如果没有全国广大民众的支持和参加，是很难成功的。只有激发民众的民族意识，提高民众的爱国热忱，加强民众的救亡组织，使全国广大的民众能够坚决地支持和积极地参加这一运动，我们的抗战才能得到最后的胜利。为了达到此种目的，实施非常时期的特殊教育，即所谓"国难教育"，是绝对迫切需要的。这种特殊教育完全是民族解放统一战线的实际运用，也只有这种教育，才是真正的救国教育。

　　"双十二"事变发生以后，风起云涌的西北抗日怒潮已经澎湃起来，民族统一战线的运动又有扩展到全国范围的趋势，在这种形势之下，加紧广大民众的国难教育，更是刻不容缓的重要工作。

　　因此，全国尤其是西北的教育工作人员的迫切任务，就是努力推行国难教育，来扩大并巩固这一民族统一战线的运动。

一、学校教育

甲　学校教育的认识和目标

1. 实施国难教育应以学校为主要阵地，但国难教育的实施范围不仅限于校内，应认识社会即学校。

2. 实施国难教育的对象不仅限于学生，应包含社会大众。

3. 实施国难教育的教材不仅限于课本，一切有计划的实际救亡活动，都是宝贵的教材。

4. 实施国难教育的教师、学生和教工，应在实际救亡活动中，共同教，共同学，共同做。

5. 实施国难教育的学校，其学生应本着"即知即传即组织"的原则，立即教育社会大众，积极参加救亡工作。

6. 实施国难教育的学校，应当成为所在地区内的救亡运动的策动机关。

乙　各级学校的实施办法

一、中学之部

中学之部包括初中、高中和职业三种学校。高中与初中的学科只是程度深浅不同，至于门类与性质没有多大差别。职业学校的科目内容却与它们大有区别，并且有自己的独立性。这三种学校的自然知识学科，以及关于学生的意识、生活、技术等训练，在实施时，一面根据这个实施办法，一面再按照各校的实际情形加以伸缩，以期容易推行。

（一）对于中学生的认识

中学生的年龄大致由十二岁至二十岁。在这个阶段中的青年，身心正在猛烈地发育，特别富有少年奔放洋溢的热情。同时，他们大多数的家庭，因受贪官污吏的剥削、资本帝国主义的压迫，经济状况都日趋衰落；他们本身的就学、就业日益困苦，前途渺茫无出路。他们在民族、国家日趋危亡的生死关头，必深感本身救亡责任的重大，表现出勇敢的斗争与纯洁的牺牲精神。

（二）中学教育的目标

中学教育在过去大致是使青年学生学到普通基础知识，继续再升大学。质言之，就是一种准备教育。但是，现在国亡无日，抗战在即，不容我们再做长期的准备。我们应当积极地端正他们的观念，端正他们的认识，训练他们日常的行动，充实他们实际参加战争的技能。同时要知道，这是注重于行的，而不是单独注重于知的。要使每一个学生都成为救亡运动的干员，本着"教学做合一""即知即传即组织"的原则，立即就能教育大众，组织大众，使广大的群众都能参加民族解放的实际斗争。

（三）中学的校行政组织

1. 组织系统

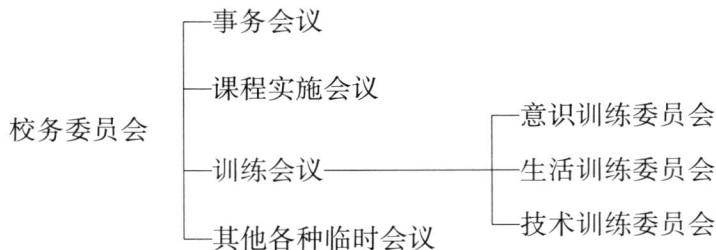

2. 组织规程

（1）校务委员会

①校务委员会由校长、各主任、各级任、各专科教员代表、各训练委员会主席、教职员救国会代表、学生救国会代表、校工救国会代表，以及当地救国会代表组织之，以校长为当任主席。

②校务委员会计划全校一切兴革事项，执行校务会议决议案，检查一切进行的工作。

③校务委员会至少每两周开会一次，遇必要时，可召集临时会议。

（2）事务会议

①事务会议以校长、各主任、全体职员、教职员救国会代表一人、学生救国会代表一人组织之，以校长为主席，校长缺席时，事务主任为主席。

②事务会议讨论一切事务进行事项。

③事务会议至少每月开会一次，遇必要时，得召集临时会议。

（3）课程实施会议

①课程实施会议以校长、各主任、全体职员、各年级学生代表（每级二人）、教职员救国会代表一人、学生救国会代表一人组织之，以校长为主席，校长缺席时，以教务主任为主席。

②课程实施会议讨论课程实施事宜。

③课程实施会议至少每月开会一次，遇必要时得召集临时会议。

（4）训练会议

①训练会议以校长、各主任、各训练委员会主席、各级主任、教职员救国会代表一人、学生救国会代表一人组织之，以校长为主席，校长缺席时，以训练主任为主席。

②训练会议讨论一切训练及管理事项。

③训练会议至少每月开会一次，遇必要时得召开临时会议。

（5）意识训练委员会

①意识训练委员会以公民、国文、史地等科教员推举三人至五人组织之，应推一人为主席，开会时以训育主任、学生救国会代表一人得列席。

②意识训练委员会讨论学生意识训练事宜。

③意识训练委员会至少每两周开会一次，遇必要时得召集临时会议。

（6）生活训练委员会

①生活训练委员会以各级任组织之，互推一人为主席，开会时以训育主任、学生救国会代表一人列席。

②生活训练委员会讨论学生生活训练事宜。

③生活训练委员会至少每两周开会一次，遇必要时得召集临时会议。

（7）技术训练委员会

①技术训练委员会以军事教官、体育指导、校医及劳作、图画、音乐、理化、生理卫生等科教员组织之，互推一人为主席。开会时以训练主任、学生救国会代表一人列席。

②技术训练委员会讨论学生技术训练事宜。

③技术训练委员会至少每两周开会一次，遇必要时得召集临时会议。

（四）中学生的训练

1. 意识训练

①利用各种机会说明中华民族的演进，历史的光荣，文化的发达，以及民族事迹的伟大，以养成学生自强不息的精神，激发其复兴民族的思想。

②讲述中华民族近代所受列强侵略的经过，以及历史上被压迫民族的痛苦，侵略者的残暴，被侵略民族反抗的事实，以唤醒学生在本国民族解放运动上责任的自觉。

③举行讲演会、座谈会、小组会，探讨救亡理论，歌唱救亡歌曲，表演国难戏剧，以激发爱护民族国家的情绪。

④举行时事报告、时事讲演、时事问题讨论会、政治研究会等，以

提高政治的认识。

⑤组织读书会、救亡论文竞赛会、民族问题研究会等，以健全救亡理论。

⑥讨论全国救国会的政治纲领，讨论学生救国会所决定的行动纲领，分析目前政治的趋势，研究民族解放运动的斗争策略，研究当前的工作等，以确定斗争的路线。

2. 生活训练

①利用学生救国会、级周会、露营，以及参加校内外的集会，以作集团生活的训练。

②行动军事化、纪律化，实行军事训练、军事管理，严厉制裁浪漫、消极、越轨等分子，以作行动纪律化的训练。

③举行自我批评，工作检讨，使自己纠正自己的行动。

④利用宣传、募捐、慰劳、缝衣、洗衣、运输、举办大众识字班、讲演会、歌唱队。教育农村农民、工厂工人、学校校工、城市居民等，以练习为大众服务之能力。

3. 技术训练

①利用讲演、化装宣传、演戏、歌咏比赛等，以增进宣传的技能。

②使学生组织救国会及其他团体，以练习组织的能力。

③教授游击战术，举行野外实习，练习骑术、打靶、爬山、越野、攀墙等，学习实用的战术。

④学习消防、防空、防毒、灯火管制、食堂管理、交通运输、救护、制造防毒面具等，以训练防卫的技术。

⑤利用工事队，练习筑路造桥、挖壕等技术。

⑥组织小先生制研究会，并实行小先生制，以练习小先生制之运用的技术。

（五）中学的课程

1. 原则

①国难教育的课程，应以目前最需要的知识，富于救亡理论的民族意识为前提，现行课程的内容多有不能适合国难教育的需要。为着要使我们的教育与当前整个民族解放斗争密切联系起来，配合起来，就必得重新规定科目内容。

②改英语为选修科目，英语为研究科学之工具，所以以往规定为必修科。目前的救亡工作乃迫切急需，对于英语这门工具学科不必每人皆学，但兴趣浓厚自愿研究者亦不必制止，因此改为选修科目。

③裁减自然科目钟点。植物、动物、物理、化学等科，应以能实际应用者为限，不必过多涉及理论。内容范围既缩小，故须减少钟点。

④增加救亡技术科目的钟点。国难期间，军事尤为重要，所以应当把军事训练的钟点加多。

⑤其余历史、地理、图画、卫生、劳作、音乐等科目的时数照旧。但其内容应以救亡理论及技术为中心。凡不切合目前国难需要之教材，概在摈弃之列。

⑥高级中学应取消公民科的名目，改设政治与经济、社会科学、国际现状等，以充实高级中学学生理论知识的要求。

⑦职业学校普通科目除与上述中学办法相同外，其职业科目应注重与附近生产机关取得联系，俾便实习。农科应研究并实施农民国难教育。工科应研究并实施工人国难教育。商科应研究并实施商人国难教育。

⑧减少课堂授课时数，注重实际活动。实行半日教学、半日活动。

2. 科目与教材

①必修科目及教材

A. 现代公民：Ⓐ国际现势；Ⓑ民族革命理论；Ⓒ"双十二"的政

治意义；⑩我们当前的任务；⑥政治常识；⑥经济常识；⑥其他。

B. 国文：④新文字；⑧国防文学的理论及作品；⑥民族英雄的传记；⑩抗战的记事；⑥世界革命的历史；⑥拟宣传大纲；⑥拟宣言；⑪拟讲演词；①写填头小说；①写报告文学；⑥其他。

C. 数学：④民族阵线与法西斯阵线势力之比较；⑧中日军力之比较；⑥战时经费之比较；⑩中日面积人口之比较；⑥华北资源之统计；⑥中国棉、麦、丝等输入日本之统计；⑥日本在华工厂"社会"之统计；⑪关于地形及战术测量之实习；①其他。

D. 历史：④社会进化史；⑧民族解放斗争史；⑥帝国主义侵略中国史；⑩各国革命史；⑥社会政治经济发展史；⑥其他。

E. 地理：④绘制通俗的国耻地图；⑧军事地理；⑥经济地理；⑩政治地理；⑥其他。

F. 生物：④生理常识；⑧医药常识；⑥救护练习；⑩植物动物的分布与产量的统计；⑥植物、动物与战时的关系；⑥其他。

G. 理化：④毒气烟幕之制造及使用法；⑧枪械构造之原理及放射之方法；⑥炸弹之制造及使用法；⑩无线电之装置及使用法；⑥铁甲车、飞机之构造及驾驶之方法；⑥枪弹进行之情形的研究；⑥防空、防毒、避灾、救护等之实习；⑪其他。

H. 图画：④绘制宣传国难之图画；⑧绘制抗日漫画；⑥义勇军生活写实；⑩学生救国运动写实；⑥其他。

I. 劳作：④挖掘地下室；⑧挖掘战壕，构筑防御工事；⑥搭桥修路；⑩干粮制造及储藏；⑥关于战事模型及玩具等之制造；⑥其他。

J. 音乐：④歌唱各种抗日救亡歌曲；⑧教唱各种抗日救亡歌曲；⑥谱写抗日救亡歌曲；⑩其他。

K. 军事训练：④野战训练；⑧巷战训练；⑥打靶训练；⑩游击训练；⑥防御常识；⑥消防常识；⑥其他。

L. 体育：Ⓐ群众战斗体力的培养；Ⓑ赛跑、爬山、骑马、骑车、开车等；Ⓒ拳术、劈刀、刺枪；Ⓓ其他。

M. 政治与经济：Ⓐ研究战时经济、战时物资供给、粮食管理和分配等；Ⓑ研究中国政治经济问题；Ⓒ研究国际政治经济问题；Ⓓ民族解放斗争的策略；Ⓔ其他。

N. 社会科学：Ⓐ政治学；Ⓑ经济学；Ⓒ社会学；Ⓓ社会问题；Ⓔ民族运动；Ⓕ其他。

②选修科目

A. 英文。

B. 其他。

③时间分配

A. 初中科目时间分配表

B. 高中科目时间分配表

（六）中学校的救亡活动

1. 校内活动

①书写并张贴反日标语。

②摘播抗日格言。

③绘制并张贴中国失地地图及各种统计比较表。

④组织救国会，推行全校救国工作。

⑤组织抗日学生军，实地进行军事训练。

⑥利用各种机会，组织讲演会、校刊社，进行民族意识、政治思想之训练。

⑦组织国难戏剧团、戏剧社，演出国难戏剧。

⑧举行时事讲演与讨论。

⑨举行时事测验。

⑩举行军事常识讲演和各种学术讲演。

A. 初中科目时间分配表

每周时数 学年 科目	必修科																选修科	
	现代公民	国文	数学	历史	地理	生物	理化	图画	劳作	音乐	军事训练	体育	救亡活动	国难纪念周	每周教学总时数	每周救亡活动总时数	英语	其他
第一学年 第一学期	2	4	4	2	2	2		1	1	1	3	2	18		24	18		
第二学期	2	4	4	2	2	2		1	1	1	3	2	18		24	18		
第二学年 第三学期	2	3	3	2	2	2	3	1	1	1	3	2	18		24	18		
第四学期	2	3	3	2	2	2	3	1	1	1	3	2	18		24	18		
第三学年 第五学期	2	3	3	2	2	2	3	1	1	1	3	2	18		24	18		
第六学期	2	3	3	2	2	2	3	1	1	1	3	2	18		24	18		

附注

一、每周应举行国难纪念周三十分钟，但不占正课钟点。

二、一切集会应唱中心救亡歌曲。

三、生物科目包括生理卫生、植物、动物，教授时先生理卫生，次植动，再次教动物。

四、救亡活动每日三小时，重在实际训练与校内外各种活动，作正课计算。

五、必修科功课应排在午前，救亡活动应排在午后一时至四时，选修科应排在救亡活动以后。

B. 高中科目时间分配表

每周时数＼科目＼学年	必修科													救亡活动	国难纪念周	每周教学总时数	每周救亡活动总时数	选修科			附注
	国际现势	政治与经济	社会科学	国文	数学	生物学	理化	历史	地理	图画	音乐	体育	军事训练	救亡活动	国难纪念周			外国语	伦理学	其他	一、每周应举行国难纪念周三十分钟，但不占正课钟点。 二、一切集会唱中心救亡歌曲。 三、救亡活动每周三小时，重在实际训练，与校内外活动，作正课计算。 四、必修科功课应排在午前，救亡活动应排在午后一时至四时，选修科应排在救亡活动以后。
第一学年	1	1	3	3	3	3		2	2	1	1	1	3	18		24	18				
第二学年	1	1	3	3	3		3	2	2	1	1	1	3	18		24	18				
第三学年	1	1	3	3	3		3	2	2	1	1	1	3	18		24	18				
附注	重国内外时事的检讨	注重战时政治与经济的研究	进述学理			进化论															

⑪成立各种研究会、讨论会，讨论救亡运动。

⑫成立漫画社，组织音乐会，绘制救亡漫画，演奏救亡歌曲。

⑬举行紧急集会，如消防、急救、传信等演习。

⑭组织救护队，成立急救、医药、爱护等小组，并进行实际练习。

⑮组织纠察队，考察同学行动。

⑯设立民众学校、识字班、民众读书会、新文字班，及各种训练班，以训练失学的大众。

⑰其他关于救亡之各种工作。

2. 校外活动

①参加学生救国联合会、各界救国会，以扩大统一救亡工作。

②组织国难宣传团、宣传队，赴各地宣传国难。

③宣传店员，组织店员救国会；宣传农民，组织农民救国宣传工人，组织工人救国会。

④在街道、农村、工厂，张贴时事简报。

⑤到乡村、工厂等地，表演救亡戏剧，激发大众抗敌的情绪。

⑥绘制救亡地图、漫画、标语等，在街市、工厂、农村张贴。

⑦在街市、农村、工厂，利用导生制推行识字运动，教育大众。

⑧运用县、市、乡现有组织及集会，宣传国难，唤起民众组织起来救国，必要时游行示威。

⑨到工厂、农村练习各种救国工作，到医院学习看护。

⑩到野外挖掘战壕，构筑防御工事。

⑪其他关于校外各种应有的活动。

（此文为车向忱任"教盟"总盟宣传部长时草拟，选自《国难教育方案实施办法》，西北国难教育研究社编印，1937 年 1 月版）

东北奴化教育的一斑

一、前　言

东北沦亡现在已经是五年以上了，在这五年过程中，我们除了听到东北三千万同胞的痛苦呻吟，我们除掉看到东北三千万同胞的死亡辗转，可是还更比流血和流泪更悲惨的事——那就是一些纯洁的，软弱的被蹂躏的灵魂的呼声。同时在另一方面我们听到的是日本的诱迫威胁，看到的是日本的飞机大炮，是当我们看到一些纯洁的青年们，将在"文化侵略"的牺牲下，而变成奴隶的时候，我觉得这是更值得注意的事。

现在"双十二"（西安事变）的警钟，已震动了整个的中国及全世界，西北的学生已从"羔羊训练"式教育制度下跑到光明的社会里来，而得到新的生命。将来的教育呢？一定会走到一个新生的途径上去，然而在这个当中，却更不要忘记了东北辗转在奴化教育下的纯洁青年们。

同时使我更因东北联想起华北，日本最近在冀察新开展的奴化教育，即向我政府提出改订奴化式的教科书，但是我们觉得这种"文化侵略"的推动，并无止境的呢！并不限制在华北的呢！

二、东北的教育

（一）奴化教育的宗旨

甲．奴化教育的宗旨之出发点——王道政治日满一体——这正同英美以耶稣教为文化侵略之工具一样的，日本在东北是用同样的东西，来麻醉东北青年之思想，以任其宰割，不许反日，那就是王道政治，日满一体。而同时所谓王道政治，却又是断章取义的，只曲解了中国王道中的和平思想，就是他叫我们和平，好便于他们的宰割而已。日满一体，他表示伪满洲国就是新日本，这是两位一体的。东北教育的出发点，就是从这歪曲理论产生的。

乙．主要教育纲领——一方面用所谓王道仁政来麻醉青年的思想，另方面更以日满亲善作教育纲领，以图减轻东北人士之仇视。其各种教科书之制定，完全以此为原则。

（二）奴化教育制度

1. 取消专科以上的学校——原来东北专科以上学校约十数处，现在完全取消，以免人民有高深之学识，而不受其欺骗及压迫。

2. 奖励私塾，减少公立学校——为达到其愚民政策之第二办法，即尽量奖励私塾制度，从学校变为私塾者多有，使一般儿童完全变为"民可使由之，不可使知之"的无思想无能力之书呆子。

3. 减少教育经费——过去东北教育所以有突飞猛进之势，其主要原因即以经费之充足，使各地教育得以尽量发展，尤其各县镇乡的学校很是普遍，几乎每村都有学校。计辽宁省在事变前有小学一万一千余处，吉林省小学五千余处，黑龙江省三千余处，热河约七百余处，"九一八"以前东北教育可算发达了。

"九一八"后将教育经费减少大半，学校裁去大半。而仅存的一点经费，又常常拖欠，以致各县学校虽少数存在，也是名存实亡的形势了。

4. 取消女子学校——根据"女子无才便是德"的古训，将所有的女子中学及女师等校完全取消，使东北女子完全无知无识，即减少占东北人口 1500 万的受教育者。

（三）奴化教育的课程

1. 学校以读经读日文为主科——读经书为日本麻醉东北青年之法宝，读日文为造成奴隶之工具，故各学校均以经书、日文为主科，以达到其奴化教育之目的。

2. 取消中国历史、地理等课程——为使东北青年，忘记祖国，故各学校均取消中国历史、中国地理，而另编成了"满洲国"历史、"满洲国"地理。

（四）对教职员学生之压迫

1. 教育当局及各校长多数为日本人，或日本人为副校长，故整个东北教育完全操在日本人之手。

2. 各学校教授日文之教师，均负有监视之责，如教师、学生之言行稍有反满抗日者则屠杀之。

3. 伪国成立各大典时，则强迫学生参加庆祝，使其忘记中国，而信仰伪满洲国。

4. 由学生中征兵——日本为达到侵略华北之目的，于东北扩充伪军力量，除普遍募兵外，并于学校中征兵，一方以减少东北知识分子，一方用中国人杀中国人。

（五）特殊的奴化教育

1. 选送留日学生：凡各校之具有奴隶劣根性的优秀学生，均选送日本，使其受更深之奴化教育，以便其归国后，再事传授东北青年。

2. 同文书院、日满学院、大同学院——为造成中级奴隶干部。东北各地始设同文书院、日满学院、大同学院，由此等学校，造出的大批汉奸，做其"看门狗"，广为推广汉奸工作。

三、对西北教育之希望

总合以上各点，我们已看出东北奴化教育之模样。我们一方面应为东北洒一点同情之泪，一方面我们为自己的幸运庆幸，尤其当三中全会后似乎有一个新的局面摆在我们眼前，我们怎样来实现呢？

同时我们想到，这在中国方面是个新的开展，向前的开展，而在东北方面是个旧的开展，向后的开展，如果我们国内方面向前开展的力量大，就能把东北向后开展的拉向前来，倘使我们向前开展的力量不足，或者也有使我们全国变成向后转的危险了！教育界的同志们，赶快地加紧地实现扩大的国难教育吧！

（原载于《救国教育》1937 年 7 月第 1 卷第 1 期）

造就长期抗战的生产军

——一个垦殖区的实例

我们东北同乡，自从"九一八"以后，离开了生长的故乡，流落到国内各方，每天都是过着那流浪式的生活，甚而，有的过着那乞讨式的生活。这样的生活，已将近七年了。

在今年3月间，朱子桥老将军看到许多流浪同乡可怜的情形，他就向陕西省当局要求一段荒地（在凤翔县北银洞滩），准备垦荒生产，开辟一个垦殖区。后经筹备一个多月，一切就绪。东北难民垦殖委员会决定由我率领同乡前往，同时，又有我们东北竞存中学农林班一齐前往凤翔县设校，打算再造就一批真正能增加战时生产的农业技术人员，好做长期抗战的生产军。

4月24日，我们农林班的学生50人和同乡男女老幼160余人，一律登上火车前往，当日晚抵达宝鸡车站。下车后，虽请求该地当局援助，但是，没有得到丝毫结果。我们这200多口男女老幼，无衣无食，又无住所，只有忍饥受冻，在车站露宿一夜。次日，仅能雇妥推车40辆，装载那些破烂器物与行装，幼童们完全坐在推车上，开始慢慢地前进！行近了秦岭，那些车夫们已经是筋疲力尽了，这怎能渡过又高又大的秦岭呢？于是，我在途中便召集那些同乡和学生，决定选出壮丁50名，分头协助每位车夫，共同拉绳，渡过秦岭。

当时，我深深地感到，拉车的味道并不是怎样苦得了不得，我一面拉车，一面和大家共同地高唱《大路歌》："……大家一齐流血汗，嗨嗬嗨！为了活命，哪管日晒筋骨酸，嗨嗬嗨！合力拉绳莫偷懒……"一面拉，一面唱，一面想，确有相当的兴味。在那兴味中也就忘记了一切疲劳。经过一天的时光，渡了秦岭，才达到黄牛铺，即东北垦殖团办事处所在地。

经历了这个有生以来所没有受过的苦，来到黄牛铺，渐渐地把人生划分为两个截然不同的时期。以前是办公的、拿枪的、拿书本的，不久，就要一律变成从事生产的劳动农夫了。

同乡们在黄牛铺稍事休息，举目向南山望去，只见目的地银洞滩的山巅，尚有积雪未化，大家的兴味，仿佛又受一个打击。我当即亲登银洞滩的山顶，看它个究竟。结果银洞滩上的荒地、茂林、修竹以及煤铁等矿，却相当可爱，真可算是一座宝山了。看后下山，我把所见到的一切情形，说给同乡与学生们，大家听了，精神为之一振。

次日上山，经过那不见天日的原始森林，努力攀登挣扎，爬到银洞滩山顶，个个都流出了一身汗。在银洞滩上找到个适合居住的地区，放下行李，一齐动手，做饭的做饭，支帐篷的支帐篷，很快，食宿办好，大家吃的、睡的全有了。不过，每天吃的都是掺盐粒的饭，没有菜，住的是透空气的和漏雨的帐篷，每天都在大自然中不断地、艰苦地奋斗着。我们同那些壮年的同乡和学生一样，每天都用镐头劳作垦荒，用牛犁开地。结果，未出四个星期，共开出熟地400多亩，种上了马铃薯、玉蜀黍、大豆以及一些蔬菜。当时，每个人的手都长了厚茧，脸晒黑了，筋肉也强壮起来，一切的一切，都和从前不同了，判若两人。

　　以前，一般人都认为东北人不能吃苦、不能耐劳，现在，事实证明，东北同乡的确能刻苦耐劳、能增加生产。这是垦殖区一段试验的成功。

　　在这里，我得出个结论，发现了力量的源泉。事实证明，中国不是穷，而是懒；不是中国没有办法，而是中国人不想办法。因此，不能征服自然界，而甘心被自然界征服。现在，我们是抗战期间，正是人力、地利缩小的期间，大家要赶快地提倡生产，增加生产，这也就等于直接杀敌一样。

　　　　　　　　（原载于《反攻》1938 年 7 月 16 日第 2 卷第 6 期）

纪念"九一八"七周年，
不要忘掉了东北的教育

　　我是个办教育的人，所以就忘不掉教育上的事。在这悲痛的"九一八"七周年纪念日中，我就联想到东北家乡里面的子弟们，如今，他们正在被日本帝国主义的奴化教育所欺骗着。每日里不许他们看中国书，说中国话，更不许他们干中国事，否则就要被惩罚，被杀头的。啊！这种受欺凌的味道，我们那些活泼可爱的孩子们，已经遭受七年了！就是我本身的儿女们，也正在那里遭受着同样无穷的痛苦。想起这些，我的心便酸痛起来！

　　近年来，据从东北逃出的同乡讲，自从我国的"七七"抗战开始以来，日本帝国主义的奴化教育更加紧了。他们把东北四省学校的数目减少到40%，学校里所教的课本，已经有三分之二是日文的，就是学生们说话也非用日语不可，一言失慎，便有坐牢、杀头的危险！这是何等的悲惨！这种奴化教育的结果，把我们东北五百万活泼可爱的小同胞变成了死气沉沉，没有反抗精神的人。这是收复东北前途上，多么重大的危机啊！

　　在东北家乡的这些小同胞们，因受着奴化教育和政治环境的关系，现在，我们没有什么办法来教育他们，因此，这就使我想到，由东北逃出来的少数儿童们，他们是东北未来的希望和灵魂。我们有万分的必要，应该对他们加强抗战教育，加深民族意识的训练，以便将来收复东北那一天，他们好去做那教育、文化工作，做那建国工作。

现在，我们所办的东北竞存小学、东北竞存中学，以及其他同乡们所办的东北教育，完全是一种打回老家去的教育。这种教育是极端重要的，它关系到东北的未来，关系到我们国家、民族的未来。希望国内广大同胞要诚恳、热烈地指示我们，援助我们，使这种打回老家去的抗战教育得以完成。

目前，国土沦亡得更多了，我希望失掉家乡的教育界的同志们，更要扩大地将所有战区逃亡出来的青少年们组织起来，给他们多创办些学校罢！这样，才不辜负我们纪念"九一八"七周年。

（原载于《东北》1938 年 9 月 15 日第 11 期）

西安东北竞存小学开始招收免费学生

兹有东北籍人士多人，为救济失学儿童，促进小学教育起见，在本市东关索罗巷四十三号（即火柴公司旧址）创设"东北竞存学校"，一切业已处置就绪，开始招收免费学生。兹将各项附志如下：

（一）学校：初小四级、高小二级（初小一、二、三、四年级，高小一、二年级）

（二）性别：男女兼收。

（三）各级额数：每级四十名。

（四）年龄：七至十二岁。

（五）报名日期：自即日起至八月二十五日截止。

（六）考试：高小：国文、算术、常识、口试；初小：口试。

（七）考期：八月二十六日上午八时。

（八）发榜日期：八月二十八日。

（九）费用：学费、杂费、诊病、理发及初小书籍等费，一律免收。唯高小书籍、膳食等费，家境贫寒者免收。制服费自备。

（原载于《西京日报》1936 年 7 月 31 日第 7 版）

回忆 "双十二"

　　"双十二"到今天整整是十年了！但这个"双十二"是怎样产生的呢？我把它原来的真实面貌写出来，给大家做个介绍。

　　"双十二"是蒋介石高压手段下造成的。在 1936 年，蒋家军已经"剿共"十年了，虽然是丢掉了东北，又丢掉华北，但是蒋介石不但不放弃"剿共"政策，反而变本加厉地在 1936 年 10 月，亲自到西安，命令他的嫡系部队督促东北军"剿共"。但当时，张学良将军已经再三谏正放弃"剿共"，一致对外，且张氏内心所感觉的是"国仇家恨"非报不结。他是每天都在希望着抗日的实现。他以为只有各党派团结，才能抗日。而蒋介石以为先安内然后才可以攘外，这是两个矛盾的对立。同时又加上外患日迫。12 月 2 日，日军又在青岛登陆，更因为"一二·九"周年纪念，西安学生游行，当地反动警察把竞存小学学生打伤两名。当时所谓"枪伤幼童案"，遂激起全西安市中、小学生的公愤，全体学生乃走向住在临潼的蒋介石请愿。蒋知道消息了，马上给张学良将军打电话，叫张开机关枪制止学生请愿。张绝对不忍替蒋介石做刽子手，即刻尾追请愿的学生，在赴临潼途中拦住学生们说："你们如果相信我张学良，我在一个星期内一定答复你们！"全体学生满意而返。更加上了这一个杀伤幼童的惨案的刺激，使得了张将军的酸泪流下。

他是刺激太多了，忍无可忍，遂同杨虎城将军密约兵谏。在 12 月 12 日那天的凌晨，派出大军一团，把蒋住的临潼华清池包围。蒋闻枪声，只身逃往临潼山麓中，随后被发觉，请下山来，押解到西安城里。经张、杨两将军再三地说服，并提出八项主张：（一）改组南京政府，容纳各党各派一致救国；（二）停止一切内战；（三）立即释放被捕之爱国领袖；（四）释放一切政治犯；（五）开放民众爱国运动；（六）保障人民集会结社一切爱国自由；（七）确实遵行总理遗训；（八）立即召开救国会议。蒋虽顽固，但在危机之下，山穷水尽的时候，就亲自承认。

在这国家危急存亡的关头，中共派周恩来将军不避艰险，赴西安调解。虽然十年来蒋介石屠杀中共几十万党员和千百万革命群众，但中共以国家民族为重，不顾旧日深仇，且毅然劝说张、杨和平解决，不但主张不杀蒋，反而主张劝蒋抗日。这可说是中共真正宽大之处。

张、杨两将军甘愿与中共合作，更愿在和平政策领导下，一致劝蒋抗日，以免陷入西班牙的覆辙。

张将军乃于 12 月 25 日以磊落的作风，亲自驾机送蒋回南京，于是乎中国大局转危为安。何应钦的轰炸西安计划并与日寇合作造成中国内乱之阴谋，始被粉碎了！西安让出，和平解决，这是蒋介石受到西安事变的严重教训的结果。一直酝酿到"七七"，才算开始抗日战争，到了"八一五"日寇签字，法西斯被消灭，这不能不说西安事变有其功绩！

总括起来说，没有"双十二"的西安事变，国民党就不会抗日；没有共产党就不能有正确的领导，坚持抗日的战争。蒋介石现在虽不释放张学良及杨虎城两将军，但闻张将军在监禁中传出一首诗，我记得最后的一句："苗毕竟是发芽了！"这证明了张将军的抗日主张是成功了！他的精神在愉快中。反过来说，这更证明了蒋介石背信弃义，张、杨何罪？扣押十年之久，仍不恢复他们的自由。这就是说，那两位将军是主张抗日的，主张和平的，而蒋介石仍然扣押抗日主张者，是证明虽然抗日完了，他还是亲日的，用冈村宁次是事实，把主张和平的友人仍然扣押，这更是顽蒋不愿意和平的证明了！

（原载于《东北日报》1946年12月12日第4版）

第四辑

一九四九年后进行

社会主义新教育制度改造

为哈尔滨大学开学典礼所作的讲话

　　不久就要开学啦(六号)，这一个阶段是筹备阶段。在这个时期中，大家瘦了不少。"累"，这证明了这个学校是人民的学校。咱们大家全是股东，大家来建设。它不同蒋管区的教育，蒋管区是把重点放在上面；而我们呢？是把重点放在底下。在这个建设中，收获很大，省了一千多万元。这就是说咱们都投进来了。诸位也有的习惯，有的不习惯，我们要去丢旧的习惯，建立新的习惯，也就是建立你们自己的新的习惯。旧的都是不好的，要去丢很不易，要建立一个新的习惯需要一个过程。选一个小例子吧，比方你平素天天把表放在左兜中，可是这回左兜坏了，今天把表放在右兜中了，可是你还要到左兜去拿，于是就碰一钉子。

　　现在还没有开学，六号就要开学了。开学以后，就要很紧张地、很快地、很抓紧地开始学习了，到了那时生活公约全订好了，有了约束了。现在同学提出来一些意见很好，这都是同学们进步的表现。现在一切都是在准备，生活上和伙食上全都准备。希望大家要好好地努力，把东北科学院搞好。现在秘书处和教务处分别地把你们的一些意见解答一下。

　　1948 年 7 月 3 日下午 3 点于哈尔滨大学礼堂

方才由林主席和王院长已经报告过了，尤其是林主席给我们报告的无微不至的，使人深深的感动的。方才林主席说过，我们科学院建设很成功的。如果你要"学"，那就是学下了的"学"，它不同蒋管区的那个空洞的学法，毕业就失业的学习。我过去在《生活报》上登载了一篇"三十年来的教育检讨"。我学了十九年，什么都学了，各国文都学了，结果什么都没有用处，一文也不是了，什么都白用了，结果是一个书箱子。和所学的，有用的只是 10%的，以后仅学一点，就是在社会大学上学了一点，现在我们这个"学"，和那个不同的。

又有一个例如，就是晏阳初一位有名的博士办的研究所，有一个老百姓来问，说：晏博士，庄稼起虫子了，问怎么办？结果一打听药又比庄稼贵二倍以上，那里各种家畜都有，可是不同种的情况、条件的学习方法。我们的学习是理论与实际相结合的。中国医科大学一年就毕业了，他说两年之后，就可以解剖。不同过去那样的学生六年十来年，才能治病。

这里有一个秘诀就是理论与实际相结合的，这是很能解决问题的。只有这样，才能会很短的时间解决更多的问题。今后的学习是以自学为主，教学为副的学习方法。要理论与实际相结合的好，一定能学好。这是我今天感觉到，今天大家的开学会应当提出来一点的，使我们的科学院为人民服务。

1948 年 7 月 6 日

（此两篇原题为《车向忱校长在哈尔滨大学开学典礼上的讲话》，收录于《哈尔滨大学开学典礼讲话稿》）

关于各学校改为春季始业的通知

各省市教育厅局长暨各专科以上学校：

前已通令各学校改为春季始业，据查还有部分地区学校，仍沿用秋季始业，与教科书内容的季节性大相矛盾，令据沈市报告："沈市解放前后，各校学生，耽误不少课程，多数课程均为读完及读透，延长半年，较勉强升级与毕业好。今年下半年，由于校舍、师资、经费都不够，无法大量招收新生。"由此，重申前令，凡现仍采用秋季始业之各学校，从下半年起，延长一学期，小学初中一律改用春季始业，师范、高中以上学校，逐渐改为春季始业，仰望遵照实行。

教育部部长：车向忱

副部长：董纯才　邹鲁风

（原载于《东北日报》1949 年 7 月 13 日第 1 版）

两个社会、两样教育

我在教育界服务已经整整三十年，在解放区办教育也有三年多的历史了，现在根据我三十多年来的亲身经验，提出在新旧两个社会里教育工作是如何的不同，供大家参考一下，我想是有好处的。

新教育是人民的教育，是为广大人民大众服务的教育，也就是反帝、反封建、反官僚资本的教育。它为人民解放事业培养各种人才，它教人民大众做主人翁。它用各种形式，发动与组织群众学习，以做到人人有书读，启发大众政治觉悟，提高大众的文化水平，使群众由愚昧无知变为有教养，由落后变为进步。

相反的，旧教育是愚民教育，是反动统治阶级的工具，是为地主官僚资产阶级服务的，它用封建法西斯思想毒素，毒害青年儿童，欺骗麻醉人民大众，目的是要使大众俯首帖耳地做奴隶，听受他们奴役和剥削。

新教育是理论与实际密切结合的；是结合着实际的需要与实际的情况来进行，事实证明：这样的教育才能产生实际的效果，为新民主主义的各种建设事业，培养有用的人才。

与新教育相反，旧教育则是理论与实际脱节，它不是从古董堆里拾起老八股，就是从外洋贩回一些洋教条。结果是所学非所用，毕业即失业。

可是回忆起我个人在清朝末年，9 岁入学，一直到 28 岁，才由大学毕业。总计十九年的寒窗苦读，各种玄妙的理论，算是装满了一脑子，但毕业之后，因为学非所用，学的离实际太远，就到处用不上，现在我在工作中运用来分析问题、解决问题的知识，是十四年来在救亡抗日的实际工作中，特别是在最近三年来的实际工作中体会与学习的，而不是过去在旧学校里向先生或哪本书上学来的。这证明了那十九年的长期学习苦味，真是冤枉得很，又证明了旧社会的旧教育的实际价值。我们试估计一下：中国有多少千千万万的纯洁青年，被那空洞的脱离实际的教育，耗尽青春和精力，真是可惜！这点我特别提出来，希望刚参加工作的教师们，深刻反省，并以此作为研究教学的参考。

新教育的方针、原则，在学校的行政管理上及校风上也体现出来了，无论校长、教职员和学生以及工友们，在学校里都是主人，都有把学校办好的责任，学校的重要事情，都是根据民主集中制的原则，经大家共同商量、讨论、决定后又大家共同遵守、执行的。因之学校的校风是民主、团结。旧学校则不然，旧学校是旧社会的反映，学校是校长个人的，校长是学校的统治者，教员是雇员，听命于校长，学生是学校的附属物，更得听校长的支配，甚而受校长的奴役，学生是有痛苦而不能说的。因之互相猜忌、敌视，当然谈不上教学的研究、改进。

总之，在两个社会里，教育工作是完全两样的。一面是进步的，有发展，有前途的新教育。另一面是退步的，没落的旧教育。一面是有生机，有内容的新教育。另一面是无生机，无内容的旧教育。一面是"实事求是"，从小到大，不铺张、不夸大的，老老实实的新教育。另一面是形式主义，由中国谈到外国，越夸大越好，越铺张越好的旧教育。一面是被全国人民欢迎了的新教育，会一天天发展起来的。另一面是已被全国劳苦大众及进步人士所反对的旧教育，日趋没落。这是客观形势的决定，这是新中国的一大喜事。

（原载于《东北教育》1949 年 4 月 15 日创刊号，第 5 页）

《东北教育》创刊一周年

《东北教育》杂志创刊至今，已经满一周年了。

一年来，这个刊物以从起初发行一万多册，发展到现在，每期已经发行到六万册了。并且销行到关内，以至全国各地。这说明了广大的读者群众很需要这样一个刊物，而它在反映东北区的教育工作情况，推动我们的教育工作，以及在帮助教师们的学习上，是起了一定的作用的。但是，本刊还有不少弱点，还不能满足读者的要求。要知道，随着东北经济建设的发展，今后我们的教育工作任务也更加重大了。由于土地改革与解放战争结束较早，东北教育事业有很大的发展，但质量并不高，工作中有不少缺点。所以，我们今后必须更加努力工作，更加虚心学习和钻研，把我们的东北教育提高一步。今后在我们的刊物上要更充分地反映出我们的教育方针政策的精神，加强它对实际工作的指导性；要更多地反映各地工作情况，交流经验，更多地介绍苏联的教育理论和实际，帮助全东北教师的学习与提高。总之，这一切都需要我们刊物的编辑工作者、通讯员、读者以及全东北的教师们的共同努力，才能使这个还很幼稚的刊物能够随着我们东北教育工作的提高而提高。

（原载于《东北教育》1950年3月28日第13期，第2页）

东北人民政府教育部
关于中小学教育工作的指示

　　各省、市的中、小学都已先后开学，据不完全统计：今年中、小学生（包括师范生）共有 4 734 648 人，约占全东北人口 11.38%，其中中学生（包括师范生）162 166 人，比去年增加了 30%；小学生 4 572 482 人，比去年增加了 24.6%。增加的学生中，工农子弟所占的比重是很大的，仅以沈阳市为例，工农子弟占了学生总数中的 52.4%；数字说明了我们的教育是为人民服务，特别是为工农服务的。但必须指出：由于经费、校舍和教员等条件的困难，今年初小一年级、高小一年级和初中（包括初师）一年级的学生是 1 254 457 人，比去年初小一年级、高小一年级和初中（包括初师）一年级的 1 901 787 名学生，少了 30%；数字又说明了今年有大批初、高小毕业生和学龄儿童，可以而且要求入学而未能入学。

　　这样，在我们各级教育行政部门和全体教育工作同志面前提出了两个问题，需要我们严肃、认真、负责地去处理与解决。第一个问题是如何在教学过程中，有计划、有步骤地提高教学质量。中、小学学生的数量就其在人口中所占比例来说，不仅在东北，而且在全国都是空前所没有的；但在质量方面，虽然经过一年多的努力，是有了显著的改进，但一般说还是低的，距离我们中、小学教育的目标还相当远；因之在现有基础上，从质量上向前提高一步，使教育与经建需要相适应，就成为中、小学教育当前的中心任务。第二个问题是在创设条件，适当地解决初、高小毕业生，主要是学龄儿童的学习问题；这里必须严格指出：各地在执行巩固、提高与奖励民办的教育方针、政策中是存在着偏向的，辽西新民三区就是个典型例子。各级教育行政部门都没有认真执行奖励民办教育的政策，没有认识到在国家财政困难的情况下，奖励人民办学，是满足群众对文化日益增长的要求，发展人民教育事业的辅助办法；因而不顾群众的舆论和要求，采取了整班并校，不许群众自办学校的做法。这种做法是违反方针、政策的。为此特指示下列各点，希各级教育行政部门和全体教育工作同志切实执行：

1. 组织教员学习，加强学习中的思想领导。对中学教员可以各科教学研究组为学习单位，将政治学习与业务学习结合起来，目的是在改进教学思想与教学态度，学习苏联，改进教学法，提高教学效果。各省、市教育厅、局则须定期地分别召开各科教学研究会，深入检查教学，及时纠正教学中的偏向。对小学教员可以城市小学教员为重点，举办业余补习学校（或夜校），根据教员所任课程分别编班学习，以业务为主结合政治进行学习，提高业务水平，改进教学思想与教学态度。利用业余补习学校的讲义或讨论记录（经整理审定），作为农村小学教员学习的主要材料，但各省、市教育厅、局必须制定农村小学教员学习计划，责成各县、区教育行政部门定期地用测验方式进行学习检查。在师资数量容许条件下，可分别集中轮训。"巩固与提高的关键，是师资与教材问题的适当解决"，教材问题正在逐步适当解决中。现在的问题是师资问题，特别是师资的质量问题，我们必须从提高师资来提高教学质量。

2. 加强对群众自办的中、小学的领导，帮助他们解决教员与教员的学习问题，对于办理有成绩的切实予以奖励，群众自愿节衣缩食兴办学校，要竭力予以支持，取得经验，推动群众办学。提倡奖励人民办学，必须根据自愿与需要的原则，应注意防止强迫命令的偏向。

3. 城市中的中、小学及有条件的农村小学，可酌情开设夜校或速成班，招收学龄和失学儿童，确定国语、算术为基本课程，分别程度，编班学习，建立必要的学习制度，逐渐转入正规化。除此之外，城乡小学还可实行小先生制，组织校外儿童学习，推行识字教育。

4. 国家财政困难，教育经费有限，我们必须厉行节约，实行经济核算制度。去年在这方面是有成绩的，除了为国家节省了一个月的教育经费之外，我们还从节约中适当地解决了教学上必需的图书和仪器。应该发挥这种节衣缩食办好教育的精神，建立定员定额制，严格经济核算。用已经分配的教育经费办好现有学校教育。各学校还需从经常费中，适当紧缩开支，挤出必要的经费办理夜校或速成班。

部　长　车向忱

副部长　董纯才　邹鲁风

三月二十八日

（原载于《东北教育》1950 年 3 月 28 日第 13 期，第 3 页）

新年献词

1951 年又展开在我们面前。我们全体教育工作者们，应该怎样开始今年的工作呢？

在过去一年里，由于大家的努力，使我们东北的教育工作得到进一步巩固和提高。同时，大家在工作中进一步提高了自己，创造和积累了许多丰富经验和方法。这就给东北教育今后的发展，创造了有利的条件。因此，在这新年的开始，我希望全体教育工作者们，要发挥更大的积极性和热忱，在原有理论水平和经验基础上，继续学习、钻研和创造，不断提高自己和改进教学，为进一步提高东北教育工作而努力。

其次，关于已经开始和正在进行着的抗美援朝的思想政治教育，由于大家几个月来的努力，获得很大成就。今后应该在这个基础上，把学校中的抗美援朝的思想政治教育，深入下去。这首先就需要我们全体教育工作者，特别是教师们，密切注意时事发展，深入地研究各种材料，运用各种有效的方式和方法，教育学生具有一种新的爱国主义和国际主义精神。

我们要把爱国主义的热潮，贯注到我们的教学工作上去！

祝同志们胜利！

（原载于《东北教育》1951 年 1 月 1 日第 4 卷第 4 期，第 4 页）

欢庆新年迎接全国大规模经济建设

    我们以无限兴奋的心情来迎接伟大的 1953 年。在这一年,我们的国家将要展开大规模经济建设,这是具有重大的历史意义的。我们民主促进会会员,应该清楚地认识到这一重大的历史任务是使中国早日工业化的重要步骤。为适应大规模经济建设的要求,我们民主促进会会员的主要任务,就是要搞好教育工作,以便为祖国的伟大建设事业培养人才。为了把这一工作做好,必须在思想改造的基础上,加强政治理论学习,进一步批判、改造我们的思想,提高我们的政治思想水平。在教育工作上同样是应该遵照毛主席的指示,学习苏联的先进教育理论和教学方法,并且要和中国实际情况密切结合起来,借以提高我们的教学质量。这一任务是光荣而艰巨的,希望我们全体会员同志,要以最大的毅力克服工作当中的困难,来完成我们所担负的伟大任务。

（原载于《东北日报》1953 年 1 月 1 日第 2 版）

谈谈文教卫生方面的几个问题

主席、各位代表：

我打算谈谈文教、卫生方面的几个主要问题。

我省的文教、卫生工作，几年来获得了很大成绩，这是肯定的。但是由于我们对中央方针、政策研究不够、体会不够，并缺乏深入地督促检查，加上文教、卫生事业发展的速度较快，因而在工作上仍然存在不少缺点和错误。

学校教育质量不高，中小学学生不仅知识质量不高，而且学生的品德纪律也不够好。尤其是在小学里纪律松弛和部分小学生因受社会上坏分子的引诱，在他们纯洁的心灵上沾染了旧社会的恶习，打架、骂人和拿别人东西现象很严重，至于欺侮女学生和不遵守纪律那就更成为家常便饭了。11 月 27 日《人民日报》刊载一篇文章，已经对我们提出了批评。如果这样下去，这些孩子将来怎样能担负起建设社会主义和共产主义的重任呢？这是对国家将来有着深远影响的大事，应该引起我们每位代表的注意。

问题产生的主要原因，是我们领导上对儿童品德教育工作重视和深入领导不够。省人民委员会没有及时督促检查，省教育行政部门在贯彻全面发展教育方针上，往往顾此失彼，抓住教学工作，就放松了政治思想教育工作。在近一年来对学生的政治思想工作没有认真进行具体领导和督促检查，学生的政治思想工作不好，我们省的领导是有责任的。在学校里仍有不少教师缺乏对学生全面负责的精神，只教书不教人；只管课内不管课外；只管校内不管校外。不少家长对自己子女的品德教育不够关心，尤其是有些家长强调工作忙没时间，把教育儿童的责任全部推给学校，认为有学校教育就够了。更由于学校实行了二部制以后，小学生在校的时间只有四小时左右，其余的时间，因学校对学生课外活动关心不够，家长没有注意教育其子女，社会上没有小孩活动场所，所以他们就逛大街、跑商店，有些儿童就被坏分子引诱变坏了。

那么我们应当怎么纠正呢？我认为必须在社会上引起普遍重视，各有关方面互相配合共同分工合作，才能做好这项工作。学校教师要负起全面教育儿童的责任，既要给儿童灌输知识，也要关心和加强儿童的品德教育工作，把"学生守则"的规定逐步贯彻到学生的实际行动中去。如果只关心儿童的知识教育而不关心品德教育，我认为那只完成了任务的一半。学生家长也要经常关心自己子女的品德教育，并配合学校把这项工作做好。教育部门、团委、妇联以及区人民委员会和街道组织等有关单位要共同配合，选择适当地点给儿童举办阅览室和开辟儿童运动场，或由少先队组织校外的其他各项正当活动。我主张我们的公安、司法机关，对社会流氓、刑事犯罪分子，应该给予打击，特别是对引诱儿童的流氓犯罪分子，应该坚决打击，以保护我们下一代的纯洁心灵不受旧的恶劣风气的影响，以维护社会治安。现在沈阳市在党和政府以及群众的大力支持下，已经开始重视这项工作，由化工工厂等借用俱乐部开办了儿童阅览室；利用小胡同里空场给儿童泼许多溜冰场，仅大东区就有三十到四十个简易的滑冰场，使不少小学生或未入学的儿童有了活动的场所。各学校的领导也开始重视学生的品质纪律教育和组织学生课外活动，学生逛大街等混乱现象开始有所好转。虽然这只是开始，但证明了只要我们重视这项工作，办法是有的，可惜在过去我们注意得不够。希望各位代表给予支持，并督促各有关部门，根据本地情况来开展这项工作。

其次，从目前所了解到的情况来看，说明我省有些城市地方，尤其是在农村不尊重和歧视小学教师的现象更甚。有些家长不尊重教师，对教师态度粗暴，少数区乡干部，把小学教师当成勤务员使用，任意差遣，甚至侮辱小学教师的人格。虽然不尊重小学教师的人是少数的，但给教师们的影响却是很大的。为了树立爱护和尊敬教师的社会主义新的风气，扭转和纠正不尊敬或歧视小学教师的现象，就有必要在社会上和学校里开展"尊师重道"的宣传教育工作，尊师重道是我们中国人民的优良传统，我们应该继承下来。建立起新的社会主义的师生关系，树立起尊重教师的劳动新的风气。

教育工作繁忙我再谈谈关于增产节约的问题。我们这次大会已经把开展全面增产节约运动，作为明年的中心任务。我们教育部门更应该贯彻增产节约的精神，提倡勤俭办学。前些日子在报上看到北京师范大学把礼堂兼做阅览室，北京政法学院院长带头腾房子给缺房的职工住，我们省的学校不论是大专和中小学都应该学习这种艰苦朴素和同甘共苦的作风。尤其明年在文教事业方面，不可能有更多的投资，那么我们中小学校师生就应本着少花钱多办事和勤俭办学的精神，师生一齐动脑动手创造些简单仪器或教具，这不但给国家节约了资金，而且还能在潜移默化中教育学生节约思想。尽量给国家减少开支，不该花的绝对不花，以便积累资金，早日把我国建成为一个先进的社会主义工业国。不过节约要防止出偏差，不能因为省钱便不顾质量。最近沈阳体育学院新盖的房子，还没等搬入，秫秸棚就塌下来了，这样的事应该注意防止的。

我再谈谈中药方面的问题。自从党中央提出继承和发扬祖国医学遗产，批判歧视中医的错误思想以后，我省在应用中医治疗各种疾病上，获得了较显著的成绩，因而取得了广大群众和患者的信任。在这种情况下，中药的消耗量也随之大大增加，致使许多品种的中药供不应求或长期脱销（西药也不例外），给中医治疗疾病和保障人民健康工作上带来了许多困难。不久前我曾到凤城、宽甸一带产药县份进行一次视察，现就我视察中所了解到的情况与问题简要向各位代表汇报一下：

凤城、宽甸、桓仁、岫岩等县所产中药约二百余种，产量也很丰富。其中由中央平衡给外地或出口的药材就有人参、细辛、胆草、五味子等十余种。目前供不应求或脱销的主要原因，除因中药消耗量较往年增加以外，在生产与收购工作上还存在一些问题。首先对保护药源的宣传教育工作做得很差，以致采药农民没有长远打算，连小幼苗也一齐挖掉，因而造成有些药材，尤其是多年野生的药材逐年减产，如再继续下去有些药材将有绝种绝根的危险。原因呢？农业合作化以后劳动力集中使用，农业社对药材生产重视不够，对采药的劳动力安排不当，没有纳入副业生产计划之内，因而形成人力不足，山上有药采不下来，或错过采药季节。个别生产社有限制社员采药的现象。所以不但药材产量减少影响了社员的收入，同时，药材收购价有偏低现象。如茺蔚子每斤价格为三角，但每一个劳动力一天只能挖二三两，不够工钱，药农采药的积极性受到损伤，完不成生产与收购计划，造成药材供不应求或脱销的虚假现象。

今后山区必须加强保护药源的宣传教育工作，并采取具体措施，逐年减产的药材注意保护与培植。此外，产药区的农业生产社应安排剩余劳动力投入采药副业生产，不影响农业生产情况下，重视药材生产工作。药材主管部门要根据中药材的产量、质量和采挖的难易具体情况，及时地调整药价，并规定一定的地区，以便适应各产药县份的具体情况。

通过这次视察，使我认识了一些坐在办公室了解不到的情况，并深深感到下面做了很多工作，也有很多问题。如果我们能摆脱机关工作，克服文牍主义多到下边走走，既有利于工作，也会使我们头脑清醒，不至于公文泛滥，会议成灾。我希望我们政府工作的厅局委负责同志能有计划有目的地多到下边了解，多和群众接触，多倾听群众意见，是有好处的。

各位代表，文化、教育、卫生、体育工作摊子较大，问题也多，我希望各位代表对这方面工作多加监督和批评。我想只有不断地接受批评，我们才能进步。此外，我个人还负责领导民进工作，问题也不少。也希望各位代表对民进工作多多给予批评。

最后预祝各位代表 1957 年工作胜利！各位代表身体健康！

（原载于《辽宁日报》1956 年 12 月 28 日第 6 版）

省政协会议继续进行大会发言

　　文教界委员和列席代表，对中小学毕业生和安排他们升学、就业、自修等问题热烈发言。车向忱副主席说：学习是为了劳动，新社会应该提倡"万般皆下品，唯有劳动高"。

　　本报记者报道：在昨天（四日）举行的省政协第三次全体会议上，许多委员和列席代表，热烈地发表了关于如何正确教育中小学毕业生和安排他们升学、就业、自修等问题的意见。车向忱副主席说：学习是为了劳动；中小学毕业生要升学是对的，但不应单纯追求升学；单纯追求升学是旧社会"学而优则仕""万般皆下品，唯有读书高"的思想。新社会应该提倡"万般皆下品，唯有劳动高"。无论农村、厂矿和一切企业服务部门的劳动都是建设社会主义所需要的，行行都是光荣的。毕业生的家长，应当首先响应党和政府的号召，根据自己子女的具体情况，正确地指导他们升学和就业。教师们也要以全面负责的精神，教育毕业生服从国家的集体利益。并希望教育厅、局、科和学校的领导，把劳动教育从头到尾贯彻到学生中去。他建议：由现在起，不仅在理论上给中小学学生以劳动教育；而且要使他们参加学校和家庭中的劳动。

（原载于《辽宁日报》1957 年 5 月 5 日第 1 版）

继承和发扬光荣的革命传统

——重访延安

今年3月初，我飞到了向往已久的革命圣地——延安。

这里山雄水旺，景色绮丽。新建的延安大桥，飞架延河的东西。抬首南望，宝塔耸立高山之巅，俯瞰全城。清凉山、宝塔山窑洞栉比，万家灯火时，好似多层的高楼大厦，十分壮观。传说唐代大诗人杜甫曾避安史之乱于此，现今仍保存有"唐左拾遗杜甫祠"遗址。

我们参观了延安革命遗址，主要部分是毛主席和党中央机关住过的朴素无华、茅茨土阶的窑洞。1937年1月，毛主席和党中央机关刚到延安时，住在旧城凤凰山下的石窑洞里。窑洞是租老百姓的，与群众同住一个院子。在主席住的那个窑洞里，西屋是办公室兼卧室，东屋是漱洗间，用具全是杨柳木粗制的桌椅，硬板床，土造的粗布棉被，粗纱蚊帐。毛主席在这里，写出了《论持久战》《实践论》《矛盾论》等经典著作。主席和房东相处得非常好，常和他们一起谈心，征求他们对政府和军队的意见，帮助他们解决生产、生活上的困难。主席的朴素生活和平易近人、和蔼可亲的伟大风格，使他们很受感动。现在，这里还流传着这样一个真实的故事：这家房东的主妇梁书妮看到主席工作时没有一把好椅子，就将自己用的两把椅子送给毛主席用。1938年，主席搬到杨家岭去住，临走时把这把椅子送还了房东。房东把这两把椅子当作宝贝一样保管着，想念毛主席的时候就看看这两把椅子。1947年，胡宗南匪帮进攻延安时，翻箱倒柜，见东西就抢，房东的两把椅子也被抢走了。延安解放后，房东跑遍了敌人在延安住过的地方，终于在敌人的旅部找到了这两把椅子。全家一见到这两把椅子，就像见到毛主席一样，梁书妮老太太抓住半天不放，热泪盈眶地说："毛主席您将敌人赶跑了，我们又能过安生的日子了。"现在这两把椅子存放在延安革命文物纪念馆里，留为永久的纪念。

1938年11月，日本飞机轰炸延安城，毛主席和党中央机关搬到杨家岭。这里有全部墙壁用石头砌的中央大礼堂，十分坚固、朴素而壮观，大门上刻着"中央大礼堂"五个金字，有历史意义的党的第七次代表大会和延安文艺座谈会，都是在这里召开的。现在大礼堂内部仍然按着七大会场原样布置。台前的上端挂着"中国共产党第七次代表大会"的金字红布横匾，两侧的墙壁上挂着"同心同德""坚持真理修正错误"等标语。穿过大堂，再往后走不远是中共中央办公厅的办公楼。办公楼高三层，1941年建成。党中央政治局、书记处会议室和办公室都在第三层。每年春节在这里举行集体祝寿。寿翁是五十岁以上的老同志，其中包括毛主席、朱总司令、徐老（特立）、吴老（玉章）、董老（必武）、林老（伯渠）、马夫、伙夫等人。这证明了上下团结一致的民主气氛。从办公楼的三层楼上出去，经过一座木桥往北走就到了毛主席在杨家岭的住所。毛主席在1938年到1940年秋住在这里期间，写成了《新民主主义论》《中国革命和中国共产党》等著作。在主席住院的对面，是主席的菜地，大约有三四分地。据说当时有些新来到延安的年轻同志，对参加劳动还不习惯。主席听到后，就自己开了一块菜地，有时间就在这里劳动，自己种菜自己吃，有余菜还支援别人。那些对劳动不习惯的同志，见主席还亲自劳动，很受感动。延安的大生产运动，在毛主席的倡导和影响下，很快地开展起来了。

枣园，毛主席和党中央住在这里时，曾改为延园。在这里，我们访问了革命故址陈列室负责人杨成富老同志。他是主席住在这里时的乡长。他说："主席和中央的其他领导同志，每年春节就在这个小礼堂门口接待我们，相互祝贺春节，有时还请我们吃年饭。主席很关心我们的生产和生活，让我们很好地组织起来。记得有一年，主席听说我们乡里有些农民缺麦种，就把他自己的代耕粮，送给了我们。主席穿的衣服和我们一样，也是一补再补。主席习惯夜间办公或写东西，有时我们看到主席住的窑洞里，点的灯一直亮到鸡叫。"杨成富同志最后说，老乡们时时惦念毛主席，枣园产大枣，群众都舍不得吃，把最好的献给毛主席。延安农民们感激党中央和毛主席对待他们的恩情，表示永远记住毛主席赠给他们的锦旗上的指示："发扬革命传统，争取更大光荣。"

王家坪，八路军总部所在地，毛主席在 1947 年由枣园迁到这里。当年 3 月 18 日，胡宗南匪帮进入延安的前一天，主席和党中央机关，就是从这里离开延安的。王家坪的老乡，对八路军总部的绝大多数同志都是非常熟悉的。接待我们的同志说，几乎这里的任何成年人都可以为参观的人提供一些当年情况的宝贵材料。这里的群众告诉我们，1942年和 1943 年前后，边区开展大生产运动时，朱总司令曾在百忙中租种赵成立的三分菜地，从整地、播种、锄草一直到浇水，都是总司令亲自动手的。那时，每天下午吃过晚饭以后，就可以看见总司令穿着一身粗布灰军服，不是在园子里锄草，就是在园子里打水浇地。还有，总司令担着筐，拿着铲子，到王家坪对面的小硅沟一带去捡粪的这件事，至今，还是这里教育年轻一代好好学习，热爱劳动的好材料。

我们还参观了延安革命文物纪念馆。主席写的"实事求是"的石刻，陈列在这里。陈列馆还陈列了当时打击敌人使用的武器，如榆林大炮、鬼头刀、关刀、梭镖以及假机关枪等等。开创陕甘宁边区时，我们的军队和人民群众武装，就是用这样的简单武器打击敌人，逐步壮大起来的。看了以后，增加了我们战胜一切敌人的信心。

在访问延安期间，在县里开会的南泥湾公社党委书记向我们介绍了南泥湾的情况。南泥湾在延安七里铺的沟里。土地异常肥沃，并且有茂密的森林和宽广的荒草原。山林、野花，一簇簇的海棠、栗树、红枫和山楂、木梨，构成了一片多彩而自然的百果林。南泥湾有陕北江南之称。可是，从前这里，在兵荒马乱的年代，成了"绿林豪杰"的驻寨，刘志丹同志来了以后，他们才逐渐匿迹，但是，老百姓跑光了。1942年延安经济情况十分困难，为了解决军队的粮食问题，三五九旅的指战员同志来到了这里，执行党中央提出的"屯田政策"，在"一把镢头一支枪，生产自救保卫党中央"的口号下，开展了大生产运动。做到了"耕一余二、丰衣足食"，大大鼓舞了人民的生产热情。现在，南泥湾成立了人民公社，有六个生产大队，十二个生产队，二百四十一户。

延安作风，无论是过去或现在，我都是羡慕的。二十多年以前，在敌人统治下的西安，我向往延安作风，曾办过一个学校，叫东北竞存中学。学校在地下党的支持和帮助下，为革命事业培养了一些有用的青年。目前，我们国家的经济情况，由于农业遭受连续三年的严重自然灾害，还存在暂时的困难。我们更应该好好学习和发扬光大延安作风，这就是我这次访问延安的目的。经过三天的实地访问，延安作风，留给我极为深刻的印象。延安作风的内容，主要是"实事求是"和"发奋图强、自力更生"的革命精神。过去，延安人民，在党中央和毛主席的领导下，就是依靠这些力量打败强于我们几十倍的蒋介石武装力量，战胜了经济上的困难。当然，今天我们也能够用延安作风，来武装我们自己，战胜摆在我们面前的一切困难和敌人。

　　这次访问延安，对我说来，确实受了一次深刻的教育，进一步提高觉悟，增强了战胜困难的信心，对党和毛主席更加热爱了。同时，我希望青年同志们，积极学习延安作风，努力学习，做好自己本岗位的工作。并且不要忘记过去，继承和发扬老一辈的光荣的革命传统。常以革命的名义想想过去，要记住：忘记了过去，就意味着背叛。

（原载于《辽宁日报》1962 年 7 月 13 日第 3 版，原题为《访延安》）

学习延安作风

——在沈阳师院的一次讲话

　　这次从西北参观学习回来，学院的领导让我来这里作个报告，我想就谈谈学习延安作风的问题。

　　九一八事变后，1935年我在西安创办了一个东北竞存学校，先是小学，后来增设了初中、高中，这个学校办在西安的一所破庙（湘子庙）里，专门招收失家又失学的东北流亡儿童。当时的教师有东北的，也有西北的，大多数都是中共地下党的同志，如陈放、宋黎、李维周等。他们积极支持学校的工作，我利用学校替他们做掩护。国民党特务说我袒护共产党，我说，我不认识谁是共产党，我只知道抗日的就是好人，不抗日就是帮助敌人。当时，学校的条件是很差的，困难很多，时常还有特务来捣乱破坏。有一次冯文彬同志来我们这里开会，突然国民党特务来了，我打开后门，他就跑出去了。那时，西安被日寇的飞机轰炸得很厉害，不得已，我们迁校到凤翔县。在凤翔，学校还是借用两座破庙，火神庙和皇庙。过冬，学生没有棉衣穿，我就向东北军募捐；没有饭吃，我们就组织师生上山开荒种地。国民党特务说学校是八路作风，我说，我不知道谁是八路。我为学校提出的校训是：团结、创造、艰苦、奋斗。我们团结了东北流亡的孩子们，教育他们打回老家去。中共地下党员张寒晖同志担任学校的教务主任，他编写的"流亡三部曲"中的第一部《在松花江上》和《东北竞存的校歌》，是师生们经常好唱的歌曲。学校自己造纸、养猪，一切自己动手。每一棵大树下面立一块黑板，就是教室，学生就在那里上课。渴了喝的就是河边的长流水。国民党特务时常去学校捕先生、抓学生，我就去保他们出来。有的先生、学生实在待不住了，就去找西安八路军办事处。我也是这样，有困难没办法了，就化装去找八路军办事处。八路军办事处对学校大力支持，不仅有人力、物力上的帮助（每月秘密补助 300 元），更重要的是思想上的帮助。我时常从八路军办事处带回毛主席的著作，进步学生便如饥似渴地偷着学习。在这种影响下，当时的许多学生毕业后便偷偷越过国民党的封锁线，奔赴革命的圣地延安。去延安学习或参加八路军的，当时，有一百多名学生。国民党特务们发现了，就来找我。我说，你们有封锁线他们还能过去，那是你们的问题。在中共地下党的秘密支持下，东北竞存学校坚持了十年，同时，也和国民党特务斗争了十年。

这次去西北参观，在西北就遇到了三十多名竞存毕业生。他们都进步得很快，绝大多数都入了党，有的担任了团省委书记、公安厅副厅长等，有的成了作家。现在回想起来，当时的条件很差，学校很穷，但学习了延安作风（当时叫八路军作风），也能培养出好学生。

1945 年"九三"胜利后，我在地下党的帮助下，秘密化装偷渡了国民党的封锁线去到了延安。在延安我看到了许多竞存的毕业生，大家都有说不完的感想。伟大领袖毛主席在百忙中还接见了我，和我亲切地交谈，这是我一生最难忘的。

当时，我去延安是骑毛驴走了八天，这次去延安参观，乘飞机只用了一个半小时就到了。在延安我参观了毛主席住过的窑洞（现在都成了展览馆）。有一次飞机在毛主席的窑洞附近丢下炸弹，警卫员捡了块炸弹皮给毛主席看，主席看了看说："好啊！用它打两把菜刀吧。"如今，菜刀就陈列在那里。主席当年的住房很简单，桌子、椅子都是杨木做的。毛主席就在煤油灯下，为中国革命写出了许多的光辉著作。在枣园，朱德同志住过的地方还陈列着朱德的扁担、筐绳。杨家岭有毛主席亲自种过的地。毛主席亲手栽种的槐树结了籽，这次我带回了槐树种籽。还有延安的火柴，都是自己制造，自力更生。延河大桥现在也修建起来了。这次，我还参观了白求恩大夫住过的窑洞。我还观看了我当年住过的地方，由于群众自己动手，迅速恢复了战争的创伤，现在也都丰衣足食了。国民党反动派一直想要消灭共产党，结果是他们自己被消灭了。这一切都说明，马列主义是不可抗拒的。

我在西北还建议过，要把延安的材料拿到辽宁来展览展览。中央号召我们要克服困难，战胜困难。我们应该多估计一点困难，不要幻想明日早晨起来满园花开。要实事求是地对待困难，免得失望。

这次在北京召开的人民代表大会上，周总理讲到国际形势大好，东风继续压倒西风，很令人高兴。在国内来说，我们的工作出现了一点缺点错误，但成绩还是主要的。就拿我们现在的北陵来说，过去我是很熟悉的，解放前的高等学校就只有一所东北大学，可现在不同了，高等学校很多了。在工农业生产方面，比解放前更是成倍地增长，这是无法否认的。

关于知识分子问题，现在摘掉了资产阶级知识分子的帽子，大家的反应也不一样。有人说，头轻肩重，腰挺脚软，加冕——劳动人民的知识分子。这个突变是经过了十二年，过了好多关的。现在，绝大多数人的思想觉悟都提高了，是劳动人民的知识分子了，但是，如何使形式和内容更加符合起来，也不容易。我们还是要向工人、农民学习，要符合这个冕，不要认为摘了帽子就不用改造了。周总理说，活到老，学到老，改造到老。党是很注意、很关怀我们的，我们不要辜负了。

"红"与"专"的问题，现在应该好好地"专"，是"专"的时候，要大胆放手地"专"。但是，也有一个条件，就是要拥护党和社会主义，要按照这个方向才能"专"出成绩来。"红"与"专"本来是统一体，我们应该大胆地"专"，应该搞尖端。我们也不能老在地球上，也要上天。

去西北这次参观，使我重新学习了延安作风——艰苦朴素。延安的同志们把党的优良传统和作风继承和保持下来了。我们大家都要学习延安作风，领导和老师们更要以身作则。我们要很好地学习这次人大会议的精神，使延安作风更加发扬、光大。

1962 年 5 月 23 日

（原载于沈阳师院《教育论文专辑》，1979 年 7 月）

高中毕业生升学比率有多大
政府对群众办学采取什么态度

——车副省长答记者问

6月14日，记者就高中毕业生升学就业和群众办学等问题走访车向忱副省长，承其答复如下：

问：听说高中毕业生的升学比率不是百分之八十，而是百分之五十，不知是否确实，其原因何在？如果是，应该怎样向学生解释？

答：确实如此。其原因是教育厅曾对今年全省高中毕业生升学率做过估计，认为百分之八十毕业生可以升学。当时国家计划并未下达，省教育厅对国家有关这方面的情况了解不够，整个估计错了。现在全国高等学校招生计划已基本确定，根据我们掌握的高中毕业生的数字并考虑到社会青年和机关干部可能报考高等学校的人数，估计今年高中毕业生升学率大体上将达到百分之五十左右。我认为这个估计是接近实际的。这就有相当数量的高中毕业生不能升学，各学校应向他们进行劳动教育，以便在不能升学深造时参加各种劳动，特别是农业劳动，另外也可组织自学。各学校一直放松了这一工作，目前应该特别加强。

问：我省有些高中今年招收新生人数将比毕业人数少，这是否冒退？教育部门是如何计划的？

答：从第一个五年计划开始，除 1956 年多招收了一些学生以外，总的看来，全省高中招生人数是逐年增加的。

1953 年招生：9 700 人；1954 年招生：13 700 人；1955 年招生：15 900 人；1956 年招生：22 800 人；1957 年计划招生：17 000～18 000 人。

1957 年比 1956 年招生人数减少了一些，但是较 1955 年还是增加了。1956 年初中毕业生升学率高，一是高中招生数有些偏高，一是外省来招了一部分，我省中等专业学校也招了一批新生。今年外省自己有学生，不来招了，中等专业今年从所属部门编余的职工中招收新生，不招初中毕业生。今年不是贸退，是根据各方面情况订的计划，是积极的、稳妥的。那么，今年能不能招收更多的学生呢？不能的。一是国家教育经费不足；二是缺乏师资。如果不顾上述条件，贸然发展，将难以保证教育质量！至于有些高中毕业班次多，招收的班次少，那是为了高中分布比较合理，便于学生就近上学，总的数字还是没减。

问：政府对群众办学采取什么态度？过去我省教育部门在这个问题上存在哪些缺点？今后怎么办？

答：我省群众是有办学积极性和办学习惯的。1952 年以前全省有很多民办小学，而且有些学校办得很好。但是政府对这些学校的领导是非常不够的。当时我们想深入地总结群众办学的经验，相反地只看到部分民办学校中存在的问题把所有民办学校接收为公办，因而挫伤了群众办学的积极性。

从 1953 年接收民办之后，我们消极地贯彻执行民办方针。不仅没有提倡，甚至加以限制。有些地方的群众已经把师资经费准备好了，向政府提出申请，我们还是不允许办学，所以目前我省民办学校，特别是民办小学很少。教育行政部门在民办学校问题上存在着过于要求正规的不现实的态度。也有怕群众办学办不下去政府怕背包袱的思想顾虑，这些思想都影响我省民办学校的发展。这是教育部门在贯彻群众办学方针上的较为严重的错误，这个错误加深了我省教育事业发展和群众学习文化需要的矛盾。中、小学是地方性和群众性事业，我国地广人多，经济落后，中、小学教育不可能完全由国家包下来，当前必须采取多种多样的办学形式，如民办小学、初中和各种类型的补习学校。这样才能进一步解决儿童入学和升学的要求。因此，今后必须大力提倡群众办学，动员城市居民和工矿企业、机关、团体、院校、合作社等单位的员工办学。特别要积极教育群众办中学或小学。我们今后要坚决贯彻这一方针，不再动摇。

当然，提倡和鼓励群众办学，必须根据群众的需要、自愿和可能的原则，来集资兴办学校。集资的办法，主要是采取谁上学谁拿钱的办法，但这些都应由办学委员会或董事会和群众研究确定，政府不加干涉。学校管理、聘请教师等问题都应当由群众自己考虑。不要强求正规，要根据可能和需要，因陋就简、因地制宜办各种类型的学校。

（原载于《辽宁日报》1957 年 6 月 18 日第 1 版）

要重视家庭教育

前 言

在社会主义建设总路线的光辉照耀下，我的斗志昂扬，意气风发，鼓足了革命干劲，把我几年来的教育理想"重视家庭教育"小册子，毅然拿出来，陆续刊登，作为"七一"前向党献礼。并希望读者同志多提修改意见。

1958 年 6 月 10 日

在反动统治时代，妇女和儿童向来都不被重视，孩子在家庭和在社会上都没有地位。父母高兴时把孩子看成"小宝贝"；一不高兴，或者孩子淘气时就把孩子看成"活冤家"。剥削阶级使他们的孩子从小就轻视劳动、看不起劳动人民。广大的受剥削的工农大众经常无衣无食，过着痛苦的生活，再加上文化上的落后，家庭教育也是谈不到的。

新中国成立以来，全国人民在共产党和毛主席的领导下，在各方面都取得了巨大成就。1954 年通过的我国宪法九十六条中还明文规定："婚姻、家庭、母亲和儿童受国家的保护。"几年来，学校教育有了空前的发展；农村和厂矿有了托儿所、幼儿园；城市里为儿童建立了愈来愈多的少年宫、儿童电影院、剧院、医院、玩具店等。党为了肃清反动思想对儿童的影响，在全国范围内开展了反对资产阶级思想腐蚀青少年的运动，打击了流氓，取缔了黄色书刊。1954 年 11 月 28 日《人民日报》发表过社论"家长对子女道德教育的责任"，全国报刊上也不断刊载过有关家庭教育方面的报道和文章。

党和政府为什么这样关心儿童呢？道理很明显，儿童是国家的未来，是老一辈的接班人。他们不仅担负着建设社会主义，而且还担负着建设共产主义的光荣而伟大的任务。

我国是一个有六亿人口的大国，全国儿童的数量约在一亿二千万上下。即使学龄儿童全部入学，每天在学校学习的时间也不过五六小时，其他时间不是在家里，就是在街道上或公共娱乐场所。因此，如果不注意家庭教育和社会教育，不仅容易荒废学业，而且还可能受到各种旧社会残余思想的侵蚀。例如全国闻名的马小彦就是很好的典型，如果没有党和政府大力加以教育改造，很可能堕落到底。苏联一位工程师、经济学家在"审判后的谈话"中说："要是我可以向一切做父母的讲几句话，那我只有对他们说，假使你们不愿意将来悲伤———那就不要忽视你们孩子的任何极细小的行为。不要因为自己爱孩子就变成瞎子和聋子。这就是我，一个儿子成了罪犯的父亲对你们要说的话！"

我从事多年教育工作，深深体会到凡是家长注意家庭教育的，孩子入学后进步就快；不注意家庭教育的，孩子的进步就慢。拿辽宁省实验中学为例，几年来他们经常召开小型的家长会议，与家长交谈学生生活情况，研究教育方法；与家长达到思想一致，因而取得了一些成绩。

为了教育新一代，国家已投入了很多的人力和物力，不少家长逐渐注意了对子女的教育，但是不重视子女教育或不懂教育子女的家长还是不少的。因此，我们希望做父母的人，要尽到自己对国家对社会的神圣职责，拿出一定的时间教育孩子；我们要在社会主义建设总路线的光辉照耀下，把孩子培养成为真正有社会主义觉悟、有文化的劳动者，并能很好地继承老一辈的事业，担负起建设社会主义和共产主义的伟大任务。

（原载于《辽宁日报》1958 年 6 月 26 日第 3 版）

全国体育界积极行动起来
苦战两年改变我省体育运动面貌

在我们祖国社会主义经济建设以千里飞跃发展的时候，人民的体育运动也必须以排山倒海乘风破浪的雄姿，大踏步向前跃进。几年来我省的体育运动已经取得了很大的成就。目前已有百万人参加广播体操活动，96万人参加各级劳卫制锻炼，40多万人组成了四万余个各项运动队，从事经常的各项体育锻炼，举办了各级竞赛活动达四万多次，有350多万人参加了比赛，大大地提高了各项运动成绩水平。仅三年期间，就有85人次破34项次全国田径、自行车最高纪录，有800多人次破180余项次全省最高纪录。现在全省已有等级运动员6600余名（其中健将13名），等级裁判员4000余名。尽管如此，我们绝不能满足已有的成绩，必须鼓足革命干劲，以比先进，学先进，赶先进的精神，把我省全民的体育运动推向全国跃进，为社会主义建设的广大劳动者，创造健康益寿的物质基础，使我国体育运动成绩在十年内赶上世界水平。为达到此目的，我们必须苦战两年，迅速改变我省体育运动的面貌，力争做到厂矿、企业、机关、学校人人参加体育活动，加紧锻炼身体（多样化体育活动，广播体操、登山、旅行等），其中厂矿机关要有百分之十参加各级劳卫制锻炼，大中学校要求全部参加劳卫制锻炼，农村在保证不影响农业生产的情况下，做到乡乡有活动，社社有比赛。两年内要举办各级竞赛会十万次，培养等级运动员四万人，等级裁判员一万人，坚决争取在1959年全国运动大会中获得团体总分前三名，并在篮球、足球、排球、乒乓球、射击自行车等六个项目上接近世界水平。任务是艰巨的、繁重的，而且也是光荣的，但我们有信心地坚决完成。因为我们有党的坚强领导和无比的社会主义优越制度。而体育运动是一项群众性的工作，单靠领导是不行的，必须充分发动群众，依靠群众，为此我向体育界提出：

1. 各级体育组织必须深入群众，掌握情况，科学地制定跃进规划，并积极会同工会、青年团等有关部门，加强对运动员的政治思想教育，不断提高其社会主义觉悟。

2. 广大体育工作者要积极钻研，虚心学习，更快地使自己成为又红又专的体育建设人才，同时还要经常地、有计划地指导群众性体育运动的开展。

3. 全体运动员要顽强勇敢、勤学苦练、戒骄戒躁，订出个人运动成绩的跃进规划，不断提高运动技术水平，为创造更多更好的运动成绩而奋斗。

4. 体育运动工作，还必须贯彻勤俭建国的方针，以不花钱，少花钱，办好体育事业的干劲，使我省体育运动跃进再跃进。

除要求全省体育界应积极行动起来，鼓足革命干劲，促进全省体育跃进外，我还代表辽宁省体育界向北京、上海、江苏等兄弟省市挑战。

（原载于《辽宁日报》1958年3月5日第3版）

党的教育方针的伟大胜利

各位代表：

我完全拥护黄省长代表省人民委员会作的政府工作报告，和刘蓬、郭巩两位同志的工作报告，并在工作中积极贯彻执行。

教育事业大发展　教育质量大提高

我省十年来的各项社会主义建设事业，同全国各地一样有了很大的跃进，工农业生产取得了辉煌成就。在党的社会主义总路线光辉照耀下，在党的"教育为工人阶级政治服务，教育与生产劳动相结合，教育必须由党来领导"和"两条腿走路"的方针指导下，随着工农业生产大跃进和人民公社的巩固提高，1959年我省的教育事业又出现了大发展的跃进局面。如果把建国十年来和十年前的学校教育简单做个对比，就可以鲜明地看出两种完全相反的社会制度的鲜明对比："九一八"前，全省只有大学4所，学生一千六七百人；中等专业学校5所，学生346人；师范31所，学生6 227人；中学93所，学生18 736人。现在全省有高等学校57所，是"九一八"前的14倍；中等专业学校213所，是"九一八"前的42倍；师范学校50所，是"九一八"前的一倍多（学生比"九一八"前增加 22 868 人）；中学（包括农业中学）2 202 所，是"九一八"前的 23 倍；小学（包括工厂企业与社办民办小学）12 192 所，是"九一八"前的 20 倍。学龄儿童入学率已达 90.57%，基本上普及了小学教育。幼儿园 8 974 所，入园儿童 473 601 人。在发展全日制、半日制学校的同时，积极开展了扫盲运动和业余教育，参加扫盲学习的青壮年现达 160 万人，占全省青壮年文盲总数的 70%以上，业余小学达 340 万人，业余中学达 87 万人，业余高中及中专学生达 117 万人。

看来教育事业的伟大成绩是党的教育方针的胜利，这个发展速度真是一天等于二十年了。那些右倾机会主义分子还敢否认事实吗？随着教育事业的发展和学校网的合理分布，目前我省已形成了：多数市有各种高等学校，各市都有中等专业学校，县县有高中，社社有初中（包括农业中学），队队有小学、幼儿园和托儿所，处处有业余学校的教育网。

还有一点，值得特别提出，是贯彻了教育向工农开门的方针，工农成分的学生在逐年增加。1959 年高等学校工农成分学生达 33 664 人，比 1949 年增 41.17%；中等专业学校工农成分学生达 65 234 人，比 1949 年增 44.33%；师范学校工农成分学生达 19355 人，比 1949 年增 26.73%；中学（包括农业中学）工农成分学生达 69 9701 人，比 1949 年增 17.35%。

概括起来说，过去学校教育是为少数剥削阶级服务的，今天则是为广大工农劳动人民服务的；过去学校教育是脱离生产、脱离实际的，今天则是教育与生产劳动相结合、理论密切联系实际的；过去学校教育是龟步不前，奄奄一息的，今天则是跃进、再跃进，朝气蓬勃。

所有这一切都说明了十年来我省的教育事业在党的领导下，不仅在数量上和性质上发生了根本的变化，而且在发展速度上、规模上也是任何历史年代和任何资本主义国家所梦想不到的。这样巨大的发展，不是轻易得来的，这是我们党和伟大的人民领袖毛主席的英明领导，也是由于党的教育方针的正确指导，放出了万丈光芒。

我省的教育事业，不仅在数量上有了巨大的发展，而且在质量上也有显著的提高。一年来，我们认真地贯彻了党的教育方针，因之，取得了巨大的成果。从大量的生动的事实看出，教育、教学质量是全面提高了。热爱党、热爱毛主席，人心向党，党指向哪里，就到哪里。劳动观点和集体主义观点有显著增强。广大师生在劳动中得到了锻炼，提高了思想。过去怕脏怕累，现在有的老师看到猪崽子冷，就把秋衣脱下来给它盖上；有的学生下乡买小猪，用自己午饭钱给猪买白菜吃，自己却饿着肚子走回学校。此外，像拾金不昧，敬老扶幼，团结互助，爱护公共财产等共产主义道德品质的事例更是层出不穷了。

在教育与生产劳动相结合的方针指导下，各校都有计划地安排了工农业各项生产任务，同时绝大多数学校均建立了生产劳动基地，为教学与劳动相结合起了一定的作用，也供应了所在地工农业生产部分产品。凌源的农业中学共种土地 628 亩，养猪 31 头，养鸡 114 只。由于他们贯彻了农业"八字宪法"，大搞试验田，把先进的科学技术和实际结合起来，各校的农场都获得了丰收。宋杖子农业中学试验的谷子，亩产 650 斤，马铃薯亩产 5 640 斤，都超过了公社的最高产量。小学生在这方面也有成绩。如锦州铁路职工子弟第三小学的农业园地，由于贯彻了农业"八字宪法"，南瓜获得了高产，有的重 39 斤，现陈列在锦州技术馆内展览。营口县黄土岭小学种的高粱亩产 1 433 斤，苞米亩产 1 493 斤。

在这样的劳动中，一方面结合了教学，使学生得到了各种生产知识和生产技能。比如我去年到辽海一带了解到这样几件事：辽阳二高中，数学教师领学生到弓长岭铁矿去劳动，但他不会计算土石方工程，虽把三角、几何书拿出翻阅公式，终未算出结果。然而有位没文化的老矿工，用简单算法求出了工程量，师生服气工人的伟大。他们从此和工人们的关系更加密切了。还有的中学教师经常教学生如何使用压力机、计算尺，但一遇到实际问题，就不会用了。类似例子很多。但都经过实践，经过向工人学习，而得到了教益。因而也纠正了读死书的书呆子风气。我到沈阳市三中看了两次，它是个女子中学，但是正确地执行了党的教育方针，在去年大炼钢铁的基础上，制造出龙门倒床、牛头刨床、和摇臂式钻床，以及其他成品和部件。这个女中对教学和劳动安排得很好。在我问到正在劳动的学生时，她们都以轻松而愉快的心情答复：经过劳动对课程容易理解了，学过的记得牢实了，同时身体也健壮了，闹病的也少了，等等。这就把致学联系实践的重要性，做了证实，同时对如何获得丰富的教学内容也得到启示。这样更能使学生得到锻炼，正如我们常说："炉内炼钢，炉外炼人"，其意义是深远的。把学生过去存在的：怕脏怕累，认为劳动可耻，认为与工农劳动人民在一起降低身份等资产阶级思想，得到了转变。学生真的体会到劳动光荣，并养成了劳动习惯，同工农群众的关系也密切了。

教育与生产劳动相结合，理论与实践相结合，大大提高了学生的知识质量。学生知识领域扩展了，解决问题的能力提高了。如东北工学院就有3 500多名师生支援了全国15个省、市、自治区和六个中央直属企业的钢铁、采矿、机械、电器等工业方面209项设计任务。大连工学院对弹性平面多通问题，沈阳农学院对王瓜双霉病的防治等问题的研究，都收到了极大的效果。学生通过劳动不仅写作能力有显著提高。道德品质、思想觉悟也有很大提高，学校的纪律与之前比也大有进步。这些都因为在实际劳动中和工农群众有了接触往来，受到了莫大的教育的结果。教师也由于和学生共同劳动，从实际劳动中得到思想改造，并丰富了教材内容和教学的思想性。在教学相长之下，教育质量有很大的提高。

所有这些，完全说明了学生在德育、智育、体育等几个方面，都获得了全面发展。这证明了党的鼓足干劲、力争上游、多快好省地建设社会主义总路线完全正确，证明了党的教育为无产阶级政治服务，教育与劳动相结合的教育方针完全正确。

体育事业大跃进

现在我再讲一下体育工作方面的情况：

我国体育事业在党的领导下，也取得了大跃进的胜利。为了庆祝建国十周年，召开了中华人民共和国第一届体育运动大会，这次大会是在党中央和毛主席的亲切关怀下举行的。这次全运会以它浩大的声势和辉煌的成就，庆祝了建国十周年，并取得了空前的成绩，涌现出大批的优秀运动员。如17岁的乒乓球新手李富荣，击败了世界冠军的容国团。许多老将败给新手，这种后浪追前浪的形势和全运会的大面积丰收，是党的总路线在体育事业上的伟大胜利。

我省体育运动在省委和省人委以及各地党委的直接领导下也取得很大的成绩。我省400多名优秀男女运动员参加全运会的29个比赛和表演项目中，获得四个单项冠军，获得二项总分第二，获得三项总分第三，获得三项总分第四，获得一项总分第五，获得三项总分第六，五项总分第七和五项总分第八。11月全国在武汉召开的田径运动会，我省田径运动员有很大的提高，计得四个第一，总分第三。总的来说还是上游，但距我们的理想还有些距离，所以我们必须努力；追赶先进的技术水平，提高成绩。用这种提高去指导普及，这也就执行了普及与提高相结合的体育方针。

我省一年来开展群众性多样化体育运动有很大发展。在工厂、企业、学校和广大农村都开展了很活跃的各项体育活动，到目前为止，全省建立基层体育协会3200多个，参加体育锻炼的人约达800万，有320

多万通过了劳卫制各级标准，出现运动健将 86 人，等级运动员 115 万余人，培养业余数练员 7 200 多人，建立青少年业余体校 1 700 多所，学生达 68 000 多人。这些成就，对我们今后大力开展体育运动打下了稳固基础。

省委对我省体育非常重视，这是取得上述成绩的主要原因。如专门发指示和利用会议机会讲，要求各级党委加强对体育工作的重视和领导，并号召全省人民"每人每天参加十分钟体育锻炼，为社会主义建设多工作十年"的口号，这一号召发出后受到了全省 2400 万人民的拥护，并积极地参加了体育锻炼。由此可见，任何事业都离不开党的领导；离开就会迷失方向。体育事业也是如此。

1958 年以来，我省许多厂矿、企业和农村人民公社，围绕生产开展了各项体育活动，收到了良好的效果。据调查：北票县龙潭生产队的 18 名妇女，在 1957 年只有四人参加体育锻炼，只有一人是一级劳动力，有 11 人是二级劳动力，有一人能做一般活，有七人是体弱多病的。她们全年共做 950 个劳动日。自从 1958 年参加体育活动以来，不但有八人达到三级运动员水平，而且全部达到一级劳动力，今年到 7 月时，共做了 2 100 个劳动日，比 1958 年提高了 100.9%。工厂、企业等有很多类似的例子。北票 13 个公社，就有十个公社坚持常年体育锻炼，对于推动生产起相当大的作用。

最近了解到旅大、沈阳、抚顺、本溪、鞍山、安东等市，都先后布置了开展冬季体育活动，打破了体育的冬眠状态。有的市注意到开展业余青少年体育学校，开展经常性的各项运动，这是很好的。这符合总路线多快好省的精神，凡有条件就应该办，并加强这项工作。

1960 年我省的教育、体育工作任务是繁重的，必须进一步贯彻党的社会主义总路线和党的教育和体育的方针，争取明年工作跃进、再跃进！

我省的教育、体育事业，同各项事业一样，都遵照党所指示的方向，走上了光辉灿烂的道路，形势无限美好，前途无限光明。这一切，都应归功于党的领导，归功于广大劳动群众的热情支持，和具体工作的同志们的努力。让我们继续深入贯彻党的八届八中全会精神，为提高教学质量和人民健康水平，实现各项工作继续跃进而努力。

知识分子应继续加强思想改造

我再讲一下文教体育部门关于知识分子的思想改造工作。

几年来我们知识分子在党的关怀教育下，政治思想水平有了很大的提高，对一般政治、经济、社会等方面问题的认识也较前正确些。但是绝不能放松和忽视知识分子的思想改造的长期性和艰巨、复杂性，也不能满足仅有的进步，更不能厌倦改造。我们学习了党的八届八中全会决议文件和有关文件，深深了解到确立无产阶级革命人生观不是件简单事。……我们文教界、科学技术界、民主党派和知识界的同志们，必须明确认识，像黄省长报告中提到的："必须坚持政治挂帅，坚决依靠党的领导，加强政治思想工作，所有这些部门的知识分子都必须继续进行思想改造工作，彻底肃清资产阶级思想影响，保证文教科学事业继续跃进"的重要意义。只有端正好立场思想，才能反掉右倾；只有端正工作态度，才能鼓足干劲。也只有这样才能在胜利的 1959 年基础上，意气风发地斗志昂扬地把 1960 年的各项工作推向新的高潮。

最后祝我们各位代表和我省人民，共同在新的即将来临的 1960 年中，在党的领导下为实现继续大跃进而努力奋斗吧！

（原载于《辽宁日报》1959 年 12 月 25 日第 5 版）

回忆五四运动

　　五四运动发生在 1919 年，到现在已经 41 年了。在纪念这个有历史意义的日子里，我愿意把我参加这个运动的一段和这个运动给我留下的印象，给青年同志们谈谈。

　　1919 年 1 月在巴黎召开的有名的分赃会议——"和平大会"上，当时中国政府代表在全国人民压力下在会上提出了废除"二十一条"和收复山东权益的要求。但由于帝国主义之间为瓜分中国而相互勾结和北京政府的媚外卖国政策，合理的要求均被拒绝了。

　　这一消息传到中国后，激怒了全国人民，特是当时中国的先进分子就像火山一样地爆发了反对帝国主义和封建势力的革命运动。在"五四"那天，我正在大学上课的时候，忽然听到同学们怒吼着：我们要参加打倒卖国贼的示威游行啊！我的心情也当即激动起来，挺身而出，列队奔赴天安门前集合，不多时，共集来大中学生四千多人，高呼"打倒卖国贼""拒绝合约签字""废除二十一条""誓死争回青岛""抵制日货""惩办卖国贼"等口号。但北京政府不仅拒绝爱国青年学生的正义要求，还派出大批军警进行镇压，这更激怒了示威的群众，学生们便涌向东城赵家楼（曹宅），当时曹贼已逃，抓住了章宗祥（驻日公使）被痛打个狗血喷头。同学们的怒火高涨，于是又把赵家楼焚毁，烟火冲天，北洋军阀派军警骑兵望烟赶到，把同学们捕走三十二人。这真是火上浇油，学生们愤怒已极，次日全北京学生掀起了总罢课，表示反抗。成立学生联合会，发通电、散传单，我参加了讲演团，展开了大规模的街头宣传，运动蓬勃地发展起来。自此（6月3日）以后，天津、上海、湖南、南京、武汉、保定、济南和东北等地工人、学生、商人都纷纷罢工、罢课、罢市，举行示威游行，形成全国性反帝、反封建的爱国运动高潮。这次运动因为工人阶级的参加获得了新的强大的力量。全国性的罢工、罢课和罢市震撼了反动的北京政府，它终于被迫让步，释放了被捕学生，撤销了曹汝霖（当时交通总长）、陆宗舆（币制局总裁）、章宗祥三个卖国贼的职务，并拒绝了在巴黎和会上签字。

五四运动的伟大意义是使中国革命从此走上了新民主主义的道路，使中国革命与世界风起云涌的无产阶级革命联系在一起，成为无产阶级世界革命的一部分。

五四运动为什么能产生这样的伟大历史意义呢？这不是一件偶然的事情，这是由于1917年苏联的一声炮响给中国送来了马列主义，是在伟大的十月社会主义革命的影响下，特别是当时中国的先进知识分子接受了马克思、列宁主义，看到了自己民族的前途，决心走俄国人民的道路，和在第一次世界大战中迅速成长起来的中国工人阶级正好是马列主义传播的阶级基础。所以才有如毛主席所说的，"这就是中国工人阶级与学生群众和新兴的民族资产阶级所组成的阵营"进行胜利斗争的结果。

由1919年到现在，人们一直热烈地纪念着"五四"。四十一年来的经验告诉我们：只有彻底地肃清帝国主义和封建主义在中国的统治势力，中国才能摆脱半封建半殖民地的悲惨境地；只有在无产阶级及其政党——中国共产党的领导下，中国人民才能够完成新民主主义革命，并且继续革命推进到社会主义的新阶段。

今天我们祖国已经进入了建设社会主义的新时期。进入了农业和全国各项社会主义建设事业全面大跃进的新时期。我们举国一致的奋斗目标就是把我国建成一个具有现代工业、现代工农业和现代科学文化的伟大的社会主义国家。随着经济建设高潮的到来特别是大跃进以来，我国已经出现了文化建设的高潮。这——比"五四"时代更加广泛、更加深刻的文化革命要求我们高举党的总路线、大跃进、人民公社三面红旗"多快好省"地发展文化科学事业，使其适应社会主义建设的需要。我国的知识界都在为适应这个需要而努力奋斗。我希望我省的知识分子，都能够很好地学习马列主义、毛泽东思想；坚决反对资产阶级思想，树立无产阶级思想；反对个人主义思想，树立集体主义思想；为了不被历史车轮抛到时代的后面去，就必须不断地提高觉悟，改造思想，经常站在时代的最前列，把自己锻炼成为又红又专的无产阶级知识分子，永远充当一个彻底的革命派。为社会主义建设贡献出最大的力量。广大青年学生，同样要鼓足干劲，做到德、智、体全面发展，明确学习是为了建设社会主义和共产主义社会，因此随时都要听祖国需要的呼唤。

在纪念五四运动的时候，我们不能忘记美帝还侵占着我国的领土台湾，和不断侵犯我国领海和领空并做种种假和平真备战的活动。这就告诉我们反对帝国主义侵略的斗争还没有停止，我们还必须为解放我们的台湾，统一祖国的大业做出贡献来。因此我们要加强以苏联为首社会主义阵营的团结和合作；对亚洲、非洲和拉丁美洲为不断反对帝国主义争取独立、自由的人们和最近在美帝国主义脚下爆发的南朝鲜、土耳其反帝爱国正义争的人们，我们都应给予莫大的同情和支持。

最后，我愿借纪念"五四"中国青年节这个机会，向我省广大青年致以节日的祝贺。我省青年同全国青年一样，都是我国社会主义建设中最积极、最活跃、最有生气的力量。生长在伟大的毛泽东时代的青年是幸福的，党和国家为你们开辟了无限美好的前程，祝你们在祖国的建设事业中，最大限度地发出青春的光和热。让我们高举毛泽东思想红旗，奋勇前进。

（原载于《辽宁日报》1960 年 5 月 4 日第 3 版）

关于东北教育工作的意见

——在东北行政委员会第二十四次会议上的发言

我感觉到东北的教育，无论是大学、中小学，还是各种训练班，前途都是远大的。

在九一八事变以前，东北的教育就很发达，辽宁省的教育占全国的第二位。当时，辽宁三十几个县就有三百六十多所中学，一万两千多所小学。辽阳一县就有十一所中学。吉林省比辽宁少一倍，黑龙江又比吉林少一倍。全东北总共有一万两千多所中学。陕西省九十几个县，到"八一五"前，才仅有七十所中学。这说明，在过去，东北的教育还是非常发达的。

东北人民很重视教育，这也是有历史原因的。东北地区原来也是比较落后的，清朝中期以来，从直、鲁、豫来了大批的移民（大多数是灾民），才把荒凉的土地开发起来。东北人民对于新的东西比较容易接受，旧的封建的传统观念并不太深。东北的物产丰富，人民的生活比较富裕，对于文化教育方面的渴望也是比较强烈的。九一八事变后，东北沦为日本帝国主义的殖民地，东北的文化教育落后了，再加上国民党的欺骗宣传，广大青年的头脑中滋长了盲目正统观念。但从整体上来看，这种盲目正统观念也是不难解决的。

我创办哈尔滨大学一年来的经验证明，广大青年头脑中的盲目正统观念是可以粉碎的。我们采取的方法如下：

第一，结合形势，有针对性地作大报告，组织各种辩论会。如请陈先舟同志作了国共两党问题的报告后，还组织了同学们的辩论会。有的学生说："共产党是舶来品。"进步的学生便说："三民主义是真正的舶来品，三民主义的民有、民治等，都是外国的东西凑成的。中国的历史证明，共产主义、共产党是能够救中国的。"经过热烈地讨论、辩论，同学们都受到很大的启发和教育。

第二，组织学生下乡，参加土改。去年，组织哈大的学生.到大嘎哈去参加土改工作，下乡去的时候，同学们不愿意去；在农村受到了深刻的阶级斗争的教育，回来的时候，同学们又不愿意回来。这说明，思想、感情已经发生了变化。

第三，组织战地参观。去年，在长春，我曾带领着一批学生和市民，去四平前线慰问、参观，大家都受到很大的教育和鼓舞，提高了对民主联军和共产党的认识。

第四，参加各种社会服务活动。今年纪念"五四"，大家都热烈地参加大会，开展宣传活动。4月18日有庙会，哈大医学系的同学们到庙会向青年妇女和老太婆们宣讲怎样生娃娃，女学生们敲着大锣进行宣传，毫不羞怯。同学们用所学的知识为群众服务，自己的收获也很大。

第五，做好战争形势的宣传工作。战争的胜利，转变了人们的思想，消灭了正统观念。这次四下江南的胜利，使学生明白了，这是人心的向背，民主联军到底有办法，盲目正统观念随即被打消了。

参加上述活动的结果说明，广大的东北青年是愿意接受新事物的，也是容易进步的。学生们下乡，就是到农村留学，学到的东西马上就起作用了，他们认识水平，理论水平都有了新的提高。我曾经对学校的教员们说过："学生进步了，咱们再不努力提高，就要落在学生后面了。学生们很快就不爱听我们所讲的那一套了，要向学生们学习。"

东北教育的发展前途是远大的。我诚恳地希望各位同志要重视教育事业，要想到国家、民族的未来。现在有四万多名青年学生，经过一年的教育，很快都能转变过来，很快就可以成为我们所需要的革命干部。他们将在各条战线上发挥作用，那该是多么巨大的力量。我希望大家一定要重视教育，关心教育，多投资，真正把教育办好！

（原载于《东北行政委员会第二十四次会议材料》，1947 年 7 月 17 日）

知识分子传统的旧思想
还应该保存吗

今天"六六"教师节是教育工作者的纪念日。根据我参加教育工作的多年了解，一般的教职员们在思想意识上，常常喜欢保存旧的一套，不肯接受新的、发展的、进步的思想。现在，以我个人的体会谈谈这个问题。

在封建社会里，有句谚语，很可以代表知识分子的思想意识，"万般皆下品，唯有读书高"。这句话表现着知识分子是了不起的，在社会中是上等人，是唯我独尊的阶层。相反，就把知识分子以外的各种行业、各种阶层的人，都看成是"下贱"的，是下等人。在这种旧传统的影响下，不知不觉地，我们的知识分子都骄傲起来，表现出自高自大，看不起别人的态度。拿我自己来说吧，在蒋管区的时候，总以为我是个知识分子，也有过自高自大，看不起别人的严肃面孔，把别人看作没有知识，缺乏知识的。一言以蔽之，总是觉得别人不如我吧！因此，我联想到一般的知识分子，都是来自旧社会的，或多或少都可能有我同样的毛病吧！这种旧的思想意识若不加以克服，任其自流地发展下去，看不起别人，看不起劳动人民，甚至会走上剥削人民、压迫人民的道路。

知识分子还有更严重的毛病，往往看见时局变了，乱了，就想脱离现实，做超然派的人。像孔子所说的，"危邦不入，乱邦不居"，寻找第三条道路。看到国民党不好，对于共产党也要否定，换句话说，就是自命清高，不参加政治。早年，我也曾经有过这样的思想，"举世皆浊我独清"。这句话我最喜欢，但是，想来想去，走来走去，终是此路不通。人是政治里面的动物，一切社会活动，必须有政治领导，政治路线做指针，否则就是盲人骑瞎马，危险得很。政治浪潮来了，是无法应付的，很容易迷惑。尤以我们做教育工作的，不懂政治就没法教书；学生的政治水准提高了，先生不懂政治还能教书吗？要是做学生的尾巴，势必要被淘汰的。因此，我天天要加强学习，后生可畏，不敢懈怠地追赶前进。

还有部分知识分子，要参加革命队伍，思想上又有顾虑：（一）怕蒋匪反攻回来，现在减少了，胜利的局势发展下去，可能也就不成问题了。（二）小资产阶级的自由主义思想浓厚得很，以为参加了革命工作，就没有个人的自由行动了。其实不然，参加革命后，才有真正的自由，一切的一切都在组织的领导和照顾下，可以说到处有方便，到处有自由的。这是一种集体范围内的自由。

现在，环境变了，是新民主主义的中国。知识分子一套旧的传统思想都应该随着客观情况的变化而变化。总之，一切要重新估价，用新的发展观点来看世界和一切事物。不应该再把旧的传统观念继续保留下去。

希望广大教育工作者要认清我们目前的任务——建设新民主主义的新中国。将来有形的敌人蒋匪帮被消灭了，但无形的，潜伏在脑子里的敌人是不容易消灭的。这要大力发展教育，要改造传统的旧思想，发动知识分子，培养专门技术人才，建设新东北和新中国。

（原载于《东北日报》1948 年 6 月 6 日第 4 版）

从 "小猪倌" 入学看
新民主主义教育的将来

　　7 月 12 日，我同几位同志来嫩江省的肇东县调查小学教育。当时，我们看到该县兰亭区有个完全小学，许多小学生的年龄比较大。一个小同学名叫张凤起，已经 14 岁了，才入一年级。我问："你为什么 14 岁才入一年级呢？"他答："我前些年给地主放猪了。"我问："你为什么不在这夏忙的时候在家铲地呢？"他答："我爸爸说，现在忙假放完了，你早点回学堂念书吧！不要耽误，咱家三辈子都没有念书的，你一定要好好念书啊！"看起来，工农群众学习文化的要求更迫切了。我又问："地主对你怎么样？"他答："地主太可恶了！天天叫他孩崽子们打我，骂我……"我问："那你也打过他们的孩子吗？"他答："我哪有那样大胆呢……"我问："每年你能挣多少钱？"他答："一脚踢不倒的钱，什么也干不上。"听校长说，像张凤起这样的"小猪倌"，在小学校里有 20 多个。这证明了什么呢？贫雇农不但在经济上、政治上翻了身，而且，在文化上也翻了身。"小猪倌"在旧中国的封建社会里是最被地主阶级和一切阶层看不起的人，是受压迫、受剥削最甚的。现在，他们彻底翻了身，受到了新教育，这真是五千年来所未有的事。这也证明，只有无产阶级领导的革命，才能做到这样。

　　总之，看到那个学校 200 多个小学生中有 95% 都是翻了身的工农群众的子女，我们非常兴奋！这是革命形势的发展所决定的，是教育事业上有如雨后春笋般的进步。不但该省如此，其他各省的情况也都多半如此。这样看来，目前的条件已经具备了，正有待各方面去努力扶植、灌溉，促其茁壮成长。我们培养的新一代将是新民主主义社会里最基本的后备军啊！

（原载于《生活报》1948 年 8 月 21 日第 2 版）

关于学校教育的几个问题

——在东北第一次学生代表大会上的讲话

一、关于正规学校与训练班的问题

过去办训练班是必要的。

今天应双管齐下：一方面办正规学校，作长期打算；一方面办训练班，解决目前困难。因此各种训练班仍然要办。开始应把重点移到正规学校方面来。

说到正规化，要注意防止旧型正规化的偏向，把国民党的一套原封不动和盘托出，这是不对的。我们应建立适合我们的需要和条件的新型正规化。

新型正规化的内容：

1. 教育内容的正规化——课程与教材的统一，有一定的标准。

2. 教育制度的正规化——必须有入学、毕业的制度，有一定的修业期限；上课的时间，放假的日期有明确规定，有统一的学制。

3. 经费问题——仪器图书、各种设备要逐渐有重点地添置。校舍应作必要的修补。体育、卫生费用，都要有一定的比例，公费生占百分之十到二十。奖学金也有。

4. 其他问题——制度方面有规定。但是，要全面做到统一，因受国民经济的限制，一时还有困难。

二、政治与文化的问题

过去办短训班，着重政治教育、思想教育，这是必要的。原因：1. 适应当时的需要，改造思想；2. 集中火力打垮盲目正统观念。

今后办正规学校，应加重文化课，也是适应时势的需要。今后搞建设事业，需要文化与科学。

如果因此有人就以为我们今后不要政治教育了，那就是一个很大的曲解。

我们公开地说，应注意政治教育，思想教育。这正是我们的教育与旧教育的基本不同点。我们明确地肯定，我们要建设的文化，不是别的，而是新民主主义的文化。

三、社会活动问题

社会活动要不要？要。这也是我们教育的一大特色，有教育意义。

三次会议检讨了一下，过去搞得太多了，因此要减少。每周不超过六小时。但不是说取消。正课之外，应搞一定的社会活动，利用假期进行。

秧歌，扭不扭？在自愿的原则下，可以扭，不强迫。看不起扭秧歌不对，是地主资产阶级思想的反映。秧歌是群众爱好的活动，扭扭也好，扭给群众看，有什么不好。

四、新区教育方针问题

对这个问题，有些人还不了解，甚至误解。

我们的方针，是"维持原校，加以必要和可能的改良"，这三句话不容许随意腰斩，或阉割的。如果只要前半句，不要后半句不对。维持原校，必须加以必要与可能的改良。

改良什么？遵照方针改，必须服从总的新民主主义教育方针。

课程要改良，反动的东西要去掉，换上符合新民主主义教育方针的新东西。反动的公民课要取消，改教我们的政治课、语文课和历史课，国民党的教材不能用，要教我们的。音乐课，也一样，去旧换新。除自然科学的教材外，社会科学都要去旧换新。

反动的国民党的训育制度，必须废除，采用我们民主自治的教育制度。国民党、"三青团"等反动组织必须立即解散。对一般参加反动党团的青年学生，则应热忱地欢迎他们转变。

维持原校是指一般学校而言，但不是一切学校都如此。有些特殊学校，另当别论，例如有的学校，国民党时期是公费，我们则不一定也公费。因为国民党的公费学生，不尽是穷苦学生，有不少富家子女依靠裙带关系，钻门路，托人情，也享受公费生。贫苦子弟继续在学校大门之外，就不合理。

维持原校，逐渐改良，最后必须由旧型正规化转变为新型正规化，使学校教育进一步发展。

（原载于《东北第一次学生代表大会材料》，1949 年 1 月 27 日）

教育要配合建设

东北第一次人民代表会议召开，东北人民政府成立，大家推举我主持东北人民政府教育部的工作，现在，我谈谈东北的教育问题。

我们东北土地改革以后，人民生活上有了保障，政治上有了觉悟，文化上也就要求翻身。东北的教育发展很快，尤其是全东北解放后，在东北局和政委会的正确领导下，工农商各行业已经得到恢复和发展，社会生活上了轨道，这些都促进了教育的发展。据今年上半年统计，全东北的小学生已达 368 万多名，中学生 15.1 万多名，大学生 1.9 万多名，均超过伪满和国民党时期。

从工农业的恢复、发展和教育上的快速进步的情况告诉我们：东北已经具备人民民主选举自己政府的条件。这一次召开了全东北的人民代表会议，包括各方面、各阶层的代表，要产生一个真正民主的人民政府，来领导人民走上新民主主义的建设大道。这是万分必要，万分可喜的大事。

我们的教育怎样才能更好地配合经济建设呢？这是个大问题，也是我们常常在转脑筋的问题。目前，我们初步做的只是围绕着生产建设编些课本，尽可能灌输一些建设方面的知识、技能。更主要的是配合工农业和其他各部门的需要，培养出一些干部和建设人才。总之，我们的教育要为经济建设服务，要学以致用，不能像旧时代那样，学非所用。

当前，帝国主义封锁我们，给我们的经济恢复与各项事业的建设带来了很多困难。但是，只要我们团结一致，艰苦奋斗，再加上苏联的帮助，就一定能够战胜困难，胜利地完成经济建设和其他各项建设的任务。我们的教育要把配合经济建设的工作做好，使东北成为全国的模范。

（原载于《东北日报》1949 年 8 月 26 日第 1 版）

加速发展工农教育

——在东北第一届工农教育会议开幕式上的讲话

各位代表：

今天能够参加工农教育会议，我代表东北人民政府文化教育部和大家会面，感到非常的荣幸和愉快。

工农大众翻了身，有了土地，掌握了政权，在工农业的建设上有了很大的贡献。在文化教育方面也要翻身，我们东北有千百万的职工、农民参加了学习。沈阳市在职工教育方面已取得了很大的成绩，几个月的工夫，工厂和农村的许多不识字职工、农民参加了学习，一般都认识了几百至一千多字。这证明，人民政府对工农教育是十分重视的，并且，已取得了一定的成绩。但是，我们也应该看到，还存在着缺点的一方面，这就需要不断地研究改进，在现有的基础上提高一步。

目前的学习，为什么以文化为主，结合进行时事教育呢？因为，文化是一个工具，农民锄地用头，这锄头就是工具。工人修房子用斧头，这斧头就是工具。我们要想提高思想、政治和技术水平，文化就是工具。因为，文化、思想、政治、技术等，都是不可分的。要想提高，就需要有文化；有了文化才可以及时看到抗美援朝的消息和文件，才能提高认识，保家卫国。

这次会议就要研究怎样加速提高工农大众的文化。毛主席告诉我们，"随着经济建设高潮的到来，不可避免地将要出现一个文化建设的高潮"。我们打算把东北的经济建设任务搞好，那就必须提高文化；有了文化才能提高技术水平；同时，更要提高政治水平，明确技术工作的服务方向。单纯的技术观点是错误的。不懂得政治，不懂得掌握技术为谁服务，就会迷失方向。所以，我们在学习文化以外，必须努力学好政治。

去年秋季，我参观了旅大地区的职工教育，看来，搞得比较好，有95%以上的文盲都参加学习，学习已成为旅大的风气。

要想把业余学校办好，我感到，一个是领导上要抓紧，一个是教师要认真负责。

农村的群众教师董文波，虽然是个普通妇女，但在乡间很受拥护。她能够钻研业务，深入群众，了解群众，体会群众，从群众的实际需要出发，才能扎扎实实地办好群众的夜校。

厂矿职工的学习要从实际出发，要能够运用实际工作中去，这样，职工也就乐意学了。例如，大连造船厂的工人最初不认字，可是，经过几个月的学习后，不但识了字，还能够记账、写信了，职工对学习有了兴趣，感到学习对自己有帮助。怎样使学习对群众的帮助更大呢？这就需要研究教学的方法。要知道成年人与小学生年龄不同，生活经验也不同，教学方法也应当不同。要亲切，要了解成年人各方面的需要和特点，要体会群众的心理。

最后一点，就是要看工厂的行政领导或资方的代表对业余学校重视如何？有的工厂为了完成生产任务，随意停止学习，这是一种近视病。他们没有看到职工的长远利益，不懂工人提高文化能够更多的创造新纪录，增加产量，提高质量。所以，要开展好工农群众的业余教育，领导必须从思想上真正重视起来。

总之，中国的工农教育，目前不但要提倡，而且还要加速发展，因为要搞好经济建设迫切需要提高文化，掌握技术。十月革命后，苏联的工农教育是很发达的，不仅有工农的业余学校、工农中学，还有大学。现在，我们已经开始建立这样的学校，只有这样追赶上去，才能一步步地提高工农的文化水平，加速国家的建设。

工农教育是一个基本教育，必须用很大的力量去发展、巩固，把工农群众的文化、政治水平普遍地提高。新民主主义社会建设好了，将来好进入社会主义社会。

最后，祝大会成功！祝代表们身体健康！

（原载于《东北第一届工农教育会议材料》，1950 年 4 月 21 日）

一年来东北教育的概况

东北教育，一年来，有了很大的进展。

第一，各级学校教育不仅提高了教学质量，同时，有了新的发展。东北现有高等学校 16 所，学生 15 738 人。中学 240 所，学生 145 402 人；师范 29 所，学生 20 694 人；中等技术学校 61 所，学生 27 365 人，共计中等学校 330 所，学生 193 461 人。初等学校 33 983 所，学生 4 576 111 人。学校学生的数字，超过了东北教育历史的任何一个时期。中等学校的数量，比"九一八"以前的 1919 年增加了 35.25%，比伪满最高时期增加了 4.16%，比国民党统治时期增加了 107.55%。学生的数量比"九一八"以前增加了 377.13%，比伪满最高时期增加了 180.59%，比国民党统治时期增加了 152.12%。小学生的学校数量比伪满时期增加了 58.97%，学生数量增加了 80.07%。其中，需要特别指出的，就是整个学校学生的家庭成分有了根本上的变化。据 1950 年上学期的不完全统计，中学生工农子弟占全数量的 59.08%。小学生工农家庭成分所占的比例数量更大，根据 1949 年 6 月的不完全统计，工农家庭成分占全数量的 77.2%。我们的高等学校中的学生的成分，也开始在起变化。工农干部和工农子弟在逐渐地增加了。从学生的成分的变化说明了，我们的学校教育有了工农。

各级学校教育，一年来，不仅在数量上有了发展，在教学质量上也有了显著提高。提高教学质量是我们当前中心的任务。我们大力提高了师资，改编和新编了教材，添置了一批图书仪器，并发挥师生的创造性，制造了各种标本和仪器。我们根据理论和实际相结合的原则，积极地改进了教学方法。我们所用的各种措施，致力于教学质量的提高。学生一般建立了为人民服务的观点，培植了自觉的学习精神，提高了文化水平。今年东北实验学校的高中毕业生投考高等学校的100%都考上了。东北实验学校成立到现在还只一年多。由此可见，我们学生的文化水平，现在大大地提高了。

第二，我们各级学校大量向工农开门，为工农干部与工农子弟入学创设方便的条件。改变学生成分，并改变教材，提高师资，改进教学方法，提高教学质量，同时，又用大力来开展工农干部的教育和工农群众业余补习教育。一年来，我们开办工农速成中学六所，现有学生1 759人，工农文化补习学校增加到七所，现有学生一万多名。工农文化补习学校的学生，都是初小和相当于初小文化程度的基层干部，经过三年学习达到初中文化程度。工农速成中学吸收相当于高小程度的工农干部，具有三年工龄的青年工人入学，进行文化科学教育，获得中等文化程度和基本科学知识，以便升入大学深造，成为新中国建设的骨干。为了提高在职干部的文化水平，普遍建立了机关学校。全东北参加机关学校学习的在职干部有五万多人。东北工农群众业余补习学校也在逐步开展着。全体职工文盲参加文化识字学习的，据不完全的统计就有20万人，约占职工文盲总数的25%。去年冬学运动，农民参加文化学习的有428万人之多，现在转入经常学习的，据部分地区的统计约有100万人。我们现在制订了预计在三五年内消灭现有职工文盲的计划，以便有组织、有领导地进行职工文化普及教育，发挥职工生产的积极性、创造性。

第三，取得了人民自力办学的经验，增进了群众办学运动。据8月份不完全的统计，群众办学的有 500 人次，学生九万余人，这是发展新民主主义教育事业的一个组成部分。随着经济建设的发展，人民群众学习文化的要求是在日益增长着。政府财政的负担力量有限，不发挥人民的力量，我们就不可能满足广大人民入学的要求，就会影响着新民主主义教育的建设事业。这个运动虽然还是开始，但它的发展将是不可限量的。今后，必须加强人民群众自力办学的领导。对于办学有成绩的学校予以奖励，并且总结经验，具体指导，以推广这种运动。但是，必须指出，我们工作的缺点还是不少的，需要我们全体教职员工加以努力克服。

一年来，东北教育的进展是在党和毛主席的英明领导下，在东北局、东北人民政府具体的领导之下获得的。在热烈庆祝中华人民共和国第一个国庆节日的时候，我们应该感谢党和毛主席的领导。全体教育工作者坚定地站在毛主席的旗帜下，在工作中加强政治理论与业务的学习，不断地提高自己，将人民教育事业作为终身的职责，为培养新中国的经济建设和国防建设的各种人才，为提高工农群众的文化水平和政治觉悟，培养工农学生的精神的道德的规范和健康的体魄而努力！

（本文为车向忱 1950 年 10 月 1 日在东北人民广播电台的讲话，根据录音记录整理，选自《一代师表》，辽宁人民出版社 2004 年版）

发展教育，
培养国防建设人才

——在东北人民政府第三次委员扩大会议上的发言

去年在中央人民政府和东北人民政府的领导下，东北全区的教育工作，是有成绩的。这主要表现在完成了去年的教育计划，学校和工农教育有很大的发展，学校教育质量有了显著的提高。在文化教育方面，由于采用了新教科书并改革了课程，初步改造了教员的教学思想和教学方法，使学生的知识水平大大提高了一步。在政治思想教育方面，由于进行了抗美援朝的时事教育，提高了学生的爱国热情，加深了对美帝的仇视、鄙视与蔑视。

但由于东北人民的经济生活是在日益上升的，群众迫切要求将他们子女送进学校学习，而现有小学所能收容的学生数，是不能满足群众子弟入学要求的。当然，在当前国家财政情况下，不可能及时大举兴办学校，人民群众也体会到了政府的困难，正因为这样，所以去年一年中在政府领导奖励下，人民群众自力兴学已招生有 20 余万学生，这是一方面。另方面，当前的国防建设、经济建设和文化建设，迫切需要各种不同文化水平的人才，它们的需要数与中等学校和高等学校所能供应数，相距很大。初中毕业生不能适应满足高中、中师、职业学校招生的要求。各级师范毕业生不能满足学校发展中师资需要的要求，同时初中和高中还要为国防建设和经济建设的当前需要供应人才。从去年9月到今年1月，为了参加抗美援朝和国防经济建设，仅仅经过教育部就动员了两万初高中学生到各种军事学校去学习或参加实际工作，假如将各省、市自己动员的学生计算进去，五个月内动员出去的初高中学生，将在三万以上，而这样的数字与实际需要还是有距离的。在这种情况下，政府提出的教育工作方针："有计划地发展高等学校、中等技术学校，普通中学和小学，加强工农文化教育，以培养国防及经济建设的后备力量"，是完全正确的。我代表全体教育工作者，表示热烈拥护，并坚决执行。要将这个方针贯彻到我们的具体工作中，将它变为现实，还需要各省市的领导同志加强对各文教厅局的领导，并切实解决有关方针、政策贯彻实现的困难问题。

首先是解决学校发展中的困难问题。发展普通学校教育，重点是发展中学，以求逐步使中学与小学、高等学校相适应。发展办法：①高中除按计划吸收初中毕业学生入学外，应注意吸收失学青年入学，招收编级生；②初中应在校舍容量范围内尽量招收新生及编级生；③各中学有条件时，均须办夜中学或中学补习班；④有条件的高小或完小附设初中班或初中补习班；⑤提倡与奖励各县市自办中学。

采取多种多样方式，适当发展小学。①奖励城乡人民群众办学。各级教育行政部门，必须加强对人民群众办学的领导，指定专人负责，深入检查，发现与培养典型，总结经验，推广经验，切实帮助研究经费等问题的解决办法，对于办理有成绩的，通过各种方式予以表扬，并予以物质上的奖励。②提倡机关、企业、工矿办小学。除吸收本机关、企业、工矿职工子弟入学外，并吸收附近居民子弟入学。如条件不具备，尽可能帮助附近小学解决困难，并号召职工利业余时间，组织未入学儿童在校外予以教育。③推行小先生制，培养小先生，教育未能入学的儿童。

除此之外，还希望适当解决校舍问题与教员待遇问题。关于校舍问题，一方面是不够用，有些校舍他用。几年来，在普通教育经费中，尚没有基本建设费。今后要发展学校教育，必须解决这个问题。解决办法：①按照最近东北人民政府的指示，采取协商办法，把移作他用的校舍腾出来仍做开办学校之用；②各省市在整理房产时，尽可能拨出些房屋，利用作为校舍，各省、市文教厅局应紧缩开支，挤出一部分经费予以修缮；③酌情拨款修建一部分校舍。

关于教员待遇问题，目前中小学教员的工薪是比较低的，因此，需要对中小学教员工薪加以适当调整和提高。此外，有些地方对小学教员的培养和重视还不够，如有将教员调作其他工作的，以致影响教员不能安心工作，不能钻研业务，这是不对的。我们应该从政治上尊重教师的地位，从物质上保证他们一定的生活水平。只有这样，我们才能稳定教员的工作情绪和专业精神，在现有的基础上进一步地进行改造和提高；也只有这样，才能使师范生从现任教员的身上看出自己的前途，安心学习，以便有计划地逐步解决师资缺乏的问题。

最后，是提高学校教育质量的问题。近年来我们的学校教育，在政治教育与文化教育两方面是有相当进步的；但必须指出，健康教育是很不好的，据检查，学生健康水平还不够好，这是当前学校教育的一个严重缺点，必须予以纠正。我们培养人才，应有全面的发展，就是说不仅要有革命思想和科学知识，还要有健康体魄。今后学校教育，必须政治教育、文化教育和健康教育三者并重。在政治教育方面要继续深入进行爱国主义教育，把爱国主义教育渗透到整个教育计划里，贯穿到课内课外各方面去。在文化教育方面，要继续努力提高学生的科学知识水平。在健康教育方面，要从精简学生功课、注意体育活动、加强卫生教育，在现有条件下改善伙食这几方面来提高学生健康水平。毛主席很重视青年学生的健康，并责成中央教育部研究与解决这个问题。我们准备召开健康会议，研究改进办法，希望各省、市当局督促并帮助各省、市教育厅局来改进学校健康教育，提高学生健康水平。

（原载于《东北日报》1951 年 3 月 11 日）

东北区学校思想政治教育
会议开幕词

同志！东北区大、中、小学校思想政治教育会议，现在开幕了。

这次会议是在伟大的 1951 年结束的时候召开的，总结过去的工作，提出今后学校教育的方针、任务，并着重讨论教师的思想改造与学生的思想政治教育工作，就成为这次会议的重要议题了。大家明确了今后学校教育工作的总方针、总任务，又明确了教师的思想改造与学生思想政治教育的方针、任务、途径和方法，今后胜利地开展学校教育工作就有了保障。

大家必须认识，按照国家的需要和要求来说，现有学校的数量仍然太少，特别是中等学校——尤其是高中就更少了。学校的教学质量不高；学生的文化水平不高；教师和学生的思想情况复杂——资产阶级、小资产阶级的错误思想还普遍地大量地存在，在部分人中还存在着帝国主义、封建主义的思想影响。部分学校领导干部的政治质量不高，教育行政部门和学校领导中还存在着官僚主义和自由主义的缺点。

由此可见，今后东北区学校教育工作应该采取发展与提高相结合的方针。中、小学校都需要发展，更重要的是发展中学，特别是发展高级中学；学生的文化、政治水平都需要提高，但特别重要的是提高学生的思想政治水平。我们必须用马克思列宁主义、毛泽东思想教育学生，培养他们辩证唯物主义的世界观、革命的人生观、新的道德品质，也就是说，要使学生站稳工人阶级的立场。对于教师和学生中间所存在的资产阶级、小资产阶级的错误思想，也必须用说服教育的方法，以批评与自我批评为武器，逐步予以批判、改造。提高学生的政治质量，也必须同时提高学生的文化水平和健康水平，忽视其中任何一方面都是不对的。

既要发展又要提高，当然困难很多，譬如缺乏教师就是一个巨大的困难。但是，在毛主席、共产党和人民政府的领导之下，只要我们教育工作者不怕困难，积极努力，想办法来克服困难，我们相信一定能够战胜困难，使教育的发展与提高两个方面都获得巨大的成绩。事实上也只有如此，才能使学校的教育工作适应国家建设的需要。

大家知道，我们国家在目前还必须以最大的力量支持抗美援朝战争和经济建设，虽然国家将拿出必要的经费来办教育，但我们必须以节约的精神，用最少的钱，办更多的事，也就是说，要改变"有一分钱，办一分事"的态度，采取革命的办法来建设我们的教育。

同志们！学校教育的发展与提高，关键的问题是教师。我们必须以革命的办法，大力解决教师来源问题和提高教师质量问题，采用办好师大和师专，逐级提升，吸收当地改行的知识分子和请关内各大行政区帮助招聘等办法，来扩大教师的队伍。同时，又必须采取改造思想的办法提高教师的政治水平。

大、中、小学教师的思想政治水平，一般地说是不高的。有的教师思想还比较复杂混乱，在教学中也常出现思想上、政治上的错误，甚至个别的教师还向青少年儿童散布反动思想。由此可见，东北区的全体教师必须响应毛主席提出的知识分子应该进行思想改造的号召，开展思想改造运动，以批评和自我批评的方法，进行自我教育和改造，去掉从旧社会带来的坏思想、坏习气，以工人阶级的思想，以马克思列宁主义、毛泽东思想来武装自己。

同志们！这次会议的任务是十分重大的。中共中央东北局和东北人民政府都在密切地关怀与指导着我们的会议。希望大家仔细、认真地听取大会的报告，积极、热烈地参加各项问题的讨论，使这次会议得到圆满的结果。

我预祝大会的成功！

[原载于《东北教育》(小学教师版) 1952 年 2 月号]

解决好教育工作中的三个问题

——在东北人民政府第二十五次行政会议上的发言

　　人民经济计划委员会提出的 1952 年国民经济的建设计划，我完全同意，并愿尽最大的力量保证完成。目前，教育部的工作中，有三个问题需要解决。

　　要完成教育计划，当前存在教师、校舍与思想三方面的矛盾。在教师问题上，我们尽最大的力量到全国各个地方去聘请，从上海、天津、武汉等地已请到一百多位大专学校的教师。而中小学的教师，主要还得依靠我们自己解决。随着建设事业的发展，各方面都要抽高中学生，可是，我们中学生少，中学没有房子。不仅增加与扩大的大专学校需要房子，特别是拼命发展中学，校舍严重不足。去年借了一些房子，不少还没有修好。今年政府指示由各省负责修建，要用革命的办法盖些简易的砖瓦平房。我们要求人民经济计划委员会及时将材料拨给，各级财政部门，要加强监督检查，尽快把房子盖好。房子盖不好，学生招不来。另外，更重要的是要搞好教师的思想改造。这项工作在中等以上的学校，在大学里面都要进行，现在已经开始了。只有教师的思想改造了，政治水平提高了，教学的质量才能真正有保证。

教育部愿意尽最大的力量下去检查思想改造、修建校舍与教学工作，要弄清实际情况，做到心中有数，以便加强领导，并督促各省市负责同志下去检查工作。

（原载于《东北人民政府第二十五次行政会议材料》，1952 年 4 月 28日）

教育为本，师资为先（教师篇）

小学教师是有前途的

近来看到《生活知识》上反映，有些小学教师不安心工作，他们感到小学教师没有什么前途。有的说："现在当教员没有出息，不如专门技术人员对国家的贡献大。"我还直接听到几个师范学校的学生说："我们毕业后不愿到农村去当教师。"他们认为，农村又苦又无出路。有的还避免说自己是小学教员，怕别人看不起。这些事实表明，厌烦当小学教师的人恐怕不在少数，很值得我们注意。现在，我就这个问题谈一谈。

目前，我们的小学教育工作，尤其是农村小学的工作是有些缺点的，应该承认。但是，这是暂时的现象，不是永久的现象。全东北解放，工农翻身，文化教育还家，归于人民，这是几千年来未有的大变化，是翻天覆地的一件大事。但是，事情的变化发展都是有一个过程的，不可能一下子就万事俱备，毫无不足与缺陷，这是急性病的想法。比如苏联，十月革命后，国内也出现过许多人都吃不饱的情况，可是现在呢！从苏联这样一个榜样就可以看出，我们新中国的前途也一定是光明的。

教育是百年大计，一则不容易有近效；二则不容易马上看到报酬，报酬是在后面的。苏联电影《万世师表》里面的华尔华娜教出了那么多的硕士、博士和军事家，对祖国做出了很大的贡献，受到了斯大林大元帅的奖励，那就是最光荣、最伟大的报酬。有的同志可能会说，我们是些无名小辈，如何能有那样大的成就呢？要知道，当年的乡村女教师华尔华娜也是个无名小辈，因为她肯下苦功夫，不怠不懈地为教育新后代而努力，革命成功之后，终于获得了她的荣誉。我们现在的客观条件比华尔华娜当年要好过万倍，只要努力，也可以得到像她那样成绩的。

拿我个人来说，我搞教育三十多年了。以前在国统区里办教育，不但吃不饱穿不暖，弄得身心憔悴，政治上更受压迫，这是许多东北同乡都知道的。但是，我始终如一地为人民，为革命办教育，穷干、苦干、实干了三十多年；现在，在共产党领导下的新中国，我的教育理想实现了。因此，我感到凡是看一个问题，不要近视眼看暂时的现象，而要放长眼光，看到光明灿烂的远景。我希望东北的小学教师们，要坚守自己的岗位，热爱教育事业，不必改行。要用自己的知识、本领，为教育新后代而努力，把学而不厌，诲人不倦的精神拿出来，全心全意，勤勤恳恳地工作，我估计不出三五年，总能有相当成就的。在共产党的领导下，广大人民群众的眼睛是明亮的，它一定会按照每个人劳绩的大小，分别给予褒扬的，做苏联电影里边的《万世师表》是可以有份的。古人有句通俗的谚语："铁打钢梁磨绣针，功到自然成。"只要有勇气、有毅力，百折不挠地坚持下去，我保证一定会做出成绩，前途一定是光明的。

（原载于《生活知识》1948 年 9 月 1 日第 4 期）

做一个人民教师是光荣的

我们伟大的祖国已进入了逐步过渡到社会主义社会的新的历史时期。这是全国人民在中国共产党的正确领导下，长期艰苦奋斗的结果。这对于我们每一个新中国的人民该是一个多么巨大的鼓舞啊！我们要把祖国建设成为一个伟大的社会主义国家，就要逐步实现国家的社会主义工业化并逐步实现对农业、对手工业和对私人资本主义工商业的社会主义改造。为了完成我国的社会主义建设和社会主义改造的伟大事业，我们除了要集中主要力量发展重工业，建立国家工业化和国防现代化的基础外，还必须相应地培养建设人才。同时，还必须在保证发展生产的基础上，逐步提高人民的物质和文化水平。因此，我们的教育事业和国家的社会主义建设有着极密切的关系。要想培养建设人才和提高人民的文化水平，必须相应地扩大与充实人民教师的队伍，这是很容易理解的事情。可是，由于旧社会遗留下来的旧思想的影响，目前，有些青年学生对人民教师事业在国家建设事业中的重要地位和作用，还缺乏正确的认识。他们不愿做一个人民教师，在选择升学志愿时，不愿报考师范学校，认为学师范不如学工科、医学"有出息"。甚至当祖国需要他们入师范学校的时候，他们就想出很多的什么个人的"擅长""兴趣"等站不住脚的理由作借口，来拒绝国家对他们的分配。我们说，这些青年学生们的认识是错误的，因为他们没有真正了解到教育工作的重要性，没有全面地看到祖国建设事业各方面的需要和彼此之间的联系，没有把个人的理想和祖国的需要很好地结合起来。毫无疑义的，我们祖国在过渡时期里是需要大量的工业建设人才的，但是如果没有教育工作的配合，工业建设人才由哪里培养呢？人民文化水平又如何提高呢？因此，我们必须清楚地认识到：教育工作也是祖国进行社会主义建设的不可缺少的一部分，而担当教育工作的人民教师同样也是祖国的建设者。高尔基曾经讲过："现在应该理解社会主义借以实现的创造工作的潮流，是一种劳动的交响乐，在其中一切乐器都有着自己的地位，都发生自己的作用，并且都是必要的，即使有时候在总的广大的而且宏壮的声响中不被人听到。"列宁也曾说过："应当把我国人民教师提高到从未有过的，在资产阶级社会里没有也不可能有的崇高的地位。这是用不着证明的真理。为此，就必须进行有步骤的、坚持不懈的工作，来提高他们的思想意识，使他们具有真正符合他们的崇高称号的各方面的素养，而最最重要的是提高他们的物质生活条件。"在我们的国家里，旧社会所遗留下来的各种轻视教师的错误思想，已随着人民革命的胜利，中华人民共和国的成立，逐渐变成了历史上的陈迹，一去不复返了。列宁指示的原则，在新中国已逐渐变为活生生的事实了。党和政府都是极其关怀教师的，人民对教师也是非常爱戴的。在每个人民教师的面前，正展现着无限美好的发展前途。

几年来，东北区出现了许许多多的优秀教师，如1953年3月间，旅大市评选并奖励了13位优秀教育工作者；1954年2月间，辽西省选出了500余位先进教育工作者；最近沈阳市召开的文教、卫生先进工作者代表会，其中有19位先进教育工作者得到奖励。这些先进工作者热爱教育事业，为它付出了自己的辛勤劳动。如旅大市劳动小学副校长刘凤珍同志，解放前由于家庭经济生活困难，高小毕业后没能升学。解放后曾在私立小学教过书，1948 年被分配到劳动小学当教师。这所小学是刚成立起来的，学生们在旧社会都是无父无母的街头的流浪儿童，他们受旧社会的熏染，养成好些坏脾气。刘凤珍同志到校后，感到把这些孩子塑造成新人是不容易的，但她同时也下了最大的决心来完成这一艰巨的任务。她知道这些孩子的坏脾气是旧社会所造成的，所以既不嫌他们脏，也不怪他们"野蛮"，反而给予他们以母亲般的慈爱，带他们洗澡、剪发、照顾他们吃饭、睡觉，在生活上完全和他们打成一片。所以孩子们非常爱戴她，管她叫"姐姐"，也有的把她看成是自己的母亲一样。她还不断地抓住一切时机对孩子进行爱国主义教育。由于她热爱教育事业，关心孩子们的成长，现在劳动小学的学生在旧社会所遗留下来的坏品行，已有了根本的转变。孩子们常在一起谈起自己将来如何为建设祖国而当一个工程师、海军、空军、工人、农民、教师和学者等的远大理想。刘凤珍同志工作一贯积极，并不断提高觉悟，积极要求进步，因而在 1949 年她光荣地加入了中国共产党，并被提拔为该校副校长，1951 年被选为旅大市第一届人民代表大会的代表，1953 年又被光荣地选为该市一等优秀教师。另如辽西省四平市师范学校有一位模范教师——齐泰辰，他是一位 50 多岁的老教师，从事教育工作已将达三十年之久了。在旧社会里他是被人轻视的。1948 年四平解放了，共产党给齐泰辰带来了新的生命。他参加革命以后，感到党的温暖，感到教师的劳动得到了重视。他积极忘我地劳动着，一般人称他为"老青年"。几年来，由于党的培养教育和他自己的积极努力，他获得了很高的荣誉。1949 年末，被评为四平市学习模范和四平师范的模范教师，1950 年被评为辽西省二等模范教师，1951 年 2月，在辽西省工农兵模范代表会上被评为模范教育工作者，同年 9 月，在省模范代表会上被评为一等模范教师，辽西省人民政府奖给他"优秀教师"锦旗一面。在这一年，他还被选为辽西省人民政府委员。今年，又被选为四平市和辽西省的人民代表。1951 年和 1953 年，他曾两次光荣地看到了毛主席，在见到毛主席时，齐泰辰同志感动地说："这是我一生中最大的光荣和幸福。"上述的一系列事实说明，毛泽东时代的教师在社会上享有多么崇高的荣誉，广大的人民群众是多么爱戴人民教师。

有的青年认为，做一个教师，"不需要多么高的文化水平和政治理论水平"，这种看法和提法是完全不对的，而且也是不符合事实的。人民教师是培养青年一代的"灵魂工程师"，必须按照国家建设的需要，把青年一代培养成为社会主义社会所需要的德、智、体、美全面发展的新人。这一任务是非常艰巨而光荣的。为了把青少年一代塑造成为社会主义建设事业所需要的全面发展的新人，教师就必须有高度的政治修养和高度的文化科学水平，并且必须懂得和熟悉教育科学，只有这样，才能担负这样重大的任务。所以，国家设立了各级师范学校来培养这种人才：设立高等师范是为了培养中等学校和高等学校的合格师资；设立普通师范是为了培养合格的小学教师。目前，各级师范学校即将招生，有的学生已把自己报考的第一志愿填写为"师范"，这是件好事情。我希望能有更多的青年学生们主动自觉地报考师范学校。同时，也应该指出，如果原来没有志愿报考师范，但在统一录取当中被分配到师范学校的学生，也应该愉快地接受祖国所给予的学习任务，努力学习，准备将来做一个光荣的人民教师。

（原载于《东北日报》1954年7月3日第3版）

和高中毕业生谈谈
投考高等师范问题

本届高中毕业的同学们，在你们即将毕业的时候，我向你们致以热烈的祝贺，并预祝你们将根据国家建设的需要，继续升入高等学校深造，以便将来为国家做出更大、更多的贡献。谈到升学就联系到志愿，我今天着重和大家谈谈投考高师的问题。

毛主席早就预言："随着经济建设的高潮的到来，不可避免地将要出现一个文化建设的高潮。"随着工农业的大发展，教育事业也有了飞快的进展。仅以我们辽宁为例，如果和 1957 年比较，1958 年高等学校的学校数增加了四倍以上，在校学生数增加了 73%；中等专业学校在校学生增加了一倍；高中在校学生增加了 33.5%；去年的小学毕业生已经全部升入初中，尤其是民办初中，在校学生增加了 2.2 倍；小学在校学生增加了 15.6%，适龄儿童就学率已达 92%，普及了小学教育；幼儿园的入园儿童增加了 22 倍以上。此外，还有四五百万名工农群众参加了扫盲和业余学习。教育事业的大发展，是党的"全党全民办教育""两条腿走路"的方针的胜利。随着教育事业的大发展，就必须同时解决师资数量不足的问题。仍以我省为例，1959 年各级各类学校师资缺额达二万余人，仅仅全日制的初中和高中，就缺师资五六千人。因此，国家确定要着重发展和办好各级师范学校，特别要办好高等师范。今年我省高等学校的招生计划中，高等师范的招生约占三分之一；按照这个计划，本届高中毕业生将有较大的一部分要升入高师学习。

从目前高中毕业生对专业的选择来看，虽然多数同学表示能够服从国家分配，但就志愿来说，志愿投考高师的人远远满足不了国家的需要。所以出现这样一种现象，原因固然是多方面的，但最基本的原因是有些同学乃至家长，对我们的师范教育和教师工作的深远意义还缺乏应有的认识。有的人认为教师工作是"低贱的""当教师工作烦琐，劳累，赚钱少，没前途"；"家有半斗粮，不当孩子王"的思想还有一定的影响，甚至有的同学认为，"考师范的没有好学生"，等等。很显然，这些看法是不对的，它既不符合当前的实际情况，也不符合国家的需要。

在我们的社会主义制度下面，工业、农业、交通运输、文化教育等各方面的建设是有计划、按比例发展的。不少同学志愿投考工科，想把自己献身于祖国的工业化事业，这种理想无疑是好的，是应该肯定的。因为实现国家工业化是我国人民的一项极其重要而迫切的任务，必须保证源源不断地向工业战线输送大量的、具有社会主义觉悟的、精通一门或几门专业的建设人才，以适应工农业迅速发展的需要。但是，不能作片面的理解，认为工业重要，教育就不重要。相反，为了更好地发展工业，必须同时发展教育，而师范教育在某种意义上说则是教育事业的基本建设，就像机械工业中的工作母机一样。例如，工业战线需要的专门人才，固然要由高等工业学校来培养，但是向这些学校输送的高中毕业生质量的好坏，对高等工业学校的质量有着直接的影响，而培养这些高中毕业生却有赖于中学师资的水平，中学师资的培养又有赖于高师。可见，培养各方面的建设人才，师范教育起着重要作用。正由于这个缘故，国家才根据各方面建设的需要，对师范教育给予极大的重视，并确定了积极发展的方针。既然发展师范教育是国家建设的需要，作为一个毛泽东时代的青年学生，是按照国家的需要考虑自己的志愿呢，还是要国家按着我们自己的"志愿"来变更建设计划，从而也影响了国家有计划、按比例地培养建设人才呢？我相信，我们绝大多数同学经过讲明道理之后，是会选择前者而摈弃后者的。但是，在这里我还必须指出，个人志愿和国家需要的关系是密不可分的，离开国家需要的志愿是不能实现的。自觉地响应祖国召唤，服从组织分配，乃是我们时代的青年的一种美德。

我国人民的最终目的是建设共产主义社会。到那个时候，不仅要有高度发展的工农业水平，而且要有高度发达的文化科学水平；不仅要消灭城市和农村、工人和农民的本质差别，而且还要消灭脑力劳动和体力劳动的本质差别。为了达到这个目的，我们就必须在高速度发展工农业的基础上，高速度地普及教育和提高教育水平。因此，就必须有一支数以百万计的、忠于人民教育事业的、工人阶级的教师队伍。这样一支教师队伍，对于我国建设社会主义和共产主义将起着重大的作用。这是因为，社会主义和共产主义建设的首要条件，是要靠人们的共产主义觉悟和文化科学技术水平的提高，而这些又和教师的工作紧密地联系在一起。教师，作为人类灵魂的工程师，肩负着培养社会主义——共产主义接班人的重大任务，这是党和政府对教师的无比信任，也是教师本身的极大光荣。认为教师工作"低贱""无前途"是错误的。

解放以后，我国教师的地位已经发生了根本的变化。教师在政治上和劳动人民一样，已经做了国家的主人；在精神上已经获得解放，有了充分的自由；工作条件有了很大的改善，可以为国家，为人民贡献自己所有的专长；在生活上已经得到永久的保障，得到了显著的改善，今后还将不断地得到改善。教师已经受到从未有过的尊重。在各级人民代表大会的代表中，在各级政协委员中，教师均占有一定的席位，他们同各级党、政领导人以及其他代表、委员们一起，商讨着国家大事。我们的教师，没有辜负党和人民的委托，十年来他们对我国的教育建设做出了有益的贡献。教师中涌现出大批的先进工作者，成为教师队伍的旗帜，赢得了人民的爱戴。

一个教师，把个人的一切贡献给祖国壮丽的教育事业，为国家培养青年一代，使他们获得丰富的基本知识，就是最大的前途。可是，有些同志对前途的认识很狭隘，他们以为只有"专家的头衔，教授的待遇"才是前途。我们并不反对而且提倡我们的学生学会一门专业，并且精通这门专业，成为专门家。但同时必须指出，这些同学应该警惕自己思想上不健康因素的滋长，不宜对"头衔""待遇"孜孜以求。我个人一生从事教育工作，对教育工作有深厚的感情；我这种感情，也影响了我的家庭成员。我的儿子、儿媳都做教师，甚至曾经给我当过通讯员的同志，以后也投考了师大，现在做了人民教师。我的经历，使我深深地感到"百年树人"的艰辛。教师所从事的是塑造人的工作，它不可能很快地看到成效。但是，当教师经过长期的辛勤劳动之后，当教师用自己的高尚品德，用自己的模范行动，用自己的丰富学识，为祖国培养出德智体全面发展的年轻一代的时候，尤其是当这些年轻人，由于中学教师为他们打下了基础，获得了深造，或者在祖国建设的各个战线上有了出色的贡献的时候，教师的工作就结出了丰硕的果实，教师的内心就充满了幸福的喜悦。

教师的物质待遇已经有了提高，今后还将逐步提高。在考虑待遇这个问题的时候，必须有一个发展的观点，从我国目前经济的发展水平来看，教师的待遇已经不低了；随着经济建设的进一步发展，教师的待遇也要进一步提高。有些同学喜欢"比"，要比就应该比得合适。例如同是高等学校毕业的学生，有的到学校任教师，有的到机关工作，有的到工厂任技术员，他们的待遇几乎是没有差别的。可是，许多同学总是希望和工程师比，这就不合适了。且不说工程师的待遇高低，就单说达到一个工程师的水平，从大学毕业后，最优秀的学生还需要经过五六年，甚至更长时间的艰苦努力；经过这样一段长的时间，在任何一个岗位上都应该有较大的长进了。况且，要比，只能比谁进步最快，谁做的工作最多，谁对国家贡献最大，而不是单纯比待遇。我相信绝大多数同学是会正确对待这个问题的。

我们祖国正在高速前进，各方面的建设都在蓬勃地发展着，就好像在我们祖国的大花园里怒放着的百花一样，而每一种花草都需要园丁的辛勤劳动。"行行出状元"，只要我们听党的话，服从祖国召唤，在建造共产主义大厦的伟大工程中，贡献我们的力量，无论是工人、农民，还是工程师、农学家、教师，都有着光明的前途。

最后，我希望同学们，无论是报考工科、农林、地质、采矿，还是报考师范，都应该首先考虑到国家的需要，并结合本身的具体条件，实事求是地考虑自己的志愿，这才是无愧于毛泽东时代的青年。

（原载于《辽宁日报》1959年6月11日第3版）

和高中毕业生谈
选择升学志愿问题

本届高中毕业生很快就要毕业，高等学校的招生考试日期也越来越近了。报考什么样的学校，选择什么样的专业？这是同学们正在考虑的问题。现在，我就来和同学们谈谈这个问题。

我们国家在党和毛主席的英明领导下，各项建设事业都在突飞猛进地发展。目前，全国正在开展一个以机械化、半机械化、自动化、半自动化为中心的技术革新和技术革命的群众运动。与此同时，教育事业也在突飞猛进地发展。现在全国高等学校在校学生已达 81 万人，连同业余高等学校的学生 30 万人，已超额完成第二个五年计划中规定的高等学校学生 85 万人的指标。以飞快步伐前进的伟大祖国，给青年一代，给我们每一个人，展示了一幅多么光辉灿烂的图景！

为了适应我国工农业生产以及其他各项建设事业飞快发展的形势，一方面需要更多地培养初级、中级建设人才，另一方面更需要多种多样的高级建设人才。应届高中毕业生就是培养高级建设人才的重要来源之一。我们的各项建设事业是有计划按比例进行的，而培养人才的计划又是和建设事业相适应的。在我们的国家里，每一项建设都是重要的、不可少的，因而与之相适应的工、农、医、师、财等方面的各个专业，也都是重要的，不可少的。本届高中毕业同学首先应该根据国家的需要结合个人的情况，来选择升学志愿，这是一个原则问题，大家必须牢牢记住。

目前各中学的本届高中毕业同学对升学志愿都有了初步打算，很多同学都能根据国家需要结合个人情况，实事求是地选择个人升学志愿，这是很好的。许多同学喜欢报考理科和工科，准备献身于祖国的科学和工业建设事业，这种理想无疑也是正确的，应该加以肯定。但也听说，有的同学以及他们的家长，也有些不正确的看法。总的来说不外乎两个方面：一是对师范院校不感兴趣，认为"没出息""工薪低、待遇差"；一是不愿报考农林、采矿、地质、煤炭、体育等类学校或专业，主要是怕累怕苦怕脏。听说有这样一个同学，他一不报考师范，二不报考工科，一心"想当个著名的文学家，到那时钱都用小汽车往家拉……"具体想法虽然有所不同，但都是首先把个人志愿摆在前头，甚至把个人名利作为前提，而不是首先从国家需要出发，再结合自己的情况来选择专业。这实际上是抱着资产阶级个人主义的世界观来对待升学问题，因而是不正确的，要不得的。

大家知道，在我国从事任何建设事业都是光荣的、有前途的，都会给国家做出贡献。因为，我们的各项建设事业，都是为了实现一个最伟大的目标，即把我国建设成为一个具有现代工业、现代农业、现代科学文化和现代国防的，伟大的社会主义强国，并在将来实现共产主义的社会制度。既然如此，又怎能说什么工作不重要，什么职业"不光荣、没出息"呢？就拿人民教师来说吧，他是人类灵魂的工程师，是社会主义和共产主义社会不可缺少的建设者。教育事业和其他任何工作一样，只要你端正了认识，很好地钻下去，你就会感到无穷乐趣，你就会热爱它。我一生从事教育工作已经40年了，我深深感到这是一个非常重要的工作，它对子孙后代、对社会主义、共产主义社会的建设都是不可缺少的；如果没有教育，一切进步和建设都谈不到。回想一下，你们为什么能在高中毕业呢？当然是和党和毛主席的领导和培养教育分不开的，但除此而外，不就是因为教师对你们的教导吗！中国有句老话："行行出状元。"用现在的话来说，各行各业都能出英雄、出模范。这次出席全国文教群英会的6 000多名代表，不都是英雄吗！他们受到党中央和国务院的亲切关怀，这能说没有出息吗！你们都是毛泽东时代的好青年，都应该具有远大的理想。我认为，真正有远大理想的青年，不应当斤斤计较金钱待遇，这是可耻的个人主义打算；应当把国家的需要和利益摆在首位，个人志愿服从国家需要，个人利益服从国家利益。国家建设事业不断发展，个人前途更加远大。只有正确处理个人和国家的关系，并对社会主义建设事业有所贡献，才能感到莫大的愉快和幸福。至于待遇问题，随着经济建设的发展，自然会不断提高的。

有些同学怕累、怕苦、怕脏，因而不愿报考农林、地质、采矿、煤炭等方面的学校和专业，这除了说明他们对这些专业在社会主义建设中的重要地位和作用缺乏认识外，还集中反映出他们有一种好逸恶劳的思想。这是资产阶级思想的表现，应该受到批判。马克思列宁主义认为，人类社会的一切财富和文明，都是劳动所创造的。没有劳动，特别是体力劳动，任何物质生产都不能进行，人类社会就会灭亡。用自己的劳动（包括脑力劳动和体力劳动）来参加社会主义建设，是最光荣的事情，也是每一个公民应尽的义务。为了打倒帝国主义、封建主义和官僚资本主义，取得革命胜利，有无数先烈曾经牺牲自己宝贵的生命，难道我们今天为了建设社会主义和共产主义社会，还能怕脏、怕苦、怕累吗！见困难就上，见荣誉就让；党指向哪里，就奔向哪里——这是我们今天的时代特色。新中国的青年应当具有这种共产主义风格，而不应该好逸恶劳，那是腐朽的资产阶级个人主义思想。这是世界观问题，必须正确对待。

　　同学们，你们很快就要参加高等学校的招生考试了，现在正是紧张的时刻。大多数同学都在认真地复习课程，有的同学有一种错觉，认为今年的学生少，可以"一个萝卜顶一个坑，反正能升学"，因而没有很好地复习功课，这是要不得的。如果功课没有准备好，将来落了榜，那对国家、对个人都不利。天气逐渐炎热起来，同学们应很好地安排自己的学习与休息时间，一方面要做好考试前的准备工作，另一方面也要注意自己的身体。否则，无论课程复习得多么好，临考之前生病了，这不仅影响国家的统一招生计划，也会给个人带来不必要的损失。

　　最后，我热烈地祝贺同学们考试成功！祝贺同学们愉快地走向新的学习岗位！

（原载于《辽宁日报》1960年7月5日第3版）

和中小学教师谈毕业生问题

今年暑期，我省有大批中小学生毕业，其中大部分都要参加劳动生产或在家自学，升学的只是一小部分。无论升学、参加劳动生产或在家自学，这批毕业生都是我们国家的宝贵财富。不少学生和家长对升学和参加劳动生产的问题有很多不正确的看法，这就必须向他们进行细致、耐心的教育。在这项思想教育工作中，我们全省的中小学教师无疑是主力军。希望全省中、小学教师自觉地、积极地负担起这个光荣的职责。

教育者必须首先受教育

教育者必须首先受教育。教师如果自己对好些问题都没有彻底搞通，那当然就很难向别人进行教育，即使进行起来也是软弱无力，甚至会发生错误。比如，有些学生对国家今年的教育发展计划表示不满，说什么"去年那帮小伙子真幸运，我们真倒霉！"有的教师也跟着埋怨。有的教师存在着"万般皆下品，唯有读书高"的思想观点，认为中学毕业生都应当升学，从事农业劳动是"浪费"。他对学生说："还是升学有前途。"有的还想了种种办法单纯鼓励学生往升学方面使劲。某中学有一位教师，当学生问他："老师，你高中毕业以后如果不能升大学，你会怎样想？"

他无言以对，只好一笑了事。所以我认为，我们中、小学教师目前急需在毕业生问题上弄清思想，明辨是非，这才能很好地担负起教育毕业生和家长的任务。

去年冒进是缺点，今年收缩没有错

有的教师说："去年教育事业大发展，今年又要收缩，既发展就不应该收缩。这是国家对教育事业发展不关心、不重视。"所以有的学生问到这类问题的时候，有些教师不能正面解释。对于这个问题，我们需要弄清两点：一是国家对教育事业是否不关心；一是怎样理解教育事业发展中的若干缺点和错误。

从中华人民共和国成立那天起，我们国家对教育事业一直是关心的。从我们辽宁来看，1949 年中学在校学生只有 62 400 多名，到 1956 年下半年就达到 458 000 多名；1949 年小学生有 1 856 000 多名，到 1956 年下半年已达 2 895 000 多名。如果和旧社会相比，以沈阳市为例，目前中学在校学生人数比国民党统治时期学生人数最多的一年（1947 年）多 3.2 倍，比伪满时期学生最多的一年（1943 年）多 6.2 倍；现有小学生人数比 1947 年多 2.2 倍，比 1943 年多 3.1 倍。这就充分说明，党和政府是用了很大力量来发展教育事业的，说国家不关心教育事业，那是与实际情况不相符的。有人说了，我们老往后看，原始社会还没有学校呢。我认为，老往后看当然不对，但在考虑一个问题的时候，我们不能不回顾过去，因为我们不能割断历史。当我们在研究国家是否关心教育事业这一问题时，就更不能不把旧社会教育事业发展的规模、速度拿来和现在对比了。问题很清楚，不这样对比，就不能把事情讲清楚。

有人问，前几年高中毕业生几乎全部升学，初中毕业生大部能升学，高小毕业生升学率也增大了，现在不同了，这又是怎么回事呢？这是中等教育赶不上高等教育发展的需要，高中毕业生数量增长未能适应高等学校招生需要的特殊条件下所产生的一种特殊现象。今年情况的变化表明，我国教育事业已开始转入比较正常的状态。有些教师也和某些学生、某些家长那样，把这种暂时的情况看作是很正常的现象，认为过去那样做了，今后也应该那样做，这就不对了。须知，大学生人数最少，中学生多些，小学生最多，教育发展的这种金字塔形式，在世界各国都是如此。

正因为没有认清这些，今年适当收缩一下，于是就有教师认为这是"速退"了。好像如果去年不冒进，今年中、小学毕业生都可以升学似的。应该肯定，去年的教育事业发展是有些冒进，但不能说，去年不多招一部分学生，今年就能招更多的学生。对于缺点，我们要实事求是地看待。我国有计划的建设工作才开始几年，我们缺乏经验，这就难免在工作中发生或大或小的缺点和错误。时间过了一年，发现去年多招了一部分学生，给工作造成很大困难的时候，我们就应正视这个缺点，接受教训，把今年的教育事业放在更加稳妥的基础上，这正是有计划的表现，也是对工作、对人民负责的态度。如果我们发现了缺点，不及时加以纠正，任其继续错下去，那才是不对的。有的教师觉得理屈，不好讲。错了就是错了，对的就是对的，这有什么不好讲呢？实事求是地向学生和家长讲清，他们是会谅解的。

归根结底，学习是为了劳动

说起来，中、小学教师都知道普通教育的性质和任务是什么，也知道不论大学生、中学生和小学生，他们学习的目的都是为了更好地参加劳动；但从各地反映的情况来看，有些教师实际上没有彻底弄通这些问题。

中、小学教育的任务，就是一方面给上一级学校提供学生，一方面要向国家建设输送劳动后备力量。在旧中国从来都是有文化的人不从事体力劳动，从事体力劳动的人大都没有文化，"学而优则仕"就是旧中国知识分子学习的目的。新中国则把文化科学知识教给所有的劳动人民，以满足改进技术，提高劳动生产率的要求，这是我们进行文化革命的根本任务。大批知识青年走向工厂、走向农村、走向其他劳动战线；我们开展扫除文盲的教育活动，举办各种业余文化技术教育，正是根据这个任务做的。这难道不是一个有历史意义的变化吗！事情常常是这样：一个新鲜事物不断在成长和壮大，可是人们的思想意识却往往落后在客观事物发展的后面，还在用"劳心者治人，劳力者治于人"的旧观点来看新事物，把好事看成是坏事。我们应该急起直追，使思想赶上客观形势的发展。

国家建设需要知识青年，这是肯定的。我们新建的工厂是现代化的，我们的农村将来要机械化、电气化，不提高工人、农民的文化，不增加知识青年是不成的。合作化以后的农村，要进行技术改革，要进行多种经营，目前就需要大批知识青年。黑山县第三初级中学最近在本县八道壕镇幸福农业生产合作社做了一次调查，社主任告诉他们，目前就需要会计、记账员和各种农业技术人员，他说："我们社需要增加100多名劳动力，更需要30多名初中毕业生到社内担当各种不同的工作，如果不增加这批新生力量，就很难进行技术改革，当然严重影响增产。"如果各个学校都就近调查，我们就会发现，各地都有类似情况。至于企业、工厂，虽然今年要精简机构，不能多招工人，但以后随着工业的发展还是要增加工人的。

教师是关键，学校要抓住这一环

这里只是着重讨论几个重要问题，当然，也还有其他一些问题需要弄清楚。希望教师们好好学习，明辨是非，提高认识。有些教师面临着毕业生问题，常说自己没有经验，缺乏办法。工作经验、具体办法固然是很重要的，但更为重要的是要首先解决认识问题。如果认识问题没有解决，具体经验和办法，也没有多大帮助。

最后，我希望教育部门、学校要很好地帮助教师学习文件，提高认识。大家都知道，解决中、小学毕业生的问题，教师是关键，但是在实际工作中，不少人却常常忽视这一重要环节。有的学校没有认真组织教师学习有关文件，没有组织教师学习《人民日报社论》《关于中、小学毕业生参加农业生产问题》，就说教师的思想"很明确，没啥问题"，其实就是这个学校也还有一些教师片面鼓励学生升学，有的教师还认为初中毕业生参加农业生产"可惜"。有些学校在本学期开始时曾组织教师学习过有关中、小学毕业生问题的文件，以后就没有对教师进行教育，这是很不够的。最好的做法是，不断通过文件学习，通过工作实践，及时发现问题，组织大家学习、讨论，提高认识。教师的思想问题不是学一次文件就能彻底解决的。

（原载于《辽宁日报》1957 年 5 月 15 日第 3 版）

教师对新教材的认识
应再提高一步

　　各地试行新教材，已经一年多了，东北各学校的教师们，对于如何使用新编教材，已逐渐摸索到了一些经验。最初试行时，对于这些新教材，教师们感觉不习惯，有的人对新教材存在着一些意见，有的说，新课本太浅，不如旧课本渊博……等等。经过一年的试行，现在各方面的教师都认清了，新教材是进步的，合理的，是由浅入深、由简到繁、由具体到抽象、由已知到未知的，是辩证的，合乎事物发展规律的。这说明，教师们在学习和使用新教材的过程中，逐渐认识了新教材的优越性。

　　使用新教材的结果，使得东北地区学校的教学质量有了显著的提高。学生们听起来容易接受，容易独立运用思考，并能把所学的知识结合实际，这样，学生不但认识了自然，还能通过自己的独立创作去改造自然。我亲自看到了东北实验学校的一些学生，去年春季在学习新的植物学期间，就试验着用米邱林的接枝办法，接了好多种植物，例如用西红柿接土豆，用大葱接大蒜……教师们热心地进行指导，不但促使学生们运用思考，而且还使学生们初步了解了植物出现变异的道理，学生们的学习兴趣也提高了。这证明，新教材对于教师和学生都是有帮助的，使得大家都提高了一步。但是，有的人满足于现状，以为不用再求进步了，这是错误的。

教师们，我们的课本还需要继续修正、提高，我们的教学方法仍得不断地改进。我们要加强对新教材的学习和理解，应该精益求精再进一步地钻研，把它的精微处研究出来，并能结合学生们的实际和要求。教师们更要加强政治学习，掌握马列主义毛泽东思想，不断提高我们的理论水平，才能进一步掌握好新教材，才能使学生透彻地了解所教的有系统的科学知识。

教师不但要教好，而且要使学生学好，那才算一个人民教师。完成祖国交给我们的培养新一代的教育工作，促进经济建设和国防建设，这就是我们教师的光荣任务。

（原载于《东北教育》1951年4月总第25期，第5卷第1期）

人民教师应重视培养青少年
一代的共产主义道德品质

几年来，我省广大青少年在中国共产党和毛主席的关怀教导下，经过历次伟大的社会改革运动和较长时期的人民学校的教育，社会主义觉悟有了一定程度的提高，新的道德品质正在迅速成长。在青少年学生中爱护公共财物，拾金不昧，舍己助人，敬老爱幼，遵守社会秩序等优良行为逐渐增多。这是党和毛主席正确领导和关怀教育的结果，也是在地方党和政府的领导下，许多人民教师认清了自己的职责，积极认真地和青年团、少先队密切配合并取得家长的协助，向学生进行了新品德教育的结果。但是，新的道德品质，即共产主义道德品质在青少年学生中尚未巩固地形成，由于封建残余的影响依然存在，资产阶级和一切残余的旧势力在青少年学生中散布他们的思想污毒，影响、侵蚀、分化和夺取青少年，因而在青少年学生中仍然比较普遍地存在着轻视劳动、歧视劳动人民的思想和怕艰苦、怕困难，学习纪律松懈的现象。更值得注意的是出现了一部分青少年学生破坏公共财物和社会秩序的现象，某些青少年学生道德败坏，发生欺骗、偷盗等为非作歹的行为。这种行为破坏了治安，损害了青少年的身心健康，妨害了共产主义道德品质的成长，对我们的社会建设和教育建设事业都是很危险的，应引起广大人民教师的严重注意。

我们国家正在进行着伟大的社会主义建设，不仅要在生产上来一次革命，而且人们的意识也必须彻底改变。目前尚未肃清的流氓盗匪和旧社会遗留下来的黄色书刊仍在传播毒素，不法资本家正在千方百计地散布他们的腐朽思想，我们的青少年学生缺乏社会知识和经验，就很容易受其毒害。为了顺利地进行和胜利地完成国家伟大的社会主义建设和社会主义改造的事业，在广大青少年学生中巩固与扩大社会主义思想阵地，消除和肃清资产阶级思想影响与旧社会遗留下来的恶劣习惯，培养他们成为全面发展的、具有共产主义道德品质的新人，是当前一项极其重要的政治任务。年轻一代是我们革命事业的继承者，他们被培养成什么样的人，他们的道德品质如何，会直接影响革命事业的现在和将来，因此就要求我们必须更好地负起培养青少年共产主义品德教育的任务。

培养青少年一代具有共产主义道德品质，各级学校应担负主要责任，因为他们在学校受教育的时期正是知识增长，道德面貌和性格意志形成的时期。学校教育的目的就是培养青少年一代成为社会主义社会全面发展的成员。几年来各级学校许多教师在向广大青少年学生进行政治思想教育、品德纪律教育方面，做过了不少的工作，并收到了一定的成效。但是，青少年一代的新道德品质尚未巩固形成，在少数青少年学生中发生道德败坏的严重情况即说明了我们的教育工作做得还是不够的，还需要进一步加强。目前，有些教师对品德教育在思想认识和实际工作上还存在着不少问题。比如有的教师对过渡时期反映在思想战线上的阶级斗争尖锐化认识不足，以致对资产阶级思想侵蚀青少年学生视若无睹。有的教师对全面发展的教育方针理解不全面，因而偏重科学知识的传授，而忽视思想品德教育。有些教师虽然认识到加强品德教育的重要性，但却认为那只是学校行政和党、青年团、少先队等组织的责任，认为一般的科任教师可以不闻不问和漠不关心。也有些教师只注意学生在校内的情况而忽视学生在校外的情况，只注意校内教育而忽视校外教育。所有这些想法和做法如不及时纠正，必将继续影响和妨害对学生进行共产主义品德教育。

对青少年学生进行共产主义品德教育是全面发展教育的一个重要组成部分，片面地重视知识的传授而忽视品德教育是错误而有害的。当然，提高学生的科学知识质量是必要的，但必须明确认识，教学目的的完整实现应是全面发展教育的目的和任务的贯彻和完成。我们的教育目的是培养社会主义社会全面发展的人才，为社会主义建设事业服务。我们不能想象，一个知识程度好的学生，思想落后或者身体衰弱，可以胜任社会主义社会的建设任务。因而作为一个新中国的教育工作者，绝不能把职责范围缩小到课堂讲书、单纯传授知识，因为只注意一方面的发展而忽视其他方面，这种做法本身就会妨碍教育质量的提高。必须从多方面教育学生，培养他们成为全面发展的新人。

培养学生的共产主义道德品质的教育是一个艰巨的长期的任务，必须在学校中巩固与扩大社会主义思想教育阵地，树立正确风气；必须以社会主义的思想从正面教育学生，使之明辨是非，认识真理；必须和青年团、少先队等组织密切配合，通过教学过程和课外各种活动长期地、细致地、耐心地进行教育。那些不积极进行或只消极管教以及急于求成等想法和做法都是不对的。此外，在对青少年学生的培养教育过程中，必须密切结合他们的生活学习和思想实际。比如教育学生爱护公共财物就应从教育学生爱护校舍和学校一切设备做起；为了使教育工作收到切实成效，教师就应深入了解学生，针对不同情况予以适当地教育。

正确地进行共产主义品德教育，教师负有重要的责任，因此就要求教师加强本身的新道德品质的修养，成为学生的榜样，以实际行动影响学生。加里宁同志说过："教师的世界观，他的品行，他的生活，他对每一现象的态度都这样或那样地影响着全体学生"，这一点是很重要的。所以，我们的教师必须努力学习政治，进行自我教育，加强自我改造，彻底批判资产阶级思想，提高社会主义觉悟，担负起培养青少年一代的共产主义道德品质这一艰巨的政治任务。此外，希望青少年学生的家长和社会各有关方面协助学校共同负责教育我们的青少年一代，把他们培养成为具有共产主义道德品质的全面发展的新人，把他们培养成为我们伟大祖国的建设者与捍卫者。

（原载于《辽宁日报》1955 年 2 月 12 日第 3 版）

知识分子的思想改造问题

——出席辽宁省政协第一次会议的发言

我们国家目前正在进行伟大的社会主义建设事业。要完成这一艰巨而光荣的任务，不仅要靠全体工人和农民的创造性的劳动，而且也要充分地发挥知识分子的力量才行。现在，我想就知识分子的思想改造问题，谈一谈我个人的认识和体会。

解放后，我省各个部门的知识分子，在党的领导下，努力工作，积极学习政治理论，因而在政治思想和业务能力方面都有很大的提高，并且给国家做出了一定的贡献。但是，由于我们的知识分子大部分都是从旧社会中来的，所以还存在着不同程度的旧思想意识。这些旧的思想意识如果不加以改造，就不能更好地贡献自己的力量。

我个人感到这次大会的召开，就是我们知识分子进行思想改造的机会。我参加全国的和省的政协会议、全国的和省的人民代表大会会议，前后有十余次，每参加一次都有新的收获和体会。过去有句古话说"开卷有益"，我觉得"开会更有益"。知识分子思想改造，正如周总理所说，通常要经过社会生活的观察和实践、业务的实践和理论学习这三个途径。

周总理指出的这一点，我认为是许多年来知识分子进行思想改造的总结。我个人的思想改造恰恰就是这样。

我在九一八事变以前，完全不懂得什么叫政治，更不懂得阶级是什么意思，那时只是出于爱国的热情，想要办教育救国。结果在沈阳搞了一气教育，不但没有救了国，反而眼睁睁着东北被蒋介石出卖给日本法西斯蹂躏了十四年。"九一八"以后，我经历了14年流亡生活和抗日救国活动。在这不算短的过程里，经过生活的观察和实践，逐渐地认识到国民党腐败、不抗日，共产党是真正坚决抗日救国的。因此，我决心拥护共产党的抗日政策，并在共产党的支持下办教育，为抗日战争和中国革命培养人才。这时，我又结合理论学习和工作实践，逐渐提高了思想认识，懂得了革命的真理。当然，我仍然存在着一些缺点，还须要继续进行自我改造。

从旧社会带来的旧思想意识是很顽固的，并非一朝一夕来个突变就能改造好。但是，这也不能因此就产生消极思想，认为思想改造遥遥无期。应该看到，只要我们主观上认真加以努力，这个过程就能够缩短。同时，也要承认，思想改造也并不是一件轻松愉快的事情，要改变多少年来所形成的旧思想旧习惯，是要经过矛盾斗争的，是要有些痛苦的。但是，克服了一个缺点，却又是一件很愉快的事情。

要把思想改造好，我认为一要靠党的教育和帮助；二要靠群众的帮助；三要靠本人的自觉，而本人的自觉是其中最主要的一环。因为，自己的觉悟和决心是内在因素，而事物的发展，外因一定要通过内因来起作用。如果自己不下决心，就不能很好地接受党的教育和群众的帮助。

我还感到我们非加强学习马克思列宁主义不可。有的人强调没有时间；有的人强调水平低，学习起来有困难。学习时间，我想是可以挤出来的。关键在于有没有决心，有了决心，就能挤，就能坚持。马克思列宁主义不是玄之又玄的吓人的东西，我们大家都有一定的文化水平，要学习理论还是可以的，最低限度也要学习时事、政策和一般的政治理论。有了这样一个初步的基础，我们就能在看问题、处理问题的立场、观点、方法上逐步与客观实际相符合了。以上是我个人一点很不成熟的意见，有不当之处，请大家指正。

（原载于《辽宁日报》1955 年 3 月 11 日第 3 版）

第六辑

怎样教育新的一代（幼儿教育篇）

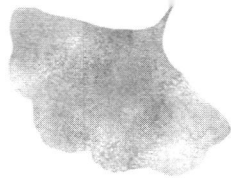

怎样看待孩子的幸福

做父母的都热爱自己的孩子，都希望自己的孩子生活得很幸福。可是，究竟应当怎样爱孩子，究竟什么是孩子真正的幸福，却是值得深思的。

有这样的家长，他们觉得自己在旧社会一直过苦日子，到新社会才翻身，现在应当让自己的孩子享些福，使孩子有个幸福的童年。这种愿望是正当的，也是可以理解的。然而在对什么是孩子的幸福这一问题的认识上和具体做法上就有了很大的不同。有的父母认为，孩子得到充足的物质享受就是幸福。他们给孩子买最好吃的食品、最贵重的玩具、最华丽的衣帽等等。总之，孩子要什么就给买什么，孩子说什么就是什么。孩子生活上的一切全由保姆照管，自己不加管教。这样做的结果怎样呢？把孩子娇惯成温室里的花朵，经不起风吹日晒。这样的孩子在小朋友当中处处显示自己"与众不同"，向别人夸耀：我要什么有什么。这样的孩子往往不用功学习，不尊敬老师，不遵守纪律，对同学不能团结友爱，还逃避劳动。做父母的想一想，这样孩子将来能够成为革命事业的接班人吗？我们可以肯定地回答，如果对"幸福"没有一个正确的认识，不改变教育方法，那是教育不出好孩子的。所以，应当认识到，真正的幸福并不是现成的物质上的享受。我认为孩子的真正幸福是他们的身心的健全发展，使他们具有社会主义觉悟、文化知识，并且热爱劳动，在社会主义建设中成为一个有用的人。而这正是新旧社会对幸福的看法的分界线。我们的国家是劳动人民当家做主的国家，凡是在伟大的社会主义建设中积极劳动的人，都受到人们的尊敬，凡是对祖国有贡献的人，都受到人民的嘉奖。这样的人，就是幸福的人，也是国家和人民所需要的人。

　　也有这样的父母，他们对孩子的幸福并无奢望，只要孩子吃饱穿暖，长得健康，不哭不闹就行了。对孩子的一举一动漠不关心，对孩子的成长和发展连想都不想。这样的父母，只是完成了一部分养育的义务，却没有尽到教育子女的责任。因此，做父母的，你如果真正热爱自己的孩子，想使你的孩子未来的生活幸福，那么，从孩子幼小的时候起，就应该全面地关心孩子，不断地培养与鼓励他们爱劳动，爱学习，热爱集体，热爱祖国，以便使他们成为国家和人民所需要的人。

（原载于《辽宁日报》1958 年 7 月 6 日第 3 版）

当你孩子哭了······

　　孩子哭是父母最不耐烦的一件事，也是感到不好办的一件事。有的母亲不研究孩子哭的原因，孩子一哭，就给孩子东西吃；有的母亲采取申斥、吓唬的办法，或者干脆打一顿。很显然这些做法都是不对的，频繁地给孩子吃东西会引起胃肠消化不良病；吓唬、打骂会使孩子的精神和肉体受到创伤和不应有的刺激，甚至形成精神不正常。这说明不了解孩子的心理，用极不妥当的办法去抑制孩子的哭，是不应该的。

　　有些孩子养成爱哭的坏习惯，稍微遇到不称心的事，就大哭大闹，甚至躺在地上打滚。遇到这种情况，做父母的应该离开孩子一会儿，表示坚决不理，孩子感到孤立后，就可能不哭了；假若还哭，可给他心爱的玩具或用突然逗乐的办法，转移孩子的注意力，接着就带他到他喜欢的地方去看看、玩玩。至于年龄较大的孩子哭闹，可以据理批评他，使他知道哭得无理。旁边的人乘机再哄劝一番，这个办法比较有效。但是孩子在生病期间哭，绝不能用上述那些办法，应该耐心地哄劝和安慰他。

　　孩子最好在婴儿时期就养成不哭的习惯，定时定量给孩子吃东西，定时游玩和睡眠。等到孩子懂事的时候，就可以经常讲一些爱哭的孩子怎样不好的故事给他听；别的孩子哭时，也可以让他看看，哭起来该多么难看。当孩子摔了跤，你可以马上鼓励他说："好孩子，摔得不痛，是不？来，自己爬起来。"孩子爬起来后，你可以再抚摸、安慰一番。这样做可使孩子逐渐养成勇敢、顽强的精神和坚毅的性格。

总之，使孩子从小就逐渐养成听道理、不爱哭的好习惯，这是一劳永逸的办法。但在每一个具体事情上，要灵活地想办法去改变孩子不愉快的情绪，注意不同年龄、不同性别、不同性格儿童的心理状态。

（原载于《辽宁日报》1958 年 9 月 2 日第 3 版）

你的孩子"好问"吗

接近过孩子的人都知道，孩子们常常会天真地提出各种各样的问题："这是什么？""那是什么？""这为什么？""那为什么？"有些父母或教师遇到孩子发问，愿意答复，但也有的很讨厌孩子提问，说："问什么？多嘴多舌的。"

孩子幼稚的心里，对一切事物都感到新奇，他们总想弄清楚自己所不了解的事。"好问"，正是孩子探求真理的表现，认识能力提高的表现，心理活动和智力发展的表现，这是好现象，成年人应该给予鼓励。

嫌麻烦，不愿意解答孩子们的问题，甚至打击孩子的"好问"情绪，会造成什么样的后果呢？有的孩子很少发问了，或者干脆不问了。渐渐地，孩子对新鲜事物变得不关心，没兴趣，甚而成为孤陋寡闻、暮气沉沉、缺乏求知欲的人。

在回答孩子的问题时，应当注意引导孩子分清是非、好坏。譬如领孩子看戏或看电影，他们最关心哪个是好人，哪个是坏人。假如你告诉孩子，这是解放军叔叔，那是苏联红军叔叔，他们打垮反动派，他们爱护人民，喜欢小朋友，孩子听了马上会高兴起来；你告诉他那是蒋匪军、是特务、是地主、是美国鬼子，他们专做坏事，杀害人民，孩子立刻会露出憎恨的表情，甚至激动地骂起"坏蛋"来。从这里可以看出，孩子要求分清是非好坏，也有朴素的阶级情感，因此，凡是孩子提出的问题，成年人都应该耐心地给以正确的解答。

回答问题，还要注意照顾孩子的接受能力。就是说，你所解答的问题，应该是孩子所能理解的。如果孩子问得过于详细，层层追问，譬如问："飞机为什么能飞？"解答说："飞机里有发动机……""发动机为什么能发动呢？"你又答："因为发动机里有汽油燃烧……"等等，越问越多，家长恐怕很难全部回答，那怎么办呢？要耐心地对孩子讲："你现在年龄还小，知道这些就行了，等你长大上学，老师就会慢慢告诉你。"

总之，孩子"好问"是好事，父母、教师和幼儿工作者应该发扬孩子们的这种精神。让孩子们从小就敢想敢问，勇于追求真理，明辨是非。

（原载于《辽宁日报》1958 年 9 月 28 日第 3 版）

教育孩子要以身作则

小孩子模仿大人，这是生活中常见的现象。

孩子为什么要向父母和周围的一切人模仿呢？这是有道理的。

一般说来，半岁左右的婴儿就已经明显地表现出来，他们很注意父母的面部表情和一举一动，大人笑他也笑，大人生气了孩子也随着改变了表情，甚至于就哭了起来。一两岁的孩子，模仿性就更强了。哥哥在地上爬，他也学着爬；妈妈骂"混蛋"，孩子也会学着骂。孩子时期的可塑性是极大的，辨别力很低，大人的一言一行无不被孩子学去。因此，教育孩子首先要端正自己，以身作则。有一个未经改造的资产阶级知识分子，他经常要妻子端盆给他洗脚，甚至擦脚的事也要妻子做。孩子把这种行为学去了，并且加以发展，不仅穿衣、洗脚要妈妈来服侍，甚至吃饭也要妈妈喂。有一位丈夫爱打老婆，这个家庭的小哥哥也学会了打小弟弟和小妹妹，推而广之，甚至打起同学来。老师问他为什么打人，教育他不该打人，他却满有理地反问："爸爸怎么可以打妈妈呢？"还有一位家长好表现自己，总说这件事离了他不行，那件事非他不可，很自以为是。因此他的孩子在学校也目空一切，看不起别的同学。也有这样的教师，他们"领导"学生劳动，自己却袖手旁观，在他教育下的学生当了班长，在劳动时也学了老师的样。诸如此类的例子很多。这说明大人的一举一动、一言一行无时无刻不在影响着孩子，因此，怎样以身作则来影响和教育孩子，就成了一个极其重要的课题。

孩子有模仿性是不是件坏事情呢？不，不是的。问题是在于我们如何正确地了解和掌握他们的模仿性，正确地发展他们的模仿性。这就要求父母、保教人员和教师们随时随地注意自己的言行，给孩子树立好榜样。而最重要的是努力加强自己的共产主义品德修养，否则，好的榜样是树立不起来的。

怎样正确引导儿童的模仿性呢？应该知道，儿童并不是消极地反映大人言行的一面镜子。孩子随着年龄的增长，身心的发展，他们的主现能动作用越来越增强，他们逐渐地有了判断是非和好坏的能力，他们的模仿也逐渐具有选择性。因此，做父母的和儿童教育工作者，要经常告诉他们应该向哪些人学习，不该向哪些人学习，要耐心地向孩子讲清为什么要向工农劳动人民学习和向革命英雄学习的道理。经常向他们进行共产主义思想品德教育，使他们向着好的方面发展。

我们的儿童的生活是幸福的，但这幸福并不是轻易得来的。这幸福是共产党和毛主席领导了全国人民艰苦奋斗的结果。为了教育共产主义的新一代，使他们成为老一辈的坚强可靠的接班人，做父母的和教育工作者要严格要求自己，不断改造自己的思想，端正自己的立场，树立良好的作风，使自己不愧为孩子们所敬爱和学习的榜样。

（原载于《辽宁日报》1958 年 12 月 3 日第 6 版）

孩子的自尊心

　　自尊心，人人都有。大人有，小孩也有。孩子受到了批评，特别是在人多的场合受了批评，他们就很不高兴。因为孩子的自尊心受了损伤。我们教育孩子，要掌握孩子这种心理。保教人员和家长们如果采取粗暴的办法去约束孩子或乱批评孩子，表面看来，孩子被管住了，其实他心中不服，这样长久下去，孩子也就疲沓了。就像俗语说的："打疲了，骂滑了。"如果到了这种程度，这就是教育的失败。正确的做法，是要启发孩子的自觉性，而不是用简单压制的办法。比如说，让孩子早晨起床，一种是疾言厉色地急于催促孩子起来，弄得孩子不知所措；一种是说明已到起床的时间了，外面的某家小朋友已经出来玩了等等，用这些话来诱导孩子。用后一种办法来启发孩子，就会使他高高兴兴地起床。用这种办法来教育孩子当然是有益的。经常这样做，会养成孩子良好的习惯。

　　如果孩子在幼儿园或在家里做错了事，或是一时不慎损坏了东西，一般的家长，总是要责备孩子一顿，甚至要弄得孩子哭哭啼啼。更有个别的家长还要打骂一顿，我觉得这是极不对头的。最主要的是应该启发孩子对错误有个正确认识，不仅不应使孩子哭，而且应当使孩子知道今后应该怎样注意和改正。比如孩子打了碗，他已经觉得很不好意思了，这时大人就不要再责备了，应当说："不怕。"等他那种惊惧的心情安定下来以后，再向孩子讲明白碗是经过很复杂的劳动（最好讲一下生产过程）做出来的，同时教育孩子用碗时一定要注意不要再打碎才对。这样一来，既教育了打碗的孩子，也教育了其他孩子；还会使孩子知道碗是怎样生产出来的。他们就会尊重工人叔叔们的辛勤劳动，爱护用品。

在教育顽皮的孩子时，也应该尊重他们的自尊心。顽皮的孩子也是各有特点的，比如有的孩子虽然顽皮但是爱劳动，那就抓住这个特点进行鼓励、表扬。表扬与批评相结合，并以鼓励为主，效果好，但不能急于求成，需要一个较长时间的耐心教育的过程。总之，幼儿教育工作者和家长们在处理孩子的缺点或错误时，一定要尊重孩子的自尊心，使孩子能够勇敢地有信心地克服自己的缺点。

（原载于《怎样教育新的一代》，辽宁人民出版社 1959 年版）

打骂孩子不是教育

打骂孩子的现象是一个严重的问题。在旧社会里所谓"棒头出孝子""不打不成才",认为管孩子的唯一方法就是"打"。许多家长、教师只知道打孩子而不懂得教育孩子。

新中国成立以来,教师的觉悟都有了提高,打孩子的现象可以说完全消灭了,但是变相体罚还未完全肃清。在家庭方面,父母打孩子的现象虽然比过去大为减少,但在部分家长中还存在着。

家长为什么要打孩子呢?首先是对孩子的看法有问题。有些父母以为孩子是自己养的,自己愿意打就打,愿意骂就骂,这与别人无关,把孩子看成是自己的私有物。这种行为反映了旧社会的封建残余思想,特别反映了个体的小私有者的心理。认为自己是一家之长,对孩子来说,父母在家庭里是神圣不可侵犯的。这种封建的家长制度在家庭里虽然是少数的,但也应该引起重视。

其次,和这种思想相联系的,是有些家长把孩子孤立地看成是自己的,没有了解到,孩子也是新社会的主人。既然在社会里他是主人,为什么在家庭里他就不能是主人呢?应该说同样是主人,只是大小不同罢了。孩子在家庭里是一个小主人,是小主人就不应以打骂相待。更重要的是应当使孩子在小的时候就有主人翁感，将来在社会上才会知道如何做主人。

再次，还有一些做父母的对孩子出于好心，怕孩子长坏了，所以就"恨铁不成钢"地硬管。往往由于孩子的行动不称心，就要对孩子使用武力，非打即骂。我在报纸上看到一个消息：父亲因为孩子的成绩得了一次二分，就发火了，打了孩子好几个耳光子，打完后还警告孩子说："你不能告诉老师，说我打了你……"这样做的结果是什么呢？一方面损害了儿童的自尊心，使孩子惧怕强权；另一方面是促使孩子说谎，遇事不能忠于事实。有一天，那个孩子打了其他同学，老师问："你为什么打人？"孩子说："我爸爸还打我呢！"那个孩子在家打了小弟弟的时候，他也这样说："你不要告诉爸爸妈妈，说我打了你……"孩子是富有模仿性的。这位打孩子的父亲就这样地给他的孩子做了反面教员。

打孩子的爸爸妈妈们，应该想一想，这种"打育"能培养出什么样的人呢？

对父母来说，孩子是自己养的，可是国家的宪法规定着"儿童受国家保护"，难道做父母的不该爱护孩子吗？孩子并不是私有物，孩子是国家的小主人，是国家的未来和希望，是共产主义事业的建设者和保卫者。再进一步讲，不能耐心教育孩子，只能打孩子的做法，是做父母的不懂教育的表现。

还有，骂孩子也同样是不对的，这样做，同样会损伤孩子的自尊心，并使孩子学会粗暴野蛮地对待别人。不讲理地骂人，会在孩子幼小的心灵里播下不文明的种子。对顽皮孩子究竟应该怎样办呢？我看也不用骂他，因为骂是解决不了问题的。即使在家长暂时威胁之下，孩子老实一会儿，过后，离开了父母还会旧病复发。长此下去，便容易养成孩子阳奉阴违的坏习气，这就更糟了。假如真把孩子骂怕了，反倒更坏了，这会使孩子惧怕强权，成为懦弱无能的人。那怎样办呢？我想只有采用耐心地说服劝导的办法，去教育孩子。孩子犯了错误，要向他讲清道理，使他明白哪是，哪非；谁对，谁不对。他虽然不能一下子改正过来，但只要多想些办法，找出犯错误的原因，多说服、多启发诱导，孩子是会逐渐改正过来的。也许有人要说：你说千道万，他不听怎么办呢？那你就找找孩子的特点：例如孩子劳动好，你就从这点表扬他，让孩子树立信心，恢复孩子对父母的感情，不令他怕，不让他有任何拘束。如发现他顽皮，也要适当批评。

做父母的，只有教育子女的责任，绝没有打骂子女的权利。孩子是可爱的，从爱孩子的愿望出发就不应该采用与这种愿望相反的打骂孩子的做法。对孩子只能是教育，教育，再教育。

（原载于《怎样教育新的一代》，辽宁人民出版社 1959 年版）

教育孩子要热爱幼儿园和学校

　　小孩子都懂得爱他们自己的家，哪怕很小的孩子，也知道关心家里的一切事情。孩子们知道爱自己的家，也不是天生的，应该说这是家长们长期教育的结果。当然，家长们并没有对孩子特殊地进行过爱家的教育，但是在日常生活中，它却使孩子们深深地懂得家里的一切都与孩子们的利害有关；尤其重要的是家长在长期的生活中，使孩子们在家里得到了关怀、体贴和无比的温暖，从而培养了孩子们爱家的深厚感情。

　　尽管孩子们在家里有时受到过严厉的批评，甚至有的孩子还遭到父母的打骂（这当然不好），但是孩子们爱家的心情却一直很强烈。反之，幼儿园和学校，一般地说生活和学习条件都要比家庭好，教养员和老师一般地也能做到耐心地教育，几乎根本没有打骂儿童的现象了。可是有的孩子却不爱它。比如有的孩子每逢入园的日子总是不愿意去；不关心园里的事情，不爱惜园里的物品；入了小学的孩子有的随便毁坏公家的物品，甚至故意打碎玻璃。

　　孩子们对待自己的家、幼儿园和学校，为什么会有这么大的区别呢？关键的问题在于教育；在于保教人员和教师能否和孩子们建立起深厚的感情；在于能否使孩子们清楚地了解到这里就是他们的第二个家，这里的一切与每一个小朋友都有密切的关系。所以，为了使孩子们真正热爱幼儿园和学校，保教人员和教师同志们，首先应当做到无微不至地关怀他们，循循善诱地教导他们，并且应当利用各种机会进行爱园、爱校的教育。

对刚入园的孩子，保教人员应当特别注意要和他们建立感情。要经常地和他们谈这个问那个，关心他们的每一个举动，问他们吃得好不好，睡得好不好，都有些什么要求。当他们有些不如意的事情发生时，要耐心地帮助解决。他们有了些微的进步时，要及时地给予表扬。他们做错了事情时，一定要坚持耐心地教育，千万不要严厉地苛责，更不要用吓唬、嘲笑等办法来压服。特别应该注意的，要做到对孩子们一视同仁。因为孩子的身体和智力发育很不一致，保教人员往往不自觉地喜欢各方面都比较好的孩子，而不喜欢差一些的孩子。这样常了，就容易使那些不被喜欢的孩子的自尊心受到损伤，甚至会使他们感到孤独、被冷落而讨厌起幼儿园来。保教人员不仅要做到对所有的孩子都一样看待，而且要帮助那些不受小朋友欢迎的孩子，帮助他们改正缺点，教育大家不要歧视他们。不然，他们在小朋友中经常受欺负或者受到奚落以致挨了打，也会讨厌起幼儿园来。在孩子们对幼儿园有了初步感情后，进而就要教育他们关心园里的一切事物。要经常地把园里的一些事情向他们作些介绍，像"我们幼儿园里有多少小朋友、多少阿姨"啦，"我们幼儿园养了多少只鸡、兔，又种了多少棵苞米、向日葵"啦，以及这些事物的变化情况，等等。做这些介绍的同时，要教育他们应当如何如何爱护它们。

孩子们上了小学，教师们应当更多地注意教育他们要爱集体、爱护公共财产、爱护学校名誉以及爱护学校的一草一木。在教育过程中，同样需要细致、耐心、反复地讲解。对做得好的学生，要及时地给予适当的表扬。对做得不好的学生，最主要的是向他们讲清道理，直至使他们感到因为一个人影响了集体确实不对了，并表示以后不再犯了为止。

不论幼儿园和学校，只要能长期地、经常地进行这方面的教育，真正使孩子们对教养员、教师发生了深厚的感情，并使他们都能清楚地了解到为什么要爱幼儿园和学校，我想他们会做到像爱他们自己的家一样地来爱幼儿园和学校的。

教育孩子们热爱集体、热爱幼儿园和学校，对孩子们在政治思想上的健康成长是有很大好处的。因为孩子们从生下来起，还只知道关心自己和自己的家，至于关心集体、关心几百人的大家庭，对他们来说还很不习惯。如果这个基础打得好，对他们集体主义思想的成长以及对今后处理个人和集体的关系等问题都会有所补益的。

（原载于《怎样教育新的一代》，辽宁人民出版社 1963 年第 3 版）

努力办好托儿所和幼儿园

我省的幼儿教育事业，随着祖国社会主义建设的发展，有了很大的发展。到现在为止，全省幼儿园和托儿所（站）估计可收容一百多万名孩子，小学生约四百万以上。这说明了儿童教育工作在我省是得到了极大的重视。

根据我国当前的物质条件和广大劳动人民生活水平，尤其应该遵照勤俭办一切事业的精神，办好幼儿园和托儿所。多办和办好幼儿园、托儿所，这是关系着培养更多的孩子和更多地解放妇女劳动力，以便加速社会主义建设的一件大事。

幼儿园和托儿所（站）怎样才能办好呢？

首先，要有个正确的思想观点，不脱离生活实际，不贪大图洋，不要追求形式和条件，要把需要和可能结合起来。就是有了很好的条件，也不应铺张，以免给孩子们的心灵种下浪费的种子。因此，就不应在设备上有过高的要求，如洋楼、风扇、铁床等。将来我们的生产力发展了，人民物质生活提高了，再随之改善和提高也不迟。我们所追求的应该是使孩子们逐渐成为勤劳勇敢、诚实朴素、健康活泼的孩子，这是我们对幼儿教育工作者的要求。因此，实事求是地有什么就利用什么就可以了。

有炕也好，用木板搭床或借用桌凳都好。总之，一切都要根据实际条件出发，因陋就简地搞，积极地创造条件逐渐改善。

我们应该在现有条件下使孩子们吃得好、玩得好。很多的幼儿园，它们都做到了这一点。在天气暖和的季节里，要把孩子带到外面跑跑跳跳，使他们心情舒畅，让孩子们活泼愉快健康地发育成长起来。为了让孩子多懂些日常生活中遇到的常识，也应买些连环画和画报。能多买更好，可以让孩子们传着看。有文化的保教人员看完后还应给孩子们讲一讲。还可以带孩子们实地去看看。比如到农田去看怎样种庄稼，怎样施肥、灌溉，怎样铲趟、收割，等等。如果再能参观拖拉机、抽水机、电磨等那就更好了。总之，一切能见到的东西都应尽量让大班孩子们看看。用对比的方法来讲，就更会使他们感兴趣了。如讲电灯和油灯，汽车和马车，拖拉机和老牛车，等等。这些对孩子们增加知识都有莫大的好处。

在幼儿园和托儿所里工作的同志们都应该多想办法亲自动手克服一切困难，在现有的条件下，使孩子们更加活泼健康地成长。所以要求大家要以高度责任感耐心地教养孩子，体贴孩子，爱孩子。要关心孩子的寒暖，如同妈妈一样，不要辜负了孩子们家长的希望和国家的委托，随着祖国更大地更全面地跃进，更好地完成各自担当的光荣任务吧！

（原载于《怎样教育新的一代》，辽宁人民出版社 1959 年版）

托儿所、幼儿园里的三件大事

　　吃好、玩好、教育好，这是托儿所、幼儿园的三件大事。所有的保教人员都应该重视这三件大事。

　　孩子生下来就知道要吃要喝了，不满足要求时，就会哭闹起来，这是孩子们不用学就会的本领。在孩子不会说话时，唯一能表达他的要求的就是哭，那么是不是孩子一哭，就给他吃或喝呢？这样做，虽然一时能使孩子不哭，但是并不好。如经常这样，不仅养成孩子好哭，还可能损害孩子的胃肠而造成疾病。这种办法是那些教养孩子不得法和不耐心的人所常用的。当我们知道这种做法对孩子有害的时候，就应该立即改变过来，千万不能继续下去。

　　那么怎样做，才能有利于孩子的身体和智力的发展呢？办法多得很。一个是让孩子在吃东西上有一定的时间，一定的数量；养成孩子良好的习惯。孩子在吃饭的时候，一定要让孩子一心一意地在一定的地方吃，不能边吃边唠嗑、边玩、边淘气等。要教育孩子自觉地遵守纪律，切不可威胁或变相刺激孩子。孩子如果在吃饭时不愉快，不仅会减低食欲，而且长此下去，会造成疾病。特别是新办的幼儿园，对管理孩子没有经验的保教人员尤应注意。

"玩好"，就是领导孩子们多做些各种各样的游戏活动。阿姨们组织和教会他们游戏和唱歌，这是孩子们最感兴趣的。由于学会游戏唱歌并发生兴趣，这会培养孩子的活泼、灵敏和机智，也会减少他们某些不礼貌的顽皮行为。最好是以简易办园、办所的精神买些有教育意义的连环画、画报，或自己动手做些孩子们所喜爱的各样玩具。如小人、小马、小猫、小狗以及各种劳动工具类的东西。用玩具教育孩子是个好办法，所以每一位保教人员，都应积极想办法，寻找机会，创造条件。比如向孩子们的家长搜集一些布边、布角或到木器铺里找点木头块、木头条，到薄铁铺里找点铁片，等等。用这些零碎材料，就可以做出很多很好的玩具来。如果自己做有困难，还可以请小学校里的工艺老师做指导或共同研究制作。这样在不断制作中，还会使玩具多样化和提高玩具的质量。

另外，要教养好孩子，必须了解孩子的心理状态。一般地说，孩子都喜欢在一起玩，这正是我们培养孩子具有集体主义思想的好机会。因此我们幼教工作者应经常教导孩子们要好好地团结、合作。孩子们一同唱歌或做手牵手的游戏时，以及在日常生活中，都要积极引导他们发挥互助友爱的精神。孩子们是有极大的可塑性的，只要我们保教人员向这方面努力，一定会做出显著的成绩。我们要努力使孩子们更加天真活泼，使孩子们能把集体主义的思想感情充分地表现出来。

"教育好"这是一个总的要求，在任何活动中都应该贯穿这个精神。幼儿园的教育方式之一是上课。为了使初做保教工作的同志，对上课的内容有一个概括的了解，现在我列一个表在下面：

幼儿园科目内容表

科　目	内容要求	教学方法
认识环境和学习语言。 　学习说话和认识环境是分不开的，通过说话和认识环境也是对儿童进行思想教育的过程。	①认识吃、喝、玩、用等物品的名称、用途和它是怎样来的。 　②认识成年人的劳动活动、劳动工具、劳动对象、劳动成果等。 　③认识附近的树木、花草、鸡、鸭、牛、羊等和它们的生长过程和生活情况等。 　④认识四季的变化和雨、雪、冰、霜等自然现象。	①观察课；②参观近地旅行；③谈话；④讲故事；⑤说歌谣；⑥猜谜语；⑦说快板；⑧说笑话；⑨说相声；⑩绕口令；等等。
计算 　使孩子学会数数和简单的加减，并为儿童的入学打基础。	①小班儿童可认识1、2、3、4、5这五个数和5以内的加减（即在加减时不出现5以外的数）。 　②中班、大班可认识1、2、3、4、5、6、7、8、9、10十个数和十以内的加减。程度好的也不要超过20个数。	①数手指头；②数衣服扣子；③数吃的馒头；④数苹果；⑤学有数字的歌谣；⑥做各种各样的游戏；⑦讲有数目字需要计算的小故事；等等。

科　目	内容要求	教学方法
美工 　　通过做美工的活动，加深巩固孩子对物饰的认识，启发孩子的想象创作能力，并使孩子的手更加灵巧。	①4岁以上的儿童，可用铅笔和泥土画或捏些简单的物品和用具。 　　②为小朋友们做玩具。	①画"娃娃"；②画房子；③捏"娃娃"；④画打苍蝇；⑤画幼儿园；⑥用树叶粘花；⑦用谷穗子编小猫、小狗；⑧用高粱秸做飞机、马、桌子等；⑨用火柴盒做小汽车；等等。
音乐 　　通过唱歌舞蹈，丰富儿童的想象和情感，使孩子更加热爱祖国、热爱大自然。	①唱描写儿童所熟悉的自然物的歌曲。 　　②唱可以培养孩子某种好习惯、好品质的歌曲。可结合游戏舞蹈。 　　③歌曲的调子应该是轻松愉快不高不低，也不要忽高忽低。少唱大人歌。	①教养员先唱一两遍给儿童听，使他们喜欢这歌并愿意学；②讲解歌的内容，对儿童进行教育；③教养员唱一句儿童跟唱一句，唱四五次，大多数学会为止；④变更方式练习唱，如分组唱、集体唱、站唱、坐唱、独唱、二重唱；等等。
儿童操和游戏 　　锻炼儿童身体，活跃儿童生活，培养儿童的组织性、纪律性。	①少年广播操（早操）。 　　②各种儿童体操。 　　③各种活动性游戏：应该符合教育目的、合乎儿童的身心发展情况。	①站队、走去、变队形；②做操要从每个动作开始教，然后要练习巩固，注意不要过累；③角色游戏；④规则游戏；⑤年龄大些的还可做些竞技游戏；等等。

科　目	内容要求	教学方法
劳动 　　培养儿童热爱劳动的思想感情，培养儿童初步的劳动习惯。	①日常生活中的自我服务性劳动。 ②种植和饲养劳动。	①要有目的、有计划、有组织地劳动；②分配每个孩子适当的劳动，不要过累；③注意工具的使用方法，要注意安全。

（原载于《怎样教育新的一代》，辽宁人民出版社 1959 年版）

多做户外活动

在春暖花开和秋高气爽的大好时光，多带孩子们到户外做些游戏，既会使他们心情舒畅，又会有益于健康。

幼儿园附近如能找到空地，可以绿化、美化一下，让孩子们栽种些花草树木。划分管理区，让孩子们分别去浇水、培土、除草等。通过这些劳动来树立和培养孩子们正确的劳动观点和劳动习惯，增长自然常识。春夏秋三季做些户外活动问题不大，可是冬季是否也要进行户外活动呢？怎样进行户外活动呢？我看到报上黄慎同志写的一篇文章：《儿童冬季户外活动的重要性》，很好，现在介绍在下面：

托儿所和幼儿园的重要任务是保证儿童健康。要使儿童健康，不仅要吃得好、睡得好、预防工作做好，最重要的是进行体格锻炼，加强儿童对疾病的抵抗力。

一年四季都应有适当的户外活动。不只夏天能整天在树荫底下游戏或睡眠，就是在冬季，除了大风雪的天气，也特别要保证每天在户外游戏或散步。有不少人怕风吹了受凉，不敢将孩子抱出门外，认为这样可以不伤风少生病。其实不见日光和新鲜空气的孩子虽也白白胖胖，但像暖室的花朵，经不起风吹雨打，伤风得病反而更多。日光可以促进身体的新陈代谢，加强人体各种器官的活动力。日光中含有一些生命不可缺少的东西，其中最重要的是紫外线，紫外线照射皮肤上能帮助人体制造生长发育不可缺少的维生素D，它能使孩子的骨骼和牙齿长得结实，能够预防软骨病。同时，紫外线还能杀病菌，户外空气新鲜，含病菌较少，因为经常有阳光照射。同时日光还可以增加皮肤抵抗力，抵抗各种病菌的侵入。

为什么说冬季户外活动更为重要？我们都知道空气新鲜与否对人的健康有很大关系，不新鲜的空气，特别在空气中有使人致病的微生物时是人们健康的敌人，因此不能将孩子关在空气不流通的屋子里。孩子们经常受到户外冷空气的刺激，能使皮肤血管收缩和放大的作用灵敏，使体温调节中枢得到良好锻炼，增强体温的调节机能。这样，在遇到温度剧烈变化时适应能力强，也就减少了得病的机会。新鲜空气可以促进神经的功能，增强呼吸器官和心脏活动力。此外，由于户外活动增加孩子们的活动量，会使肌肉发育得更好。而且经常在户其活动的孩子情绪总是高涨的，血流通畅，食欲旺盛；对提高健康水平大有益处。人民日报社托儿所的孩子们，由于经常注意户外活动，降低了呼吸道感染的发病数，在未锻炼前感染率为25.9%，锻炼后为15.6%，同时，体重的增加也较以前快了。

户外活动时间应按年龄和气候的不同而不同：在温和的天气，应该把乳儿抱在外面走走，或先在空气流通的室内抱着散步十五至二十分钟，逐渐增加到一、二小时，每天二次。对会爬的孩子，可以在户外准备好席子、木板或筐箩，让孩子在上边玩玩。一岁以上的孩子，已能欣赏户外的一般景物，如树木、山水、飞鸟等，大人应领孩子们到户外活动，教育他们对自然的观察，每天至少一次户外散步，年龄较大的孩子，应在户外做集体活动，如：做游戏、体操、跳绳或散步等，但中间要有适当的休息，要注意观察孩子们的情况，怕冷的孩子游戏后应早些带入室内，每天至少三至四小时的户外活动。

儿童进行户外活动，还要注意以下几点：（1）户外活动的时间长短应根据天气好坏和地区的不同而异，温和的天气时间可以稍长一些，天气不好时间就可短一些。南方户外活动可以多一些，寒冷的北方户外活动的时间就应该短一些。最好在寒冷季节（除大风雪外），也能坚持，能够经常化，就能适应外界环境的变化。（2）孩子的衣服要以能适合气候的变化，同时不要太臃肿、妨碍活动为原则，另外准备些外衣，以备气候骤变随时加穿，以免感冒。（3）要给儿童多喝开水，因为身体受日光照射，水分挥发得多。

（原载于《怎样教育新的一代》，辽宁人民出版社 1959 年版）

一定要做好孩子们的卫生工作

幼儿的体质比较弱，对外界病菌侵袭的抵抗力不强，这是小孩子容易生病的原因。孩子生病多是因为不讲卫生引起的。因此，必须做好孩子们的卫生工作。

在幼儿园和托儿所（站）里，重要的工作之一，就是把卫生工作搞好。它不仅会给孩子以清洁的美感，并且还会培养孩子讲卫生的好习惯，更重要的是可以预防疾病，增进健康。

在旧社会里有这样一句话："不干不净，吃了没病"，这是一句非常有害的话。我们应当把它改为："不干不净，吃了就有病"，这才是正确的。吃的东西不能放置在脏地方，特别是在夏天，食物最容易腐烂和寄生各种细菌，而细菌不是眼睛能看到的，只有用显微镜才能看出来，如果不注意这些，就容易随着食物吃到肚里，当然就容易生病。就像俗语说的："病从口入。"我们大家都有这种经验，就是在扫地时看不见灰尘，可是当太阳光从外面一射进来就清楚地看见了。而细菌不知要比灰尘小多少倍，所以用肉眼是看不见的。因此，希望保教人员们对孩子用过的饭碗、菜碗、筷子、勺子等用具要用开水冲洗或煮一煮再用，这叫煮沸消毒法。

如果不方便，也可以用碱水洗刷，并放在清洁的箱柜里。此外，还要让孩子养成饭前洗手、饭后漱口的好习惯。孩子的口腔应当特别注意保持清洁,可是我听说有个农村老太太当保育员,她怕孩子哭坏了,就用手指头塞进孩子的嘴里。我还看到老太太当保育员,天天同孩子们在炕上静坐,毫无运动,有的还用嘴喂孩子,这都是非常不卫生的坏办法,应该改变。

孩子睡觉也应有一定时间,晚间早点睡,早晨早点起来。如果孩子不愿意睡觉怎么办呢?绝不要勉强,可让孩子躺在床上,给他们讲故事听或唱催眠歌,这样孩子就会慢慢地入睡了。天气暖和的时候,起床后可把窗子打开,使新鲜空气流入,或带孩子们到户外散步吸些新鲜空气。这些对孩子的身心发展都是有好处的。

更应注意孩子眼睛的卫生。如果眼睛不卫生,里面就会发痒,一发痒孩子就要用手去揉,不洁净的东西就容易带进去。我常常看到孩子好揉眼睛,那多半是因为有脏东西进去了。眼睛的清洁很重要,每个孩子要有一条擦脸的手巾,以免乱用手巾,而使眼病互相传染。

孩子的大小便也应注意。大便最好每天一次,这是正常的。假如大便次数多和颜色有变化,比如大便颜色变白发散,小便发黄或尿发浑等都不是正常现象,这就应该赶紧请医生诊断治疗。衣服、被褥都要常洗晒,因为太阳光里有一种杀菌的力量,用这个办法(日光消毒法)可以消毒。屋子里要注意开窗通风,保持空气新鲜,天热或干燥时可洒水来调节。如果潮湿可常撒些石灰粉,因为石灰粉能解潮湿并能起杀菌消毒的作用。厕所里也要经常撒些石灰粉。

上述这些,是最低要求,应该切实做到。只要保教人员们能重视这些,经常地给孩子们讲卫生知识与培养孩子的卫生习惯,那么这些方面的卫生是可以做到的,孩子们的卫生习惯也会较容易养成和保持经常的。如果我们稍有疏忽,就会出现漏洞,甚至出乱子,所以要特别注意卫生工作。

(原载于《怎样教育新的一代》,辽宁人民出版社 1959 年版)

培养孩子热爱劳动

有一些人认为孩子幼小的时候用不着去培养劳动习惯，等长大后自然就会劳动了。也有的人认为小孩子劳动，不干活净玩，一不小心还会碰破手脚。而有些娇惯孩子的家长，总是怕孩子干活又累又脏。我觉得这些看法都值得研究。

党提出的教育为无产阶级政治服务，教育与生产劳动相结合的教育方针就是在幼儿教育中也应该贯彻。加里宁说过："轻视体力劳动，这是旧时代的遗毒。"看来，教育与生产劳动相结合，不是要不要贯彻而是应该怎样贯彻的问题。

人们也许怀疑孩子可能不愿意劳动吧！实际上并不是这样。大家都熟悉苏联的女英雄丹娘吧，现在我就讲一段关于她幼年时代的故事。有一次，丹娘把她奶奶的菜筐抓住，往里一看，这里有多少好玩的东西呀！西红柿、胡萝卜、甜菜、土豆等等。以后，丹娘也模仿着奶奶拿着筐子装上菜，并且还把菜放到水里，结果把手弄脏了。奶奶一进屋看到了这种情况，就把筐子抢下来。丹娘就为这件事，不高兴了很长时间。从这个例子中可以看出孩子对劳动是有兴趣的。当然，我们也能看出孩子的劳动是带有游戏性质的，因而不能像要求成年人那样去要求孩子。

　　既然孩子是喜欢劳动的，那么，可以组织孩子进行哪些劳动呢？

　　一般四岁左右的孩子，就可以教会他们在生活上自己管理自己。如早晨起床和晚上睡觉应该训练孩子自己穿衣、脱衣、洗手、洗脸，吃饭时自己拿碗筷等。孩子多的，还可以组织孩子轮流值日，做些扫地、浇花等力所能及的劳动。五六岁的孩子，就要教给他们扫庭院，擦桌椅，洗手巾，洗碗筷，种向日葵，喂小鸡、小鸭、小兔，收花籽，打树籽，拾棉花，拔草，拾粪，打苍蝇，捡废铁，等等。总之，凡是力所能及的一些劳动都可以让孩子锻炼做。七岁以后入小学的孩子，在学校里有劳动课，还有有组织的课外劳动。通过幼年时代的劳动，就会很好地养成孩子们的劳动习惯，将来长大成人，劳动对孩子就是件很自然的事了。

　　为了使上述劳动活动更富有教育意义，就应该说明进行这些劳动的意义。在劳动时要有头有尾、自始至终，并要引导孩子正确认识自己的劳动成果。其次，在进行劳动时，要让大大小小的孩子都有事可做，但不要太累。对于一些比较复杂的劳动，保教人员、家长和教师都要先做出样子。在使用一些有危险性的工具时，如镰刀、斧子等，要教会孩子使用的方法，并且要注意使用时的安全问题。

　　总之，孩子劳动的主要意义不在于劳动成果的多少，而在于把孩子培养成为热爱劳动的、身心健康的人。儿童的劳动活动绝不是一件小事，而是可以发展成为具有社会意义的活动。这是关系着我们的孩子能否具有劳动人民的思想感情，能否成为一个合格的有社会主义觉悟、有文化的劳动者的问题。

　　　　　　　（原载于《怎样教育新的一代》，辽宁人民出版社 1959 年版）

第七辑

怎样教育新的一代（学生教育篇）

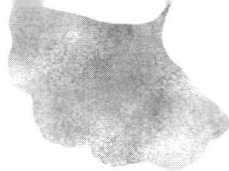

孩子入学家长和教师要注意些什么

入小学，这是孩子生活中的一件大喜事。孩子由幼儿园进入小学比较容易些，因为孩子已受过幼儿园的一段集体生活教育，对集体生活有些习惯了。但是入学前的准备工作仍然还是重要的。

过惯了家庭生活的孩子，初次入学要比较生疏些，也许有的孩子不愿意上学，因而就更需要在孩子入学前多做些准备工作。那么究竟要做哪些准备呢？首先要向孩子说明，学校里有像爸爸和妈妈一样的老师，有像兄弟姊妹一样的小朋友，大家一起玩，一起上课。家长还可以带着孩子先到学校参观一两次，看小朋友们游戏或唱歌玩，使孩子有个好的印象。孩子对学校发生兴趣了，他自然也就愿意去了。入学那一天，妈妈最好给孩子换上干净衣服和鞋、袜，带上新买的书包、文具盒、花花铅笔和笔记本，或者再买盒蜡笔等。这就能使孩子心满意足地、愉快地走进学校了。如果条件许可，再开个小规模的家庭庆祝会，表示欢送孩子入学。

对新入学的孩子，学校不要怕麻烦。要给新入学的小朋友们开个全校欢迎大会，向他们讲一下入学以后就是小学生了，要好好学习，听老师的话……更要把学校简单的纪律向小朋友们讲一下。如什么时候上课，什么时候下课，上课时应注意什么等等，使孩子初入学就感觉到在学校比在家里好。上课时教给孩子怎样拿笔、怎样写字、怎样保护书本子，不要把书本子搞坏了。经过一段学习后，再逐步地对孩子要求严格一些，使孩子认真学习。

家长要教育孩子严格遵守学校的一切制度、规则，不能无故旷课，也不能迟到、早退，更不要随便乱闹。孩子上学时最好与邻居的大孩子搭个伴，并要嘱咐孩子不要在路上玩，要注意车、马，过横道时要怎样，等等。

家长要督促检查孩子的作业，使孩子养成当天完成作业的好习惯。还要启发孩子独立思考的能力，千万不能代替孩子做作业。代做作业，这不是爱孩子而是害了孩子，使孩子学不到应得的知识，而且容易养成懒汉思想。

（原载于《怎样教育新的一代》，辽宁人民出版社 1959 年版）

家长和教师应当进一步
重视少先队的工作

少先队和学校、家庭有共同的教育目的，在党的领导下，应当密切合作，互相配合。

我省的少年儿童组织几年来有了很大的发展，可喜的是一批一批孩子被批准入了队，戴上了红领巾，这说明新的一代在迅速地健康地成长。入了队的孩子在队的教育下，学习和思想品德是天天向上的。好多少先队员，做出了使人称赞不已的事迹。例如：抚顺市章党区有十名小学生抓住了一名惯匪，抚顺市站前小学女少先队员贾俊英奋不顾身地跳进火场救出三名幼童，沈阳市出现了很多少先队员拾金不昧、扶老携幼的好人好事，等等，都使人很受感动。

革命老一辈人看到孩子们在少先队的教导下，取得了这么大的成绩，真是不能不从心里感到高兴。好多家长和教师，自觉自愿地关怀着少先队的工作，诸如协助少先队了解队员的生活、学习情况；帮助孩子进步，创造入队条件；为少先队的活动提供人力和物力的帮助等。这些现象是可贵的，我希望我们每一个家长和教师都能做好这些工作，都能为少先队做些有益的事情。

不过有个别家长和教师，对少先队的作用认识不足，他们对少先队的工作、活动缺乏热情地支持，更不能给予很好的协助。个别的家长甚至还阻碍自己的孩子参加少先队的活动，如不让孩子做卫生宣传，不让孩子参加公益活动。这是很不对的。

家长、教师对教育孩子都负有重要的责任，这是不言而喻的。而少先队是孩子们自己的组织，少先队引导他们树立远大的理想，培养他们的道德品质，活跃了学习生活，使他们的身心得到健康成长。为此广大家长、教师就更应自觉地协助少先队做好工作。我们一定要大力加强对少年儿童的共产主义思想教育，用阶级和阶级斗争的观点武装他们，使他们长大起来，经得起风浪，挑得起重担，在任何复杂的斗争中，不会迷失方向，成为立场坚定的共产主义事业的接班人。

（原载于《怎样教育新的一代》，辽宁人民出版社1959年版）

正确对待升学和劳动的问题

我国的中小学教育工作，在党和毛主席的英明领导下，取得了伟大的成就。在许多地区，小学教育已经基本上普及。全国每年要培养出几百万的中、小学毕业生参加社会主义建设和升入高一级学校。一批又一批的知识青年走上农业生产前线去，一支庞大的有社会主义觉悟、有文化的劳动者大军正在不断壮大成长。这是我国社会主义教育事业有了很大发展的标志。

我们的教育方针，是"使受教育者在德育、智育、体育几个方面都得到发展，成为有社会主义觉悟的有文化的劳动者"。同时，毛主席又具体指出："我们的国家现在还是一个很穷的国家，并且不可能在短时间内根本改变这种状态，全靠青年和全国人民在几十年时间内，团结斗争，用自己的双手创造出一个富强的国家。社会主义制度的建立给我们开辟了一条到达理想境界的道路，而理想境界的实现还要靠我们的辛勤劳动。"（《关于正确处理人民内部矛盾的问题》）

我体会这些指示，就是说明着我们中、小学教育的任务，有两个方面：一方面，要为社会主义建设事业培养劳动后备力量；一方面要为高一级学校培养合格的新生。而升学，最后还是为了参加生产建设。不论是培养劳动后备力量（这是大量的），还是为高一级学校培养新生，都要坚持党的教育方针，都要把学生培养成为有社会主义觉悟的有文化的劳动者，成为坚强的革命后代。

我们过去对党的教育方针研究不够，认识不足，尤其是有些学校有些教师只注意智育，片面追求升学率，而对于学生的政治思想教育，重视不够。因此，不少小学、初中或高中毕业生升不上学时，只愿留在城市，不愿下农村；只愿从事工业劳动，不愿干农业劳动。总之，现在有些青年正像毛主席指出的："以为到了社会主义社会就应当什么都好了，就可以不费气力享受现成的幸福生活了，这是一种不实际的想法。"这种思想的病根除了害怕艰苦，贪图安逸外，还在于忽视农业，不懂以农业为基础、以工业为主导的发展国民经济的总方针的重大意义。对于这样的问题，我们的家长们也不是全都解决了。我就遇到有的家长不支持孩子去农村劳动，或者对自己的孩子下农村深表惋惜的。这样的思想和党的八届十中全会的号召是多么不符合啊！

部分学生轻视农业劳动的原因，除了有些客观影响外，主要是学校里对学生进行无产阶级政治思想教育不够，学习党的方针政策也不够。因此，我认为今后必须在各级学校里加强社会主义、爱国主义的教育，尤其要加强社会主义建设总路线的教育。在党和毛主席的英明领导下，在三面红旗的指引下，我国的社会主义建设获得了伟大的成就。我国的国民经济，在以农业为基础、以工业为主导的总方针的指导下，在近年来的调整、巩固、充实、提高的工作中，取得了巨大的成就。但这并不是说今后没有困难了，今后还要青年们用自己的双手进行建设，发扬党的革命传统，继续艰苦奋斗。尤其要贯彻党的八届十中全会精神，贯彻以农业为基础，以工业为主导的发展国民经济的总方针。这样，我们青少年学生就得两手准备，能升入高一级学校深造的，就升学深造，考不取学校的，就要积极响应党的号召，上山下乡，为建设社会主义的新农村贡献自己的力量，这就是爱国主义和热爱社会主义的实际表现。上山下乡也是锻炼青年学生的大好机会。因为到农村去，当前的任务，主要是进一步巩固人民公社集体经济，发展农业生产；长远的任务是实现农业的机械化、电气化、水利化、化学化。这是需要有科学技术才能做到的事情。所以初中、高中，甚至大学的文化不是在农村没有用，而是不够用了。不是没有前途而是前途远大，是十分光荣的事情。广大的没能考取高一级学校的高小、初、高中毕业生，应该积极响应党的号召，走上农业第一线，把青春献给社会主义的新农村，这是我们青年一代应该有的雄心壮志。

目前，有些学生和家长，甚至部分教师对于青少年的远大的理想，缺乏正确的理解，似乎学了文化不是为了劳动，他们仍还有脑力劳动与体力劳动脱离分家的旧思想。一提远大理想，似乎就只有当科学家、艺术家、专家；而且提前途只有升学，升不了学就认为前途渺茫，没有远大理想可谈了。这同样是一个片面的认识。当然青少年都渴望多读书这是可以理解的，但我以为，我们应当教育学生懂得远大理想不是个人的成名成家，主要是建设人类最壮丽的事业——社会主义、共产主义。为了这种理想的实现，人人都应该朝着这个共同目标，以做一个平凡的普通劳动者为莫大光荣。

有人认为在学校里能学到东西，离开学校就学不到，这种看法也是不对的。知识来源于实践，在生产劳动中，同样可以学习，而且可以学到从书本上学不到的知识。王凤恩同志，他在解放后才开始学文化，现是工程师。各地都有一些高小或初中毕业生，参加农业生产以后，钻研了农业生产技术，在生产中起了很好的作用。这些事实说明：在劳动中自学，在工作中自学，也可以提高文化，而且在实践中学到的东西更切合实际。何况我国的业余教育的蓬勃发展更为广大劳动者开辟了文化进修的康庄大道呢。

总之，无论是教师还是家长都应该教育孩子们有正确的学习思想，能够正确地对待参加劳动和升学的问题。

（原载于《辽宁民进》1964年6月第6期）

祝小朋友们节日好

亲爱的小朋友们：

今天是"六一"国际儿童节，报社同志让我趁这个机会，向你们讲几句话。

在过去一年里，你们不论在品德和学业方面，都有很大进步。这很好。但是，要更好地担负起共产主义事业接班人的任务，还必须遵循毛主席的教导："好好学习，天天向上。"

雷锋叔叔，你们知道吧？他是最值得我们学习的人。你们要进步，就应该积极响应毛主席号召，向雷锋叔叔学习。雷锋叔叔一贯地老老实实地听毛主席的话，按照毛主席的指示办事。雷锋叔叔没有忘记过去的苦，他痛恨旧社会，热爱新社会，发无产阶级之愤，图社会主义之强，才做出那样平凡而伟大的事情来的。所以，学习雷锋叔叔，首先一条，就是要坚决听毛主席的话，做毛主席的好孩子；第二条，要逐步地懂得什么是阶级，什么是剥削和压迫，谁是朋友，谁是敌人；第三，不但自己革命，还要关心世界上受帝国主义压迫和剥削的人民，支持他们的斗争，帮助他们解放。

做一个坚强的共产主义事业接班人，不仅要有明确的政治方向，有无产阶级觉悟，有国际主义精神，还要有丰富的文化科学知识。希望小朋友们，发扬雷锋叔叔的"钉子"精神，把语文、算术等基本知识学好，为将来进行共产主义建设打好基础。

小朋友们，在学校里要尊师爱校，遵守纪律，要热爱集体，搞好同学间的团结。学习雷锋叔叔助人为乐的共产主义高贵品质。强健的身体是为人民服务的本钱。希望小朋友们把身体锻炼好。

学习雷锋叔叔，要以劳动为荣。希望小朋友们，都能参加一些力所能及的劳动，把自己培养成有社会主义觉悟、有文化的劳动者。

最后，学习雷锋叔叔，要注意节约，生活要艰苦朴素，不要乱花钱，不吃零食，有零钱要储蓄起来。还要讲究卫生，穿的衣服、用具，要保持清洁。爱护公共财产，爱护树木，向一切不良现象做斗争。为党为祖国人民多做好事情，这样才不辜负党和毛主席的热心关怀和教导。

祝小朋友们节日快乐，身体健康！

（原载于《沈阳晚报》1963 年 6 月 1 日第 2 版）

纪念儿童节

今年东北全部解放了，全国也处在即将解放的前夕。今天在解放区纪念儿童节，是与往年国民党统治区里的儿童节断然不同的。现在在无产阶级——共产党领导下的解放区庆祝儿童节，由于过去一切被压迫的工农劳动群众的儿女们都已经解放出来，这是三千年来所未有的一件大喜事，也是广大儿童们活泼愉快纪念日的开始。但是在这解放不久的今天，做父母对于子女的态度上，仍存在些旧社会的不正确的作风，对儿童轻视或者打骂等等。这都是不应该的。应当觉悟到在新社会中，对儿童也应有民主作风，家庭里也应该注意儿童的民主教育，不应该再施压迫。他们是国家将来的主人翁，家长要培养他们，教育他们。同时要知道：儿童在新社会里也有他们的地位，有他们的自尊心和创作才能。要把他们的小智慧、小本领逐渐地发展出来，前途是远大的，越来越幸福的。这些都是当家长的应该帮助孩儿们去完成的任务。

学校更要给翻身后的贫苦儿童们多备些名额，多给他们求学的机会，在精神上、物资上，多多给一些帮助，使他们的知识能力得到提高，以承继人民的事业。

工厂更要注意童工的健康，不使他们做过重的劳动，增加教育，同工同酬。保存着他们各各的小力量，将来变成巨大的力量。

总之，今后在这个新社会里，无论是家长也好，教师也好，或是厂长也好，以及一切社会人士们，都应当对儿童有个新估价、新看法，不当再轻视，再打骂，再虐待。相反的，我们要重视儿童在社会上的地位，和儿童的自尊心与创造性，使那由小而大的力量，天天在发展，时时在生长，以便为新的国家，增长出来千千万万的新生命，好建设个光辉灿烂的人民民主的新中国。

（原载于《东北日报》1949年4月4日第2版）

苏联怎样办教育

我们到旅大参观苏联的学校，分别在旅顺和大连看了两所苏联十年制的学校。我们四个人做苏联学校里的小学生，前后共用了三天的时间，同苏联的小学生一起，一课接一课地听取了苏联教师的讲授。我们看到了教师是怎样教的，学生是怎样学的。这使我感到，做了三天苏联的小学生，对苏联先进教育经验的认识，有了新的提高。回想起旧的教育经验，基本上是资本主义的老一套，是脱离实际的所谓设计教学法、道尔顿制、杜威的"教育即生活"等等。这些脱离实际的老一套，当然也无法配合我们的经济建设和文化建设。

通过参观和听课，我们发现了苏联社会主义教育的特点，例如：①教师的责任心很强。无论是哪一年级的教师，对学生都很亲切，很负责。提问学生或讲授知识，总是一定要把学生教明白，才算达到教学目的。尤其是对于小学生，怎样拿笔写字，笔头距离眼目多远，怎样适合光线，教师都要亲自示范、指导，绝不马虎。②教师备课充分，能从学生的实际出发。上课之前，教师对于教学内容都有很充分的准备，上课时，一面提问学生，一面又让学生补充、订正，使学生复习和预习的情况反映出来。教师最后对学生的回答给以评定，记载分数。在过渡到讲解新课后，教师支配时间很自然，很充裕，并能切合学生的理解程度传授新知识。③学生注重自学和预习。学生不仅能按照老师的要求进行复习，还能充分地做好预习，因此，学生回答问题，都能对答如流。可以看出，教师和学生都是有着充分准备的。④注重平时学习、平时成绩。苏联采用"五级分制"，教师每天都要了解学生学习各科知识的情况，是进步或退步，并在手册中给予记载。这样，教师对学生的学习情况都能及时地掌握，并能及时地给以指导和帮助。⑤强调理解和运用。教师讲授或提问，其目的是要使每个学生都能彻底地明白、理解，并能运用所学到的知识、技能。这不同于我们的旧学校，单纯地讲知识，"赶进度"，不管学生能否消化、理解，能否运用。⑥注重课堂集中精力听讲。教师要求学生上课一定要集中精力听讲，不多记笔记，一般也不许学生翻看书本，要做到当堂消化理解。⑦强调启发，注重学生独立思考。教师在课堂上不论是提问，还是讲授，都能给予学生思考问题的机会，提倡主动地学习，反对机械被动地学习。⑧学校与家长保持着密切的联系。学生在学校受课时间仅有五六个小时，其余时间都在家里。苏联的家长对学生在家庭复习功课非常关心，并能给以适当的指导。家长注意维护教师的威信，教育子女听老师的话，遵守校规。家长和教师能够互相配合，统一步调对学生进行教育。

苏联学校的教师都掌握了充分的、系统的科学知识，并具备很好的教学技能，使听课的学生能接受、能消化，能把学习的知识加以运用。正因为如此，我们看到苏联学生的程度是相当高的。例如，六年级的自然地理课教学中，任何一个学生都能用教鞭指出地图上面海洋的名字，有多宽、多深，海里产什么，某条河流到某个海里去……学生回答问题，多半都能对答如流。其他如文学、植物、物理等课程，也都是如此。

苏联的教育已积累了 32 年的宝贵经验，我们应该学习这些经验，才能少走许多弯路，对于我们迎接文化建设高潮的到来，是有重大意义的。我们要想把目前的东北教育巩固、提高，那就必须学习苏联的教育工作经验。

（原载于《东北教育》1949 年 12 月总第 9 期，第 2 卷第 3 期）

大家都来关怀新的一代

今天是小朋友们最幸福的日子，祝贺小朋友们好！并向全体儿童工作者致以崇高敬意和亲切的慰问！

十多年来，特别是大跃进以来，国家举办和公社举办的中小学，以及校外儿童教育组织，都有很大发展。如我省的小学教育已普及，小学生已达 3 801 826 名，比 1957 年增加 25.17%；中学生（包括农业中学的学生），已达 813 454 名，比 1957 年增加 57.83%；幼儿达 473 601 名，比 1957 年增加 1 167.9%。儿童保育和教育工作进入了新的历史阶段。特别是教育为无产阶级政治服务，教育与生产劳动相结合和两条腿走路的方针，已在各级党委领导下，普遍贯彻执行。中小学教学改革，正在大规模地进行试验，幼儿园大班也较普遍地进行了拼音字、汉字和二十以内超十加减法的试教，一般看来，均取得了显著的成绩，资产阶级教育思想遗毒正在进一步被清除，这为今后大力推广，打下了稳固基础。

当前，广大农村妇女和城市街道妇女们，都在迫切要求学前儿童保育工作大普及和大提高，以便迅速地参加生产劳动，早日为社会主义建设贡献力量。同时，家长们还要求，在幼儿教育和中小学的儿童教育工作中，继续贯彻执行党的教育方针，积极地、更大规模地进行教学改革，大大提高教学质量，促进儿童德育、智育、体育的全面发展，培养出有社会主义觉悟、有文化的劳动者。这些要求都是正当的，是我们应该做的，也是我们可以做到的。比如，逐步教学改革：黑山县北关小学，在党的直接领导下，经过一年多的大胆试验，已经总结出了有关改革教材、教法的成功经验。我们必须遵照省委指示精神，迅速推广黑山北关小学的经验，大力改革教学的中"少慢差费"的现象，并按着陆定一副总理指出的：通过教学改革，适当缩短年限、适当提高程度、适当控制学时、适当增加劳动的方向，使现有中小学逐步过渡到九年一贯制的轨道上来。使我们的教育从幼儿到高等学校都能是高速度、高质量地培养新型建设人才，以适应各项社会主义建设高速度发展的需要。以上事实告诉我们，今后看儿童的智力，不应当再用资产阶级的思想观点，把天真活泼，蕴藏无穷智慧的儿童看得太低、太无能了。

幼儿保教工作，逐渐随着城乡人民公社化、大量组织生产、大办集体福利事业和社会服务事业的同时，人们的家务劳动，也将逐渐变成社会化了，而儿童教育也必将以社会教育为主的方针。现在我们的儿童保教事业，已经变成全民的、全社会的一项事业了。同时它又得到人民群众的热情赞助。我在前些天到沈阳市沈河区小南人民公社红旗大院，见到他们一处托儿所，就是一户社员自愿把较宽敞的房子让出来做托儿所，由此解决了好多妇女参加劳动的问题。他们还有一处值得推广的"儿童食堂"。午饭时我来到这个食堂，看到孩子们心情很畅快，来这里就餐的儿童都是父母参加工作，不便照顾他们吃饭的。这个食堂不仅解决了孩子吃饭，使孩子的父母得以安心工作和学习，并且还利用这个食堂的现有条件做儿童课余活动场所了，小孩也可以在这游玩，成为儿童的乐园。我还和一个小学生谈了话，他说：原先在家吃饭，冷一顿热一顿，饱一顿饿一顿，影响学习，现在好了，不再惦念吃饭的事了。这个食堂虽然成立不久，可是孩子们很感兴趣，不打闹，守纪律，有些家长来看，都表示满意，还写了感谢信。公社吴书记对我说，他们计划在公社的十二个管理区里都要设立一个"儿童食堂"。我看过后感到很好，是个方向。

因此，我愿借庆祝"六一"国际儿童节的机会提出，如有尚未开办托儿所、幼儿园的地方，或已办而还有条件可办各种有利于家长和儿童的各种设施的，可以发动群众，走群众路线的方法，迅速地组织起来，并加强管理，使之不断巩固和提高。希望我省广大保育和教育战线上的工作者们，努力学习毛主席著作，提高政治思想水平，勇敢热情地担负起党交给我们的光荣任务，以共产主义思想教育儿童，对儿童负起全面的责任来，保教人员爱护儿童要以赛妈妈的精神，时刻关心儿童的思想、学习和健康，适当安排给儿童劳动，使儿童们参加除四害讲卫生的工作，以及参加力所能及的社会公益活动。但也要认真做好劳逸结合。教育儿童一定要牢记毛主席的教导："好好学习，天天向上"，树雄心，立大志，活泼、愉快地成长起来的光荣使命。并在各自工作岗位上，紧紧依靠党的领导，听党的话，永远跟党走，依靠群众，鼓足干劲，力争上游地开展学、比、赶、帮运动，发扬高度的共产主义风格。一定要高举毛主席思想红旗，为"多快好省"地培养社会主义新的一代，贡献出更大的力量！

（原载于《辽宁日报》1960年6月1日第4版）

家庭、社会、学校密切配合
培养下一代

我们的党和政府是非常关心少年儿童的健康成长的。解放以来，学校教育有了空前发展，在城市设立了少年宫、儿童公园、儿童影院、儿童剧院等很多儿童校外教育和活动场所。不少父母也注重对自己孩子的品德教育。但是我们必须看到：我们是一个六亿五千万人口的大国，人口中的少年儿童占有很大比重。在目前条件下，国家还不可能拿出更多的钱来兴办儿童教育机构，不少小学还实行二部制。这样，孩子们的很大一部分时间，不是在家里，就是在街道上或公共场所。在这种情况下，除了学校在课堂上要注意对孩子的政治教育和组织好他们的课外活动外，家庭和社会教育就特别重要了。如果不注意家庭教育和社会教育，不但会冲淡学校的教学效果，影响儿童的学业，旧社会各种残余的恶习也容易污染孩子们纯洁的心灵。目前，有些孩子的家长没有认识教育孩子的重要意义，有的放任不管，有的推给学校了事，这都是不应该的。

家长应该如何教育孩子呢？孩子的模仿性很强。他的两只小眼睛就像照相机一样，大人的一言一行都深深印在他的脑子里，成为他学习的表率。因此，要教好孩子，做家长的首先对自己要严格些，在孩子面前千万马虎不得。我听说，有个丈夫好打妻子，结果这个家庭里的哥哥就打弟弟，到了学校就打同学。老师问他为什么打人，他满有理由地说："爸爸怎么可以打妈妈？"这样的事件是不少的，做父母的应该从中吸取教训。

我们爱孩子是应该的，但是，千万溺爱不得。我举一个例子，有个孩子因为家长、学校和社会上的某些人对他溺爱，竟使他后来变得傲慢不逊，没有礼貌，甚至打骂人，后来费了很大的力气，才使他转变过来。这能说孩子不好吗？不能。能说家长、学校以及社会上某些人不是出于好心吗？也不是。那么为什么竟使这个孩子一度变得不好呢？就是因为孩子缺乏正当的教育，太溺爱了。

什么是孩子的幸福呢？有些家长认为无限制地满足孩子的各种要求，就是孩子的幸福。这是错误的。真正的幸福是孩子们身心的健全发展，具有社会主义觉悟，有一定文化知识，热爱劳动。如果对孩子娇生惯养，他又不爱劳动，在我们的国家里，这样的孩子又有什么幸福可言呢？

我不赞成旧社会遗留下来的"棒头出孝子""不打不成才"的管教方法。目前，用这种方法管教孩子的家长还是有的。孩子犯了错误，他们不是打，就是粗声粗气地痛骂一顿。这样不仅不能得到预期的效果，相反，孩子的自尊心却受到了摧残。

孩子们生活在社会上，光学校和家庭教育还不够，还必须社会上各方面都来关心这件事。对孩子的社会教育方面，首先是儿童活动场所问题。我建议各文化宫、文化馆、工厂、企业、机关、学校的俱乐部、体育场，都应该尽可能地向职工子弟或其他少年儿童开放，组织孩子们开展文娱、体育、读书、看电影等活动，丰富他们的校外活动。我认为沈阳市各区文化馆开辟儿童活动室的做法就很好，各地在这方面的潜力都很大，只要引起重视，儿童的活动场所是可以增加很多的。

第二是儿童读物问题。这方面的情况比过去有了很大的进步，孩子喜欢看的书画比以前多了，内容也好。但还有有待改进的地方，一些儿童读物特别是连环画（小人书）的内容单调，一般化，有些则较深，孩子不容易理解，有些意义不大。其次，写儿童读物的作家还少。我希望文学家、音乐家、画家们在创作大东西的同时，也给孩子创造些小东西。除作家外，各方面的人，特别是中、小学教师，也应该动笔，这样，孩子的精神食粮就会更加丰富多彩。

我希望社会上的成年人，特别是人民警察、汽车、电车售票员、公共娱乐场所的管理员等接触孩子机会较多的人，也来关心孩子的教育。在日常生活中，成年人都有可能见到和听到孩子好的或不好的言行，对这种现象最好不要熟视无睹。沈阳市的一个售货员马秀琴教育孩子的事迹，就是一个很好的例证。一天，好多小学生围着她买笔记本。一个孩子的手很黑，马秀琴看了就很和蔼地说："小朋友，瞧！你的手多脏啊！那么白的笔记本，你一拿不就脏了吗？小学生应当讲卫生啊？快，把手洗干净了再买。谁的手干净，阿姨给挑最好的。"这时许多孩子都伸出手来看黑不黑，那个黑手的孩子看别人的手都是白白的，难为情地把手藏起来跑了。一会儿又回来了，把手伸出来说："阿姨！我的手洗干净了！"马秀琴立刻挑出了一个本子给她，并鼓励他说："好孩子，真听话，以后要讲卫生，能记住不？"孩子高兴地大声回答："一定记住。"从这件小事中可以看到，我们成年人随时随地注意教育孩子，会产生多么大的效果。

我希望学校、家庭和社会各方面密切配合，以极大的热情和耐心，把孩子培养成有社会主义觉悟的有文化的身体健壮的新一代。

（原载于《人民日报》1962 年 5 月 31 日第 2 版）

大家都来关心学生们的寒假生活

在寒假期间，为了使孩子们既复习好功课，又受到有益的教育，同时也得到很好的休息，需要大家都来关心和指导儿童们的寒假生活。

放假期间，学生虽然回了家，学校仍然应该经常关心指导他们。要根据学生居住区域，建立一定的假期组织，使学生在家也能进行一定的、有组织的学习活动；要争取家长更好地配合学校共同实现对学生的假期要求；要根据学校条件，建立一定的假期儿童活动场所，如设临时的少年宫、假期俱乐部、开展各项文体活动比赛等，吸引学生经常参加校内的一些有益的教育活动。同时进行一些以阶级教育为中心的思想品德教育活动。

学生在放假期间，主要是在家里学习、生活，这就需要家长更多地关心指导他们。希望家长们能经常检查和指导他们的假期作业；注意使他们过正常的有规律的生活；指导他们从事一些力所能及的家务劳动；注意指导他们的文娱体育活动，如看电影、戏剧、小人书以及参加各种游戏等。家长在指导孩子们进行上述活动时，要考虑哪些是对儿童有益的，哪些是可能对儿童有不利影响的，应该及时进行指导，使他们得到正确的理解和认识。在春节期间，不要给孩子们买过多的玩具、零食、新衣帽等，并要对他们进行艰苦朴素的教育。

除了学校和家庭以外，还希望社会上各个方面都来关心孩子们的假期生活。少年宫、少年之家、少年活动站以及广大的家庭活动小组的辅导员同志们，在假期组织教育儿童的责任更重大了，要很好地组织和指导儿童们参加各种集体活动，使孩子们在假期生活得生动活泼，更有意义。希望城市街道、公安、交通、卫生等部门同志，组织儿童参加一些拥军优属、清扫环境的活动，并向他们进行防火、防盗、防特、防疫防病以及交通安全等方面的安全教育。各生产队要组织农村的学生参加社会主义教育的活动和从事一些力所能及的集体劳动。如积肥、选种等，使他们从小就养成热爱集体，热爱劳动的良好习惯。

把青少年培养成坚强的革命后代，是关系到国家的未来、民族的前途和全世界革命人民的命运的大事情，希望人人都来关心对孩子们的教育，在假期里大家都随时随地地指导他们，教育他们，使他们愉快地度过寒假，以充沛的精力和奋发的热情迎接下学期新的学习任务。

(原载于《辽宁日报》1964年2月11日第3版)

青年学生们，迎接一九五〇年

1950 年是新中国诞生的第一个新年。这个新年是与过去任何一个新年都不同的。这是中国共产党毛主席领导人民革命军队，消灭反动政权，解放全中国，使着中国变成了人民的共和国，一切的一切都属于人民的第一个新年。所以，这个新年是值得我们特别庆祝的。

现在，我们的新中国基本上算是天下大定了。今后，我们要怎样开展建设事业呢？要怎样把我们的中国变成工业化的中国呢？加给我们教育工作的任务就是要培植大量经济建设的干部；有了干部，有了技术，再加上全国人民的勤苦努力，才能解决我国的建设问题。

目前，东北已经开始转入大规模的经济建设，将来全国都要卷入经济建设的高潮。这便需要大量有革命思想、文化知识和科学技术的技术人才。因此，就要在广大的青年学生中加强学习。在这新型正规化开始的阶段，我们必须切实遵行以正课学习为主的教育计划，同时，更要结合政治思想教育，开展新民主主义的学习，使每个青年学生，都能树立起为人民服务的学习观点，使学生们都能自觉地学习，都能认真地完成自己的学习计划，以便掌握各种文化科学技术知识。

青年学生们，在学习期间务必要切记理论与实际相结合，把课程学透，使文化程度切实地提高。不要有应付考试的思想，要确确实实学点为人民服务的真实知识。

青年学生们，事实告诉我们，光明大路只有一条，就是跟着共产党走。只有共产党才能真诚地爱护青年，才能循循善诱地教育青年，这样才能发挥青年们的创造力量。这正是"八仙过海，各显其能"的时代，生活在现时代的青年，是最幸福的，最愉快的。

青年学生们，在这新的世纪当中，只有学习苏联三十多年宝贵的建设经验和他们最进步的文化，我们才能少走弯曲的路程，才能增加建设的速度，才能尽快地完成新民主主义的建设。努力吧！中华人民共和国的青年学生们！

（原载于《生活知识》1950年1月1日第1版）

东北区中、小学校健康会议开幕词

各位同志：

今天我们召开的是东北区中、小学校健康教育会议。这是一个极重要的会议。

为什么我们要召开这个会议呢？这是因为：过去几年，我们对政治教育与文化教育比较注意；但对健康教育注意得很不够。

目前，我们东北区大、中、小学学生的健康情况很不好。很多学生身体不健康，发育不健全，有病，或有其他生理缺陷。这会影响到祖国的国防与生产建设。这对民族、对国家都是不利的。这是一个极严重的问题，需要很好地解决。

新民主主义教育的目的，是要培养有政治觉悟、文化教养与健康体魄的全面发展的新人。我们的学生不健康，就够不上全面发展的条件，就难以适应国家建设的需要。健康体魄是国防与生产的必不可少的条件。因此，我们必须用很大的力量来改进这一情况，使青年一代在政治、文化与健康等方面都获得适当的发展，以便将来能有效地参加国防建设与生产建设。只有这样，才算胜利地完成新民主主义教育建设的光荣任务。

毛主席和中央人民政府非常关怀青年与儿童一代的健康，毛主席曾针对目前学生健康不良的严重情况，提出"健康第一"的指示。中央人民政府教育部在第一次全国中等教育会议上，特别着重提出"健康教育问题"，列为会议讨论的三个中心问题之一，并且做出了具体的决定。我们为了坚决执行毛主席的指示，执行中央教育部的决议，特地召开了这个会议，专门讨论如何增进学生健康的问题。

当前东北学生健康不好，是由日本侵略者与国民党反动派的压迫和剥削所形成的一种贻害。除此之外，我们的学校对学生健康教育注意的也不够。这就是：①学生负担过重；②不注意卫生；③营养状况未做可能的改善；④不注意体育。因此，我们认为，要改进健康教育，增进学生健康，这次会议必须从：①减轻学生负担；②改进个人卫生与环境卫生；③改进伙食管理，增进营养；④加强体育运动四个方面入手。

首先学生负担过重包括两方面：一方面是课程繁重，另一方面是课外非学习活动过多。因此，解决这个问题，就要从精简课程，改进教学方法和精简课外活动等方面着手。

其次，个人卫生与环境卫生对学生的健康影响很大。东北区大、中、小学学生很多地方不讲究卫生。许多人不经常洗脸、刷牙、梳头、洗澡、换洗衣服和被褥。中学生生虱子的人数，在有些学校里达到70%以上。另外，学校环境卫生也普遍不好。教室与宿舍不清洁、采光不足、通风不良、温度低、湿度大、桌椅高矮不适合、黑板不好。公共场所，如厨房、食堂、厕所、走廊、庭院都不整洁。这些情况，都需要加以研究、改进。

第三，伙食与营养是身体健康的基础。特别是青年和儿童正在发育时期，营养更要丰富。今天的学生营养情况都不够好，主要是由于在伪满与国民党统治时期生活太苦；而我们学校的伙食也管理得不好。因此，我们要从改进伙食管理这方面来想办法。在此次会议中，卫生部公共卫生学院的营养学教授要来向大家作一次专题报告，卫生部还要请大家吃一餐营养饭，和参观各种图表。希望大家好好地向他们学习。

第四，加强卫生教育与体育训练是增进学生健康的重要办法，必须加以研究，作出规定。要使各级学校学生获得必要的卫生知识，养成良好的卫生习惯，以及得到适当的体育训练。各学校要定期进行卫生教育。体育卫生工作要由校长亲自负责领导。课内及课外的体育活动时间，一律不许任意占用。

我们教育部在东北人民政府卫生部和新民主主义青年团东北委员会的帮助之下，曾就以上四个问题，草拟了四个改进方案的草案，准备提交大会讨论。到会的全体同志都应体会毛主席的指示，充分认识关系国家前途的学生健康问题的重要，认真仔细地研究、讨论这些草案，提出积极的修正意见，以便将来能够付诸实现。

这次会议曾经过相当长时间的准备。在准备过程中，得到东北人民政府卫生部和青年团东北委员会的不少帮助。今天，卫生部王部长和青年团书记韩天石同志又亲自来向大家讲话，以后卫生部同志还要在会议上作两个专题报告，对于他们这样盛意的帮助，我们非常感谢！现在，我代表教育部和大会向这两部门的同志致谢！

最后，预祝大会胜利成功！并祝诸位代表同志身体健康！

（原载于《东北区中、小学校健康会议材料》，1951年4月4日）

关于小学毕业生的升学问题

　　《人民日报》在 8 月 27 日发表了《实事求是地解决小学毕业生升学问题》的社论，是适时的，说明共产党和中央人民政府对小学生升学问题的重视。

　　自中华人民共和国成立以来，东北区随着经济建设的恢复和发展，人民教育事业有了很大的发展。根据今年上半年统计：全区有小学 3 6167 所，学生 6 130 789 名，学生比 1948 年增加 1.65 倍，平均每七个人中有一个小学生（学龄儿童与人口一般为 1 与 7.4 之比，东北现有小学生数，已超过了这个比例。主要原因是在我们的小学中，大量地吸收了在旧社会没有机会和没有可能念书的少年儿童）。有中等学校 602 所，学生 467 266 名，学生比 1948 年增加 3.18 倍，平均每 93 人中有一个中学生。中小学工农子女所占比重很大，小学工农子弟已达 87.34%，中学工农子女已达 78.53%。今年，根据需要与可能，中等学校中仅初中就计划招收新生 113 483 名，招生数比毕业生数约多 60 000 名，即在现有初中学生数的基础上增加 60 000 名学生。如平均以 800 名学生为一校计算，全区今年增加了 75 所中学，等于 1948 年中等学校总数的 30.5%。今年初中招生计划数字是很大的，完成这个计划还需做很大的努力，特别是在教师问题上。对教师的计划需要数与我们的可能供应数是不相适应的。政府是在尽最大的可能提高初中的招生数，虽然如此，还远不能满足高小毕业生升学的要求。这正如《人民日报》社论所指出的："这是胜利和发展途中很难避免的困难。"东北局和东北行政委员会对解决这一问题十分关怀。我们根据东北局与东北行政委员会的指示和需要与可能一致的原则，采用下列办法，尽最大努力来解决这一问题。①设法选拔小学教师充当中学教师来解决部分师资问题。此外，再增招一些初中生，这样可能解决相当数量的高小毕业生的升学问题，现已与省市教育厅局具体研究解决中。②选择有条件的中学办夜中学，在城市小学中办补习班，利用文化馆、站给小学毕业生进行补习或组织自学。这样可能解决很大一批高小毕业生的学习问题。③与劳动部门商洽研究解决不能参加学习的年龄较大的毕业生就业问题。总之，政府要尽最大努力，本着实事求是的精神解决高小毕业生的升学与就业问题。

但是，这一系列的措施并不可能解决全部高小毕业生的升学与就业问题。这里必须指出：第一，小学教育乃是基础教育，是为了教育新的一代，培养他们成为有一定文化教养的新公民。教育和学习的目的，主要是劳动生产。小学毕业后除一部分人继续升学学习外，一大部分人要参加到家庭和社会劳动生产中去，增加家庭和社会生产的劳动力，以发展生产，这是完全合理而且必需的，也是符合教育目的的。今天我们国家无论工业生产或农业生产，都需要有一定文化程度的人来参加，从而使生产本身能够不断地改进与提高。高小毕业生参加工农业生产劳动，正适合国家经济建设的需要，这与升学或参加其他工作，同样是光荣的，同样有着光辉、远大的前途。第二，教育建设必须适应和服从于经济建设。它必须根据经济建设的需要，有计划地、按比例地发展。我们国家当前主要的任务是经济建设。工业建设是经济建设的重点，发展工业实现国家的工业化，是巩固革命胜利成果，在现有基础上不断改进和提高人民物质生活的保证，同时也是更大规模地发展人民文教事业的先决条件。毛主席早在《论联合政府》的报告中就说过："没有工业，便没有巩固的国防，便没有人民的福利，便没有国家的富强。"因此，大力进行经济建设实现国家工业化，乃是我国全体人民最大的、最长远的利益，教育建设不能也不应该脱离经济建设，盲目地发展，而必须适应并服从于国家的经济建设，根据需要与可能稳步前进。第三，正如《人民日报》社论所指出的，我们文教事业本身的基础薄弱，"旧中国留给我们的'文教遗产'是一个烂摊子"。师资不仅质量差，数量也远不敷人民教育事业的需要。几年来，我们在训练培养师资方面虽然尽了很大努力，取得了不少的成果，但依然不能一下子完全满足各级学校发展的需要，因此，不能不使学校发展受到一定限制。目前，我们所以不能办更多中学的主要原因之一是师资缺乏。就以今年初中招收新生的师资情况来看，除原有初中毕业生的教师外，所增加的几万名新生没有教师。这批新生所需教师除中央分配的一部分高等师范学校的毕业生外，尚缺很多。如果加上再增招的学生数，则所缺的教师就更多了。这是目前教育事业发展上的实际困难问题，不仅今年存在，在今后的几年内仍将继续存在。因此，对这一问题只能尽力逐步地加以解决。

我们现在正积极排除困难，尽最大努力采取一切可能解决问题的办法，来解决高小毕业生的升学问题。只要有一点可能，我们就要更多地满足人民在教育方面的日益增长的要求。同时，我们希望所有的高小毕业同学、学生家长以及有关的教师与干部都能正确地理解这一问题，并且能够积极地进行宣传解释。

（原载于《东北日报》1953 年 9 月 16 日第 3 版）

大家都来注意改进
学校的健康教育

　　我们中、小学教育的任务，是培养年轻一代成为社会主义全面发展的成员，即社会主义社会自觉的积极的建设者和伟大祖国的保卫者。国家要求我们培养出来的新人具备一定的政治觉悟、文化教养和健康体质；要求我们广大教师加强政治思想教育，改进教学工作，改进体育卫生工作，俾能供应高等学校以足够的合格的新生，供应国家生产建设以新的力量。

　　几年来，我们在中、小学教育上已取得了很显著的成绩；我们从年轻一代的身上可以发现不少可喜可贵的品质和才能。这个成绩，是和全体教育工作者，特别是广大教师的努力分不开的。但是，我们在实施全面发展教育上也确乎走过了一些弯路。最初，一部分学校单搞政治运动，不管教学；中央提出教学是学校工作中压倒一切的中心任务以后，又出现另一种情况，即埋头搞教学，放松了思想政治教育。同时，一部分学校一开始搞教学便要求得过高过急，甚至像工厂企业一样搞突击竞赛，在很大程度上影响了学生的身心健康。我们工作上的这些缺点，都是和我们思想上存在的主观片面性有关系的。关于放松思想政治教育问题，一年来已在大力纠正，今后在提高教育质量的过程中仍需要继续加强；而学生的健康教育，自从政务院发布"关于改善各级学校学生健康状况的决定"以后，各方面虽然采取了有效措施来扫除反动统治时期所遗留下来的恶果，使得学生身体健康逐年好转，但由于学校领导上的重视不够，加以课业负担较重，目前健康水平尚不能令人十分满意。改善学生健康状况，仍是我们时刻不能忘记的课题。

健康的身体是保证学习和工作的重要条件。在我们的中等学校，一部分学生的成绩不好固然有种种原因，其中因体力不支而影响学习也是一个重要因素。有些学生神经衰弱，贫血，患肠胃病，上课时不能持续高度地积极思维，"学习两三小时就头昏，脑子不管用了"，课后还得用更多的时间去消化教材，死抠习题。久而久之，健康状况愈趋不佳，即使在中学勉强支持下来，到高等学校便不能学好更繁难的课业，有的人不得不中途停止学习了。这样一来，对于国家和个人都有很大损失。同样的，健康情况很差，对于思想政治教育也颇有影响。锻炼坚强的身体，是培养学生健壮的体魄和坚毅机警、生气勃勃、勇往直前的精神最实际的基础。使身体衰弱的青年具有钢铁般的意志去迎接艰巨繁难的任务，并不是很容易的。有些学生对于毕业后参加劳动生产，"怕累、怕吃苦、怕困难"，自然是对待劳动和劳动者的看法错误，应该通过各方面进行思想政治教育，但是，如能重视学校的体育工作，锻炼学生个个都有健壮的体魄，耐劳吃苦的精神，那对于思想政治教育也有相辅相成的作用。这是我们培养劳动后备军所必须解决的问题。

总之，健康教育，是全面发展教育不可分割的组成部分，现在已经可以看出，社会主义建设愈来愈需要我们学校的学生具有更高的健康水平。毛主席教导青年要做到"三好"，"国家特别关怀青年的体力和智力的发展"，我们的人民教师有这份责任，让新生一代在宪法的光辉照耀下成长得更茁壮、更美丽。

国家托付给人民教师的这份责任，正是我们人民教师的光荣，它表现了国家对我们高度的爱重和信任。无疑义的，我们的人民教师一定不会辜负国家的信任，而能满腔热忱提高自己的工作。

在过去几年中，我们广大的教师，随着思想觉悟的提高，工作的积极性、创造性有着显著的进步，不断地从教师队伍中涌现出先进的模范人物，而为人民所赞誉。就是一般的教师同志，也大都克服了过去的"教书不教人""管教不管导"的教学态度，能够通过课堂教学和课外活动贯彻思想政治教育，并取得了程度不同的良好效果。这是很好的，符合发展规律的。但是，还有部分教师缺乏全面的观点，没有充分注意学生的身体健康，他们认为，学生的健康教育，是体育教师、校医和学校行政的事情，与自己毫不相干。这种思想，和过去认为纪律教育是班主任的事，见学生打架绕道而过的思想，同样是很不正确的。

须知学生正处在长身体长知识的时期，任何一件"小事"都会给他们以后的发展种下不易磨灭的影响。我们人民教师对于学生身心各方面的发展，绝不能冷冷淡淡、漠不关心；我们不独以传授知识为己任，还应该像保育员照护幼儿衣食温饱一样，注意学生的健康。如果说，我们在旧社会所受的教育，是封建买办法西斯的教育，那么，今天我们能竭尽全力，让新的一代沐浴在新的教育中，岂不是乐事？

既然如此，教师同志究竟如何克服学生不健康现象，贯彻健康教育呢？现在还没有一系列的健康教育经验，希望大家都能以高度的责任感出发去摸索创造。我觉得，首先应该研究教材、改进教法，使学生能当堂理解，当堂消化。目前，中学有几门课程教材分量较重，教师同志应考虑使自己所讲教材内容更加精练，以适应教学的要求和学生的消化能力。但是，千万不要打乱现行课本体系，任意讲授支离破碎的东西。一定要好好地领会教材的内核和精神实质，有目的有重点地进行教学。至于教学方法，也需要实事求是地研究改进。我们知道，学生学好是以教师教好为前提，教的教条、空洞，而不能把理论和实际结合起来，学生定然死记空理论。同一教材内容，有经验的教师来教，学生听起来不费力，过后也不易忘记；而另外的教师来教，效果时常相反。可见其中必有奥蕴，值得大家仔细考虑。我相信，教师同志研究教材，改进教法著有成绩时，学生课后死背硬记、学习过度紧张，夜间梦里演习题等现象一定会大大地减少。

其次家庭作业布置的不适当，造成学生负担过重，也足以影响学生身体健康。有些教师布置习题很多，并且有时各科习题一齐布置，以致学生忙于应付作题，课间、课外活动时间都不能休息。学生反映，"没有星期日，只有星期七"。另有些教师布置得倒很少，可是尽是难题，学生憋一头大汗还憋不出来。所以，重要的不在于习题数量的多少，而在于习题所起的作用如何。今后在提高教学质量过程中，希望大家也研究一下怎样布置习题，怎样使习题合乎由易及难，循序渐进的原则，怎样培养学生独立思考能力。

为了提高教学质量和贯彻健康教育，还必须搞好课堂纪律。特别是低年级，课堂秩序紊乱，学生便不能集中精力听课，不能当堂消化，课后复习就不免死记硬背了。我们应该以循循善诱的态度，耐心地说服教育，培养学生自觉地遵守纪律。如果有个别学生实在落下功课，最好设法予以辅导或补课，让学生不因赶功课而有损健康。

班主任在贯彻健康教育上有着重要的任务。现在有不少班主任创造了很好的经验，例如：汇集各科教师所留的作业统一考虑分量和时间；指导学生课外的文娱体育活动；说服学生有效地利用课间十分钟做恢复脑力的户外活动；教育学生正确地体会"三好"的精神。有些班主任见到学生仅吃三十分伙食，缺肉少菜，便劝说家长节省其他方面的费用，多出一部分伙食费，以增加学生营养。这些经验，都应该予以充实和推广。

体育是增进健康的积极手段。几年来，体育教师在增强学生体质上做了很大的努力，在学生中间批判了轻视体育课为"副科""小四门"的思想，普遍展开了体育活动。广大体育教师这样辛勤地工作，一定能在社会主义建设和保卫祖国的事业中见到收获。今后，体育教师应该进一步地学习苏联体育教学经验，切切实实地研究自己学校学生的体质和体育基础，改进体育教学。并于条件具备时，结合体育教学开展劳卫制预备级的体育锻炼。同时，还应继续加强安全教育，防止体育活动中发生伤害事故。改善学生身体健康不是一朝一夕的事，绝不能将各种操练、田径项目统统拿来实施，企图"毕其功于一役"，我们进行体育教学改革时必须踏踏实实地稳步前进。

我们国家第一个五年计划业已开始，人民民主主义和社会主义的宪法又向我们展示了一幅光辉灿烂的前景，鼓舞大家振奋精神向伟大的社会主义目标迈进。未来等待你们完成的工作将愈益繁多而艰巨，我热诚希望全体教师同志不但关心学生的健康，也要注意自己宝贵的身体，为培养全面发展的社会主义建设的新人而努力。

（原载于《人民教育》1954年11月号）

给中小学毕业生家长的一封信

今年暑假，我省将有一大批中小学学生毕业。他们的升学和就业问题，是每个学生家长十分关心的问题。现在，我来和各位家长谈谈这个问题。

大家都知道，今年的中小学毕业生除一部分能升学以外，其余大部分都将要从事各项生产劳动，或在家自学，等待机会升学或就业。这不是暂时的现象，而是在今后很长时期内存在的一种正常现象。有些人说："为什么不多开办些学校让他们升学呢？"如果不能，那当家长的又怎样来处理这个问题呢？我想首先应该说明，七年以来我国的教育事业是有很大发展的，无论在发展规模上或发展速度上都是空前的。目前，我省中学的在校学生比 1949 年增加六倍半，高等学校学生比 1949 年增加 2.3 倍，城乡学龄儿童入学率已达到 80% 左右。拿全国来说，如 1946 年，是旧中国学生人数最多的一年。那时有小学生 2380 多万，中学生 187 万左右；而现在我们就有小学生 6300 多万，中学生 500 多万，都超过 1946 年好几倍。这就充分说明中国共产党和人民政府对教育事业是非常重视的。那么，是不是可以再多开办些学校，让所有中小学毕业生全部升学呢？可以肯定地说，学校是要不断发展的，但还不可能一下子办很多学校，使所有的中小学毕业生全部升学。这是因为我们国家各项事业都是有计划地按比例发展的，如果只顾多办学校，那就会影响整个建设事业顺利的发展。况且开办学校还不只是经费的问题，还必须有足够的师资。再说，我们的中小学教育是属于普通教育的性质，它的主要任务就是提高人民文化水平，给社会主义建设不断输送劳动后备力量。

根据上述情况，家长就应该采取实事求是的态度，用社会主义的思想观点来对待子女的升学和就业的问题。如果子女不能升学，家在农村的就应鼓励和说服他们回到农村去从事农业生产；家在城市而又不能到农村去的，就应在城市参加各行各业劳动或组织自学。由于我国有计划的社会主义建设才开始几年，加上目前各机关、企业正在精简机构，所以在城市里可能有一部分中小学毕业生一时没有就业机会，这就应当让他们在家自学，准备将来升学或就业。政府是要本着"统筹兼顾，适当安排"的方针帮助他们就业或自学的，但也希望所有家长能充分了解国家对中小学毕业生的基本政策，体谅国家暂时的困难，不要单纯依赖政府解决子女的职业问题。

家长对子女的前途非常关心，许多家长都希望自己的子女能升学。应该说这个要求是正当的，关心子女的前途也是人之常情。但有不少家长把升学看成是唯一的前途，只片面地鼓励自己的子女升学，这就不对了。有的家长告诉自己的孩子说：你能考上高中就给你买台自行车，如考不上就给你买台手推车；有的家长为了让学生拼命读书，就给租房子买蜡；甚至有极少数的家长对子女施加压力。这对青年身心健康的影响是很大的。让他们长时期精神紧张和过度的劳累，会使他们在考试前夕就累得筋疲力尽，极易受各种疾病的侵袭；同时由于事前没有充分的思想准备，一旦落考就会产生消极苦闷情绪，思想波动较大。即使将来没有考上，也千万不要为难他们，因为他们这时本来已经难受，再为难他们，会助长他们的消极情绪，应当好好安慰他们。

也有些家长担心子女参加生产劳动或自学，学不到多少东西，不会有很大发展。我想这样的顾虑是不必要的，因为知识是从生产实践和阶级斗争中不断积累和总结起来的，并不是非得念到大学或高中毕业才能有发展，问题在于本身是否有毅力，是否有钻研的精神。如果在生产实践中或利用在家自学的时间，很好地不断地坚持学习下去，同样会有发展。如赵树理同志就没有读几年书，可是由于他自己不断地努力和提高，现已经成为著名的作家；最近报上登载的全身瘫痪的青年江幼农，仅靠两个能动的手指在床上坚持自学，现已成为对农业科学和营养学方面有研究的人，并写成和翻译了近百万字的书籍。类似这样的例子是很多的。

有些家长对子女参加生产劳动特别是农业生产劳动仍有思想抵触；有些群众也存在一些不正确的看法。他们认为参加生产劳动是"不体面""没出息"。这种思想甚至在某些地方形成舆论。例如前年我省有个参加农业生产的初中毕业生，当他在家抬粪时，有个村干部就讽刺他说：你这个洋学生怎么还抬粪呢？结果对这个学生刺激很大，说什么也不愿意干了。这种看法，实际上是轻视体力劳动，轻视劳动人民的剥削阶级思想观点。"体面不体面"和"有没有出息"的标准，是看对国家和人民有无贡献。他们参加了农业生产，为国家创造了财富，保证了人民对粮食的需要，那么有什么理由说他们"不体面"和"没有出息"呢！我们应当对这种不正确的舆论展开批判，进行正面的教育，使所有的群众和家长能进一步认清劳动光荣的道理。我主张各农业生产合作社到时组织一次欢迎本村中小学毕业生参加农业生产的大会，以鼓舞他们的情绪，平常也应不断帮助和教育他们。

帮助子女正确认识升学和就业的问题，不仅履行了做家长的责任，而且也是爱国主义的一种具体表现。我相信各位家长会做好这一工作。

最后，我希望国家各机关、企业干部和各部门的负责同志以及所有高级知识分子和教育工作者，都来积极响应党和人民政府的号召，正确对待子女升学就业问题，并在这个问题上成为群众的榜样。

（原载于《辽宁日报》1957年4月28日第2版）

再谈中小学毕业生升学和
就业问题

——出席辽宁省政协一届三次会议的发言

　　我再谈谈中小学毕业生升学和就业问题。目前，我国还存在着先进的社会制度和生产力不高的矛盾。教育事业虽然已经有了很大的发展和成绩，但是，由于国家财力的限制，还不能对教育事业拿出更大的投资，不但不能办更多的高等学校，而且也不可能创办更多的中小学校。因此，若干年内，有些学龄儿童不能及时就学，有些中小学毕业生不能升学，这是现在必然的现象。

　　现在有些学生和家长以及教师们，对学生升不了上一级学校表示不满，甚至有人说："这就是社会主义的优越性吗？"其实这是不了解我们社会主义教育的目的。我们办教育是为了培养有觉悟、有文化的新青年，以便将来更好地参加劳动；学习是为了劳动，升学是应该的，必需的，但是不应该单纯为了升学。单纯升学是旧社会"学而优则仕"的封建制度所造成的。念完了书就想当官（干部），同时也是"劳心者治人劳力者治于人"的思想，是总想统治劳动人民的思想。以上一些思想是封建社会残余的东西，我们不能把它保留下来。大家会知道，苏联革命建设将近四十年了，到现在大部分学生也还是劳动就业的，也不是每个人都读到大学毕业的。

一、旧社会是"唯有读书高"，新社会应该提倡"唯有劳动高"

劳动问题应怎样看呢？旧社会的"万般皆下品，唯有读书高"，我在全国政协会上已经批判了这种思想。我认为，今后应该提倡"唯有劳动高"，因为社会主义社会的特点之一就是劳动，是"各尽所能，按劳分配"的社会。不劳动是无法建设好社会主义的，只有靠人人劳动才能使物质财富极大地丰富起来，把社会主义、共产主义由理想变成现实。现在，农村不劳动的地主已转变为自食其力的农民，城市的资本家也开始参加劳动，也就是说，不劳而获的剥削人的人已基本上没有了。我们还应该幻想让我们的子女不劳动吗？5月2日《人民日报》上刊登的中共中央关于整风的指示中说："应该在全党提倡各级党政军有劳动力的主要领导人员，以一部分时间同工人、农民一起参加体力劳动的办法。"看来，负责干部不但要进行脑力劳动，还要实行体力劳动呢！那么一般人员不是更应如此吗。我们还可以分析一下，看不起体力劳动的都是哪些人呢？在旧社会，地主、资本家剥削劳动人民，拿劳动人民当牛做马，认为劳动是下贱的，是没有出息的。现在完全不同了，我们每个人都是社会主义社会的主人翁，难道还看不起我们自己的神圣劳动，还要否定我们自己吗？没有工人劳动，我们住的房子哪里来？没有工人劳动，我们的钢铁煤炭哪里来？没有工人劳动，我们的衣服哪里来？没有农民的劳动，我们吃什么？……我们的生命还能够继续吗？由此可见，劳动人民对我们大家都有着无穷的贡献，我们应该尊敬他们，热爱他们。他们从事的劳动是伟大而光荣的。

二、行行都光荣，都是社会主义社会所需要的

中小学毕业生可以进行些什么劳动呢？工厂、矿山、一切企业部门是能够安排部分青年就业的。中医带徒弟、理发师带徒弟、成衣匠带徒弟等等，还有木匠、瓦匠、铁匠等一些行道，都是社会主义建设事业所需要的。这些行道都是需要接班继承的；轻视或否定这些，那是很危险的。

在学校里学习与在工作中学习，区别也不是很大的。如华罗庚和赵树理同志，何尝入过大学呢？但是现在他们都是世界闻名的数学家和文学家了。高尔基是世界闻名的大文学家之一，他连小学都没有入过。这证实未进大学，自己刻苦努力学习也是有着远大前途的。可能有人会说，他们都是天才，我们一般青年赶不上，我认为这是一种自卑感作怪。我看过数学家华罗庚的自传，他自讲："我在小学毕业时还没有得到毕业证书呢，后来补习了数学，才考入初中。"他没有什么特殊的天才，正如他自己所说："天才由于积累，智慧在于学习。"只要自己勤学习，肯下苦功夫刻苦钻研，"口袋里是藏不住锥子"的。中国还有一句老话："师傅领进门，修学在个人。"广大的中小学毕业生如果不能升学，在劳动、工作中自学，同样会得到提高，同样可以成才，是有前途的。

事实也是这样的，1953 年初中毕业的吕宜宝同志，他就是在劳动之余坚持自学，取得成绩的。现在，他在义县某农业生产合作社担负领导工作。还有一位女同志是辽阳县齐家乡的副乡长，高小毕业生金素芳，已做了两年的乡长工作，很有成绩。她所在的齐家乡已有 470 名高小毕业生、四名初中毕业生参加农业生产，都能积极地劳动。她们还准备着，如果今年即将毕业的 200 多名高小毕业生和十多名初中毕业生，考不上上一级的学校，就举行个欢迎会，欢迎他们回乡参加生产。在农

村参加农业生产劳动是有前途的，这个乡的办法可以学习。

三、正确处理中小学毕业生的升学和就业，家长和教师负有重大责任

毕业生的家长们，应该首先响应党和政府的号召，一定要根据你们子女学业程度的具体情况，对他们的升学或就业进行正确地指导，以免子女钻牛犄角，为升学拼命用功，搞坏身体，误了终身大事。例如沈阳市的周新民副市长就很有预见，看到女儿不适宜升大学，就耐心地说服，并送她去北京纱厂当工人。现在劳动很积极，自学得也很好。我觉得这样以身作则地响应党和政府号召的领导同志是值得表扬的，是应该向他学习的。当然，像周市长这样的好领导、好同志还是不少的，这里就不再一一枚举了。

教师们也要以全面负责的精神，不但要教给学生科学知识，更要正确指导学生认识升学和就业。要按照因材施教的方针指导学生，不要以为我教的学生都应该一律升学，如果升不了学就觉得不光荣，或者就对不起家长。我觉得能使学生毕业后服从国家、集体的利益，能够贯彻和体现国家的教育目的，促进国家的社会主义建设，这样才是真正的光荣。

四、把劳动教育从头到尾地贯彻到学校中去

我希望教育厅、局、科和学校的领导者，要把劳动教育从头到尾地贯彻到学校中去，贯彻到学生中去。当然，过去贯彻劳动教育有一阵风的做法，忽高忽低，这是与我个人工作不深入的官僚主义作风分不开的。由现在起，我们要从初小一年级抓起，从初高中一年级抓起，应该经常进行劳动教育，不但要在理论上进行劳动教育，还要在实践上使学生能够积极地参加各种劳动，成为家庭和学校的劳动助手。要使学生与

劳动人民在一起，体验劳动的意义和作用，更要使学生逐步养成劳动的习惯，以便真正地做个劳动的后备军。同时，也要提倡学校的领导同志安排一定的时间参与学生们的共同劳动，这样，以身作则的教育，才能把劳动教育搞好。

今后，希望政协的全体委员和代表同志们，大家要认清中小学毕业生参加劳动生产的重大意义，大力宣传国家的教育政策，使之家喻户晓，人人都以主人翁的身份教育自己的子女，安排自己的子女，替国家减轻负担。我相信大家一定能够切实地负起责任，并向周新民同志学习，以身作则地对子女进行正确的指导和安排，还要进一步向广大家长进行宣传。总之，我们大家要齐心协力，及早主动地把学生的思想工作搞好，那么就一定能够完满妥善地处理好全省中小学毕业生的升学与就业问题。

（原载于《辽宁日报》1957年5月6日第2版）

向家长进一言

青少年是我们国家的未来，是老一辈的接班人。他们担负着建设社会主义和共产主义的光荣而伟大的任务。

解放以来，党和政府为青少年的健康成长，提供了极为有利的条件。几年来，学校教育有了空前的发展，在城市里为青少年建立了各种校外教育机构。在家庭教育方面，一般地说，做父母的尽到了对国家、对社会应尽的责任。因而，广大青少年在德育、智育、体育各方面都得到健康的发展。

同时，我们也应该看到，我们是一个六亿五千万人口的大国，青少年占了很大的比重。在我国目前的条件下，全日制的托儿所、幼儿园还不能普遍建立起来，小学还有部分是二部制。这样，孩子们在学校的时间总是有限的，其余大部分时间不是在家里，就是在街道上或公共场所里。如果不注意家庭教育和社会教育，不但容易冲淡学校教育、教学的效果，而且容易受到旧社会残余思想的侵蚀。为了把青少年培养成为有社会主义觉悟的、有文化的劳动者，以便继承老一辈的光荣革命传统，担负起建设社会主义和共产主义的伟大任务，我们一定要加强青少年的品德教育。

教育好下一代是多方面的。学校是专门的教育机关，青少年教育应当以学校为主，但做家长的不能认为孩子交给学校，自己就可以不管了。家长对下一代的培养教育，负有义不容辞的责任。

我从事教育工作四十余年，深深体会到青少年的家庭教育是十分重要的。凡是家长注意教育儿女的，孩子入学后进步就快；相反的，进步就慢。

孩子模仿大人，这是生活中常见的现象。我记得从前有个未经改造的资产阶级分子，他经常要妻子给他端盆洗脚，甚至擦脚也要妻子做。孩子把这些行为学去了，不仅穿衣吃饭要妈妈来服侍，自己的脚也要妈妈来洗。有一个丈夫爱打老婆，这个家庭的大孩子就打弟弟，到了学校里，甚至打起同学来。老师问他为什么打人？他满有理由地说："爸爸怎么可以打妈妈？"由此可见，要教育好孩子，必须首先要求做父母的以身作则，随时注意自己的言行，给孩子树立好榜样。并且要善于正确引导孩子们的模仿性，发展他们的主动性和自觉性。要向孩子指出应该向哪些人学习，不该向哪些人学习。要耐心地形象地向孩子讲清为什么要向工农劳动人民学习和向革命英雄学习的道理。经常向他们进行共产主义教育，使他们纯洁的心灵更加高尚。

孩子千万溺爱不得。做父母的爱孩子，这是人之常情，是可以理解的，但是怎样爱孩子，确是一些做父母的没有正确解决的问题。这里我们举马越的例子，引以为鉴。前几年有一幅"我们热爱和平"的招贴画，那上边的男孩子叫马越。马越的像自从印成了招贴画以后，家长、学校和社会上的某些人，对他过分地宠爱起来。他父亲把他当个娇孩儿，无限制地满足他各种要求，甚至在电话里竟这样问他："伙计，你这一学期学习的怎么样啊？"孩子听了这样的问话，当然就无拘无束了，于是就回答说："伙计，不怎么样……"学校也把马越当成宠儿，无原则地推崇，任意地表扬，这就更使马越觉得自己了不起了。尤其当时有一些好心的同志，看了招贴画以后，竟给马越寄去了好多信，这更助长了马越的骄傲。这一切，本来都是出于好心的关怀，只是太过分了，于是竟使这个十岁的小孩子变得傲慢不逊，没有礼貌，不遵守学校纪律，任意打人骂人，甚至发展到很坏的地步。后来转入了另一个学校，费了很大力气，才使他转变过来。

这能说明孩子不好吗？不能！能说家长、学校以及社会上某些同志不是出于好心吗？不能！那么为什么竟险些把孩子"葬送"了呢？只是因为对孩子缺乏正确的教育，对孩子的不妥当的溺爱所致。为了使孩子健康地成长，每个家长、教师，每个关心儿童健康成长的人，都应该从马越的事例吸取教训。爱孩子必须爱得正当，绝不能溺爱，更不能无原则地推崇。孩子的生活要有规律、有节制，不能乱给孩子钱花，食品不能乱吃，衣着不能爱穿什么就买什么，以便使孩子养成俭朴的有规律的生活习惯。

也有这样的家长，他们觉得自己在旧社会一直过苦日子，今天翻身了，应该让自己的孩子享些福，使孩子有个幸福的童年。这种愿望是正当的，也是可以理解的。然而，对什么是孩子的幸福这个问题要有正确的认识。有的父母认为，孩子得到充足的物质享受就是幸福。孩子要什么，就买什么，孩子说什么就是什么。生活不给予正当管教。我们认为，这样做是没有尽到教育好子女的责任。孩子的真正幸福是他们身心的健全发展，使他们具有社会主义觉悟、文化知识，并且热爱劳动。而这正是新旧社会对幸福的看法的分界线。

但是，用旧社会那种"棒头出孝子""不打不成材"的管教方法，也是要不得的。然而，这种管教方法，在我们日常生活中并不少见。家长为什么要打孩子呢？首先是对孩子的看法问题。有些父母以为孩子是自己养的，自己要打就打，要骂就骂，这与别人无关，把孩子看成是自己的私有物。

对父母说来，孩子是你们养的，可是国家的宪法规定着："儿童受国家保护。"孩子并不是私有物，孩子是国家的未来和希望，是共产主义事业的建设者和保卫者。打孩子，实在是做父母的不懂教育的表现。

骂孩子也同样是不对的，会损伤孩子的自尊心，并使孩子学会粗暴野蛮地对待别人。不讲理地骂人，会在孩子幼小的心灵里播下不文明的种子。孩子犯了错误，要给他讲清道理，使他明白哪是、哪非，谁对、谁不对。他虽然不能一下子改正过来，但只要多想些办法，找出犯错误的原因，多说服而不是压服，多启发诱导而不是蛮不讲理，孩子是会逐渐改正过来的。

做父母的，只有教育子女的责任，绝没有打骂子女的权利。孩子是可爱的，从爱孩子的愿望出发，就不应该采用与这种愿望相反的打骂的做法。对孩子只能是教育，耐心地教育。

以上，我只谈了教育青少年的家庭方面的几个主要问题，当然还有学校和社会方面，并且都是很重要的。各地共青团、妇女会、工会等组织，过去对教育青少年做了许多工作，我希望今后更能密切配合学校、家长，把学校、社会、家庭三方面教育结合起来，共同担负起教育好新一代的任务。

（原载于《文汇报》1962 年 5 月 10 日第 2 版）

车向忱著述年表

1924 年

1. 车向忱著：《打破迷信》，北京：振兴排印局印。

1929 年

2. 车向忱主编：《辽宁国民简易教育概况》，沈阳：辽宁国民简易教育协进会。

3. 车向忱主编：《国民常识半月刊》，沈阳：辽宁国民简易教育协进会。

4. 车向忱主编：《保家先要爱国》，沈阳：辽宁国民简易教育协进会。

5. 车向忱主编：《亡国奴不如丧家犬》，沈阳：辽宁国民简易教育协进会。

6. 《国民简易教育是其他正宗教育的先决问题》，《辽宁教育月刊》第 1、2 期合刊，2 月 15 日。

7. 《省县乡适用之组织国民简易学校办法》，《辽宁教育月刊》第

1、2 期合刊，2 月 15 日。

8.《就扣留日商海洛因写给辽宁省政府翟主席的信》，12 月 30 日辽宁拒毒联合会谨启，收录于李兴泰、高平原主编：《一代师表》，沈阳：辽宁人民出版社 2004 年版。

1930 年

9.《就扣留日商海洛因写给辽宁省政府臧主席的信》，1 月 24 日辽宁拒毒联合会谨启，收录于李兴泰、高平原主编：《一代师表》，沈阳：辽宁人民出版社 2004 年版。

10.《为提倡国货给辽宁省政府的信》，7 月 17 日辽宁国民常识促进会启，收录于李兴泰、高平原主编：《一代师表》，沈阳：辽宁人民出版社 2004 年版。

11.《谨将国货样品十二种送呈》，7 月 17 日辽宁国民常识促进会启，收录于李兴泰、高平原主编：《一代师表》，沈阳：辽宁人民出版社 2004 年版。

12.《为提倡国产煤给辽宁省政府的信》，8 月 28 日辽宁国民常识促进会启，收录于李兴泰、高平原主编：《一代师表》，沈阳：辽宁人民出版社 2004 年版。

13.《关于焚毁海洛因毒品给辽宁省政府的信》，9 月 26 日辽宁拒毒联合会启，收录于李兴泰、高平原主编：《一代师表》，沈阳：辽宁人民出版社 2004 年版。

14.《为请饬属购用国货给辽宁省政府的信》，10 月 8 日辽宁国民常识促进会启，收录于李兴泰、高平原主编：《一代师表》，沈阳：辽宁人民出版社 2004 年版。

1936 年

15. 车向忱著：《东北抗日联军对日作战之经验》，萃斌阁军学书局。

16. 车向忱主编：《东北通讯》，于西安出版。

17.《西安东北竞存小学开始招收免费学生》，《西京日报》7 月 31 日第 7 版。

18.《东北民众救亡会组织大纲》（车向忱、金锡如、洪钫等起草），《西京民报》10 月 5 日。

19.《东北民众的重大使命——在东北民众救亡会成立大会上的开幕词》，《西京民报》10 月 5 日第 4 版。

20.《告西北各界同胞书》，收录于车树实、盛雪芬著：《人民教育家车向忱》，沈阳：辽宁人民出版社 1989 年版。

21.《致杨虎城将军的一封信》，《解放日报》（西安版）12 月 29 日。

1937 年

22. 车向忱、何寓础、余达夫、刘尚达编：《陕西国难教育方案暨实施办法》，西安：西北国难教育研究社编印。

23. 车向忱主编：《中学之部》，西安：西北国难教育研究社编印。

24.《加紧实现扩大的国难教育》，收录于《国难教育方案实施办法》，西安：西北国难教育研究社编印。

25.《车向忱慰劳归来谈话》，《解放日报》（西安版）1 月 15 日。

26.《东北奴化教育的一斑》，《救国教育》第 1 卷第 1 期，7 月。

1938 年

27.《消灭不了的东北抗日力量》，《东北》1 月 25 日。

28.《造就长期抗战的生产军——一个垦殖区的实例》，《反攻》第 2 卷第 6 期，7 月 16 日。

29.《纪念"九一八"七周年，不要忘掉了东北的教育》，《东北》第 11 期，9 月 15 日。

1941 年

30.《车向忱自传》，选自《东北竞存学校初三零级毕业同学录》(6 月 29 日)，收录于《我的家在东北松花江上——东北竞存学校凤翔办学简史》，西安：陕西人民出版社 2020 年版。

1945 年

31.《车向忱诗一首》，收录于车树实、盛雪芬著：《人民教育家车向忱》，沈阳：辽宁人民出版社 1989 年版。

1946 年

32.《东北应实行民主、科学、大众的教育》，《东北日报》5 月 29 日第 2 版。

33.《吠·公》(两场讽刺剧)，《东北日报》7 月 27 日第 4 版。

34.《没有共产党哪能有今天》，《东北日报》8 月 15 日第 4 版。

35.《"八一五"有感》，《东北日报》8 月 17 日第 4 版。

36.《引狼入室》(短剧)，《东北日报》9 月 9 日第 4 版。

37.《由石老太太看到民主事业的前途》，《东北日报》10 月 4 日第 4 版。

38.《背叛双十协定的蒋介石是自取灭亡》，《东北日报》10 月 10 日第 4 版。

39.《"一二·九"有感》，《东北日报》12 月 9 日第 4 版。

40.《回忆"双十二"》，《东北日报》12 月 12 日第 4 版。

1947 年

41.《对美军兽行的不平鸣》，《东北日报》1 月 29 日第 4 版。

42.《试试不用课本的教法》，《东北日报》3 月 27 日第 4 版。

43.《关于东北教育工作的意见——在东北行政委员会第二十四次会议上的发言》,《东北行政委员会第二十四次会议材料》,7月17日。

44.《生平自述》,《东北人民代表会议登记表》,收录于李兴泰、高平原主编:《一代师表》,沈阳:辽宁人民出版社2004年版。

1948 年

45.《在战斗中生长的东北竞存学校》,《知识》第6卷第2期,2月。

46.《知识分子传统的旧思想还应该保存吗》,《东北日报》6月6日第4版。

47.《三十年教育工作的回忆》,《生活报》6月6—26日。

48.《车向忱校长在哈尔滨大学开学典礼上的讲话》,收录于《哈尔滨大学开学典礼讲话稿》。

49.《从"小猪倌"入学看新民主主义教育的将来》,《生活报》8月21日第2版。

50.《车向忱先生讲话——把大会精神带回去,要像火车头一样开足马力向前冲》,《东北日报》8月29日第1版。

51.《小学教师是有前途的》,《生活知识》第4期,9月1日。

52.《最大的教训》,《东北日报》9月18日第3版。

1949 年

53.《关于学校教育的几个问题——在东北第一次学生代表大会上的讲话》,摘自《东北第一次学生代表大会材料》,1月27日。

54.《谈谈新型正规化》,收录于《车向忱教育文集》,长春:吉林大学出版社1998年版。

55.《纪念儿童节》,《东北日报》4月4日第2版。

56.《两个社会,两样教育》,《东北教育》创刊号,4月15日。

57.《"七七"的教训》,《东北日报》7月7日第2版。

58.《关于各学校改为春季始业的通知》(车向忱、董纯才等),《东北日报》7月13日第1版。

59.《教育要配合建设》,《东北日报》8月26日第1版。

60.《苏联怎样办教育》,《东北教育》总第9期,第2卷第3期,12月。

1950 年

61.《青年学生们,迎接一九五○年》,《生活知识》1月1日第1版。

62.《教育是百年大计》,《东北人民政府委员会第五次会议材料》,2月10日。

63.《〈东北教育〉创刊一周年》,《东北教育》第13期,3月28日。

64.《东北人民政府教育部关于中小学教育工作的指示》(车向忱、董纯才、邹鲁风),《东北教育》第13期,3月28日。

65.《加速发展工农教育——在东北第一届工农教育会议开幕式上的讲话》,《东北第一届工农教育会议材料》,4月21日。

66.《一年来东北教育的概况——1950年国庆节在东北人民广播电台上的讲话》,根据东北人民广播电台录音记录整理,收录于李兴泰、高平原主编:《一代师表》,沈阳:辽宁人民出版社2004年版。

67.《中国历史上最伟大的节日》,收录于车树实、盛雪芬著:《人民教育家车向忱》,沈阳:辽宁人民出版社1989年版。

1951 年

68.《新年献词》,《东北教育》第4卷第4期,1月1日。

69.《发展教育,培养国防与建设人才——在东北人民政府第三次委员扩大会议上的发言》,《东北日报》3月11日。

70.《关于学生健康问题决议》，《第一届全国中等教育会议材料》，收录于车树实、盛雪芬著：《人民教育家车向忱》，沈阳：辽宁人民出版社 1989 年版。

71.《东北区中、小学校健康会议开幕词》，《东北区中、小学校健康会议材料》，4 月 4 日。

72.《教师对新教材的认识应再提高一步》，《东北教育》总第 25 期，第 5 卷第 1 期，4 月。

73.《中国共产党为中国教育开辟了广阔的道路》，《东北日报》7 月 1 日第 5 版。

74.《小学教师的远景》，《东北教育》（小学教师版）创刊号，10 月。

1952 年

75.《东北区学校思想政治教育会议开幕词》，《东北教育》（小学教师版）2 月号。

76.《解决好教育工作中的三个问题——在东北人民政府第二十五次行政会议上的发言》，《东北人民政府第二十五次行政会议材料》，4 月 28 日。

1953 年

77.《欢庆新年迎接全国大规模经济建设》，《东北日报》1 月 1 日第 2 版。

78.《关于小学毕业生的升学问题》，《东北日报》9 月 16 日第 3 版。

1954 年

79.《做一个人民教师是光荣的》，《东北日报》7 月 3 日第 3 版。

80.《大家都来注意改进学校的健康教育》，《人民教育》11 月号。

1955 年

81.《人民教师应重视培养青少年一代的共产主义道德品质》，《辽宁日报》2 月 12 日第 3 版。

82.《必须粉碎原子战争威胁》,《辽宁日报》2 月 20 日第 2 版。

83.《辽宁省协商委员会工作报告》,《辽宁日报》3 月 7 日第 2 版。

84.《知识分子的思想改造问题——出席辽宁省政协第一次会议的发言》,《辽宁日报》3 月 11 日第 3 版。

85.《培养全面发展的社会主义建设者——出席全国人大第二次会议的发言》,《辽宁日报》7 月 30 日第 3 版。

86.《发展体育运动,增强人民体质——在辽宁省人大一届三次会议上的发言》,《辽宁省人大一届三次会议材料》,8 月。

87.《热爱和教育我们新的一代》,收录于车树实、盛雪芬著:《人民教育家车向忱》,沈阳:辽宁人民出版社 1989 年版。

88.《积极开展冬季爱国卫生运动》,收录于车树实、盛雪芬著:《人民教育家车向忱》,沈阳:辽宁人民出版社 1989 年版。

1956 年

89.《人人动手消灭"四害"》,《辽宁日报》1 月 14 日第 3 版。

90.《只听铃声响不见人做操》,《辽宁日报》1 月 23 日第 3 版。

91.《广大农村在突飞猛进》,《辽宁日报》1 月 24 日第 3 版。

92.《配合工农业建设,努力发展文教事业——在辽宁省人大一届四次会议上的讲话》,《辽宁省人大一届四次会议材料》,3 月 28 日。

93.《中国人民政治协商会议辽宁省第一届委员会第二次全体会议提案审查委员会关于提案审查的报告》,《辽宁日报》5 月 15 日第 1 版。

94.《纪念伟大的革命家——孙中山先生》,《辽宁日报》11 月 12 日第 3 版。

95.《辽宁省人民委员会关于 1956 年工作基本总结和 1957 年主要任务的报告》,《辽宁日报》12 月 21 日第 2 版。

96.《谈谈文教卫生方面的几个问题》,《辽宁日报》12 月 28 日第

6 版。

1957 年

97.《培养健全的劳动者——出席全国政协第三次会议的发言》，《人民日报》3 月 12 日第 3 版。

98.《八亿人民心连心》，《辽宁日报》4 月 21 日第 3 版。

99.《给中小学毕业生家长的一封信》，《辽宁日报》4 月 28 日第 2 版。

100.《再谈中小学毕业生升学和就业问题——出席辽宁省政协一届三次会议的发言》，《辽宁日报》5 月 6 日第 2 版。

101.《和中小学教师谈毕业生问题》，《辽宁日报》5 月 15 日第 3 版。

102.《提倡尊师重道，赡养父母，学习工农，恶逸爱劳的社会新风气——出席辽宁省人代会一届六次会议的发言》，《辽宁日报》5 月 20 日第 5 版。

103.《车向忱据理批驳高风的荒谬论调》，《辽宁日报》6 月 9 日第 2 版。

104.《车向忱向沈阳师范学院师生演说》，《辽宁日报》6 月 15 日第 2 版。

105.《高中毕业生升学比率有多大，政府对群众办学采取什么态度——车副省长答记者问》，《辽宁日报》6 月 18 日第 1 版。

106.《车向忱坚决回击右派分子 任何恐吓是吓唬不倒人的》，《辽宁日报》7 月 2 日第 5 版。

107.《解放军是人民利益的忠实保卫者——为庆祝"八一"建军节而作》，《辽宁日报》8 月 1 日第 3 版。

1958 年

108.《中等学校半工半读非常必要——出席全国人大一届五次会议

的发言》，《人民日报》2月5日第3版。

109.《全省体育界积极行动起来苦战两年改变我省体育运动面貌——辽宁省副省长兼体育运动委员会主任车向忱》，《辽宁日报》3月5日第3版。

110.《庆祝喀喇沁左翼蒙古族自治县成立——车向忱副省长的讲话》，《辽宁日报》4月5日第3版。

111.《省市民主党派掀起向党交心新高潮》，《辽宁日报》4月24日第1版。

112.《向小朋友们讲几句话》，《辽宁日报》6月1日第3版。

113.《参观"辽宁省新农具展览"有感》，《辽宁日报》6月15日第3版。

114.《民办中学大有可为，勤工俭学好得很》，《辽宁日报》6月22日第3版.

115.《要重视家庭教育》，《辽宁日报》6月26日第3版。

116.《进一步发挥复员转业军人在社会主义建设中的突击作用——车向忱副省长在沈阳复员安置工作现场会议上的讲话》，《辽宁日报》7月5日第3版。

117.《怎样看待孩子的幸福》，《辽宁日报》7月6日第3版。

118.《最可爱的人》，《辽宁日报》7月16日第3版。

119.《赞宁省革命残废军人教养院课余演出》，《辽宁日报》8月12日第3版。

120.《当你的孩子哭了……》，《辽宁日报》9月2日第3版。

121.《你的孩子"好问"吗》，《辽宁日报》9月28日第3版。

122.《亲切的慰问 崇高的敬意——辽宁省副省长车向忱在安东欢迎大会上的讲话》，《辽宁日报》10月28日第3版。

123.《教育孩子要以身作则》，《辽宁日报》12月3日第6版。

1959 年

124. 车向忱著：《怎样教育新的一代》，沈阳：辽宁人民出版社。

125.《庆伟大的 1959 年》，《辽宁日报》1 月 2 日第 3 版。

126.《欢庆苏联宇宙火箭发射成功》，《辽宁日报》1 月 7 日第 3 版。

127.《欢庆苏联宇宙火箭遨游太空　沈阳市中苏友好协会等单位联合举行庆祝会》，《辽宁日报》1 月 8 日第 1 版。

128.《保卫祖国是英雄　建设祖国是模范》（车向忱副团长讲话摘要），《辽宁日报》1 月 22 日第 3 版。

129.《赞人民空军　慰问部队医院颂》，《辽宁日报》2 月 1 日第 3 版。

130.《中苏两国人民的友谊牢不可破——省中苏友好协会副会长车向忱庆祝中苏友好同盟互助条约签订九周年大会上的讲话》（摘要），《辽宁日报》2 月 14 日第 2 版。

131.《全省人民齐积肥》，《辽宁日报》2 月 25 日第 3 版。

132.《把卫生工作推向新高潮》，《辽宁日报》5 月 19 日第 1 版。

133.《和高中毕业生谈谈投考高等师范问题》，《辽宁日报》6 月 11 日第 3 版。

134.《调动一切力量开展增产节约运动》（车向忱委员发言），《辽宁日报》6 月 21 日第 1 版。

135.《在政协辽宁省二届委员会首次会议上——认真贯彻教育方针，提高教育质量》（车向忱委员发言），《辽宁日报》6 月 23 日第 3 版。

136.《党的教育方针的伟大胜利》（车向忱代表发言），《辽宁日报》12 月 25 日第 5 版。

1960 年

137.《颂旅顺海军全体指战员》,《辽宁日报》2 月 21 日第 3 版。

138.《农村中学前程远大——出席全国人大二届二次会议的发言》,《人民日报》4 月 12 日第 13 版。

139.《回忆五四运动》,《辽宁日报》5 月 4 日第 3 版。

140.《大家都来关怀新的一代》,《辽宁日报》6 月 1 日第 4 版。

141.《和高中毕业生谈选择升学志愿问题》,《辽宁日报》7 月 5 日第 3 版。

1961 年

142.《贺三省画展》,《辽宁日报》1 月 8 日第 3 版。

143.《发扬"五四"精神,做大办农业先锋》,《辽宁日报》5 月 4 日第 3 版。

144.《好好学习,天天向上——"六一"儿童节的祝贺信》,《辽宁日报》6 月 1 日第 3 版。

145.《在农业战线上的"红状元"》,《辽宁日报》7 月 5 日第 3 版。

1962 年

146.《向家长进一言》,《文汇报》5 月 10 日第 2 版。

147.《家庭、社会、学校密切配合培养下一代》,《人民日报》5 月 31 日第 2 版。

148.《老教育家车向忱副省长畅谈少年儿童品德教育》,《辽宁日报》5 月 31 日第 1、2 版。

149.《访延安》,《辽宁日报》7 月 13 日第 3 版。

1963 年

150.《加强学校的政治思想教育工作》,《沈阳晚报》3 月 2 日。

151.《九一八事变前辽宁人民的反日斗争》,《文史资料选辑》

4月。

152.《祝小朋友节日好》，《沈阳晚报》6月1日第2版。

153.《参观高其佩画展口占一绝》，《辽宁日报》6月9日第3版。

154.《中柬两国永恒友谊的新标志——〈刘主席访柬埔寨〉纪录影片观后》，《辽宁日报》8月6日第3版。

155.《我所走过的道路——躬身实践四十年》，《人民中国》（日文版）第9期，9月。

156.《我的一段抗日活动》，收录于李兴泰、高平原主编：《一代师表》，沈阳：辽宁人民出版社2004年版。

1964 年

157.《大家都来关心学生们的寒假生活》，《辽宁日报》2月11日第3版。

158.《正确对待升学和劳动问题》，《辽宁民进》第6期，6月。

159.《共同努力，为普及小学教育而奋斗——在辽宁省人大三届二次会议上的发言》，《辽宁省人大三届二次会议材料》，8月31日。

1966 年

160.《祝辽宁第一师范学院开学》（诗歌），遗作，2月8日。

1968 年

161.《车向忱诗三首》，收录于《我的家在东北松花江上——东北竞存学校凤翔办学简史》，西安：陕西人民出版社，2020年版。

1979 年

162.《学习延安作风——在沈阳师院的一次讲话》，沈阳师院《教育论文专辑》5月1日。

图书在版编目（CIP）数据

教育要配合实践：车向忱教育文选/车向忱著；车红选编.
--北京：开明出版社，2023.1
　（开明教育书系/蔡达峰主编）
　ISBN 978-7-5131-7733-7

　Ⅰ.①教… Ⅱ.①车… ②车… Ⅲ.①教育学–文集
Ⅳ.①G40-53

　中国版本图书馆 CIP 数据核字（2022）第 191319 号

出　版　人：陈滨滨
责任编辑：刘赫臣　孟嘉悦

教育要配合实践：车向忱教育文选
JIAOYUYAOPEIHESHIJIAN：CHEXIANGCHENJIAOYUWENXUAN

出　　版：开明出版社
　　　　　（北京海淀区西三环北路 25 号　邮编 100089）
印　　刷：保定市中画美凯印刷有限公司
开　　本：710×1000　1/16
印　　张：21.75
字　　数：280 千字
版　　次：2023 年 1 月第 1 版
印　　次：2023 年 1 月第 1 次印刷
定　　价：70.00 元

印刷、装订质量问题，出版社负责调换。联系电话：（010）88817647